GERHARD PAPKE

NOCH EINE CHANCE FÜR DIE FDP?

Der Nettoertrag aus dem Autorenhonorar dieses Buches kommt der gemeinnützigen Anke und Dr. Gerhard Papke-Stiftung zur Förderung sozial benachteiligter Kinder und Jugendlicher zugute.

GERHARD PAPKE

NOCH EINE CHANCE FÜR DIE FDP?

FBV

Erinnerungen und Gedanken
eines Weggefährten

Bibliografische Information der Deutschen Nationalbibliothek
Die Deutsche Nationalbibliothek verzeichnet diese Publikation in der Deutschen Nationalbibliografie.
Detaillierte bibliografische Daten sind im Internet über http://dnb.d-nb.de abrufbar.

Für Fragen und Anregungen:
info@finanzbuchverlag.de

1. Auflage 2017

© 2017 by FinanzBuch Verlag,
ein Imprint der Münchner Verlagsgruppe GmbH
Nymphenburger Straße 86
D-80636 München
Tel.: 089 651285-0
Fax: 089 652096

Redaktion: Ulrike Kroneck
Korrektorat: Hella Neukötter
Umschlaggestaltung: Isabella Dorsch, München
Umschlagabbildung: Patrick Sinkel/ddp images
Satz: Röser MEDIA, Karlsruhe
Druck: GGP Media GmbH, Pößneck
Printed in Germany

ISBN Print 978-3-95972-056-4
ISBN E-Book (PDF) 978-3-96092-092-2
ISBN E-Book (EPUB, Mobi) 978-3-96092-093-9

Weitere Informationen zum Verlag finden Sie unter

www.finanzbuchverlag.de

Beachten Sie auch unsere weiteren Verlage unter www.m-vg.de.

INHALT

WARUM DIESES BUCH?

Am Ende einer ereignisreichen parlamentarischen Laufbahn politische Bilanz zu ziehen, ist ein durchaus naheliegender Gedanke. Dennoch habe ich mit mir gerungen, ob ich dieses Buch schreiben soll. Ein in Teilen kritisches Buch über die Entwicklung der FDP, der ich schon als junger Mann aus Überzeugung beigetreten bin und die mir den Weg in wichtige politische Ämter ermöglicht hat. Ein in Teilen kritisches Buch über Christian Lindner, dem ich über viele Jahre freundschaftlich eng verbunden war und den ich zweifelsohne außerordentlich gut kenne. Ich begebe mich also gleich in mehrfacher Hinsicht auf eine Gratwanderung.

Die Themen, die mir seit Jahren ein Anliegen sind, trugen wesentlich zu diesem Entfremdungsprozess bei: Zuwanderung, Integration, Islamismus. Sie werden deshalb in meinem Buch naturgemäß eine besondere Rolle spielen. Dabei dürften aber auch Aspekte politischer Taktik der »neuen« FDP unter Christian Lindner sichtbar werden, die über einzelne Themenfelder hinausweisen.

Ich war mit meinem jungen Parteivorsitzenden am Ende in entscheidenden politischen Fragen über Kreuz, und daraus habe ich für mich die nötigen Konsequenzen gezogen. Auch darum geht es in meinem Buch. Es geht um unterschiedliche Haltungen und Methoden, nicht um richtig oder falsch. Jeder Leser soll sich seine eigene Meinung bilden. Da bin und bleibe ich überzeugter Liberaler.

Vermutlich werden die aktuellen Bezüge meines Manuskripts auf mehr Interesse stoßen als die chronologische Darstellung politischer Entscheidungen, wie ich sie erlebt habe. Dennoch halte ich diese Struktur für unbedingt sinnvoll. Sie ermöglicht nicht nur Einblicke in einige spannende Kapitel nordrhein-westfälischer Landespolitik, sondern bildet mit ihren starken Bezügen zur Bundespolitik eben auch den Entwicklungsrahmen für meine Einschätzungen von Prozessen und Personen. Diese Einschätzungen sind schließlich nicht vom Himmel gefallen. Meine subjektive Perspektive leugne ich nicht. Ich war kein unbefangener Beobachter, sondern an vielem beteiligt.

In der professionellen Politik erhält man Einblicke, die nicht in die Öffentlichkeit gehören. Letztlich sind Politiker auch nur Menschen mit ihren Stärken und Schwächen. Gerade wenn man sich lange kennt, sind die Grenzen zwischen politischem und privatem Austausch fließend. Ich teile einiges mit von dem, was ich politisch erlebt habe und wie ich es bewerte, aber bei Weitem nicht alles.

Der nordrhein-westfälische Landesverband der FDP war über Jahrzehnte neben der Bundestagsfraktion der wohl wichtigste Machtfaktor der Partei. Ihm entstammten herausragende Bundesvorsitzende wie Walter Scheel, Hans-Dietrich Genscher, Otto Graf Lambsdorff und Guido Westerwelle. So bin ich in meiner politischen Laufbahn regelmäßig einigen der prägendsten Persönlichkeiten der FDP begegnet. Gespräche mit Hans-Dietrich Genscher oder Otto Graf Lambsdorff, den Übervätern der Partei, waren immer ein besonderes Erlebnis. Mit Jürgen Möllemann, der zunächst alle Register gezogen hatte, um meine Wahl in den Landtag zu verhindern, habe ich danach dennoch zu einer guten Zusammenarbeit gefunden. Als er 2002 einen inakzeptablen Flyer hinter dem Rücken der FDP in einer geheimen Kommandoaktion an alle Haushalte der Republik verteilen ließ, kam es zum Bruch. Sein Tod war eine menschliche Tragödie.

Das gilt umso mehr für Guido Westerwelle, den ich schon seit gemeinsamen Tagen bei den Jungen Liberalen, der FDP-Jugendorganisation, in den achtziger Jahren kannte. Kaum ein Spitzenpolitiker der Bundesrepublik seit Franz Josef Strauß ist derart angefeindet worden wie er. Bei keinem war es ungerechter. Auch ich war beileibe nicht mit jeder seiner Aktionen einverstanden. Aber ich habe ihn aus tiefer Überzeugung auch dann noch unterstützt, als andere in der FDP schon längst an seinem Stuhl sägten. Seine Freunde werden seinen viel zu frühen Tod niemals ganz verwinden können.

Was ich über ihn, Jürgen Möllemann oder auch Christian Lindner schreibe, erhebt keinen Anspruch auf wissenschaftliche Objektivität. Es basiert auf belegbaren und belegten Fakten und meinem gut geführten Privatarchiv. Aber es schöpft natürlich auch aus Erinnerungen und persönlichen Überzeugungen, die definitiv nicht alle teilen werden. Dieses Buch ist weder allumfassendes Geschichtswerk noch reißerischer Enthüllungsroman. Es soll ein aus der Rückschau entwickelter Debattenbeitrag sein – nicht mehr und nicht weniger.

Was mich aus aktueller Perspektive umtreibt, dieses Buch zu schreiben, ist zum einen die Sorge um die zunehmende Distanz zwischen Bürgern und Parteien, die ich in der politischen Praxis erleben musste. Sie ist in anderen westlichen Demokratien schon erheblich weiter fortgeschritten als in Deutschland, wie man etwa bei der Brexit-Entscheidung der Briten oder der Wahl von Donald Trump zum amerikanischen Präsidenten unschwer erkennen konnte. Wir Deutschen neigen nun einmal nicht unbedingt zu revolutionären Aufständen. Außerdem ist die wirtschaftliche Lage unseres Landes im internationalen Vergleich noch immer geradezu herausragend positiv. Das überdeckt viele Spannungen. Aber auch in Deutschland haben es die traditionellen demokratischen Parteien bisher nicht vermocht, dem wachsenden Misstrauen gegenüber dem politischen Establishment entgegenzuwirken. Die repräsentative Parteiendemokratie verliert an Unterstützung. Diese Entwicklung ist gefährlich.

Sie hat unterschiedliche Gründe, die erschöpfend zu behandeln den Rahmen dieses Buches sprengen würde. Eine wesentliche Ursache ist jedenfalls ein Konformitätstrend in der öffentlichen Debatte, der gelegentlich bis zur Realitätsverdrängung reicht. Zu viel ist angeblich »alternativlos«. Über bestimmte Entwicklungen wollen viele Politiker nicht sprechen und manche Journalisten nicht schreiben. Ein Beispiel? Nach den Ereignissen in der Silvesternacht in Köln 2015 dauerte es bemerkenswert lange, bis die Wahrheit über die Geschehnisse ans Licht kam. Erst wurde beschwichtigt oder zumindest ignoriert. Massenhafte sexuelle Übergriffe nordafrikanischer und arabischer Migranten auf deutsche Frauen passten nun einmal nicht in die heile deutsche Multikulti-Welt. Wenn nicht einige unerschrockene Kölner Lokaljournalisten die Aufklärung auf den Weg gebracht hätten, wäre die ganze Dimension der Vorfälle möglicherweise im Dunkeln geblieben. Doch wenn die Menschen in Deutschland den Eindruck haben, dass ihnen politische Tugendwächter aus volkspädagogischen Gründen die Realität vorenthalten, verlieren sie ihr Vertrauen und es gedeihen unsinnige Verschwörungstheorien. Beides ist fatal.

Die Distanz zwischen Bürgern und Parteien erklärt sich nach meiner Erfahrung aber auch aus einem Mangel an Glaubwürdigkeit. Glaubwürdigkeit speist sich aus Überzeugungen und Authentizität. Der große Soziologe Max Weber hat schon vor fast 100 Jahren das Spannungsfeld von »Gesinnungsethik« und »Verantwortungsethik« beschrieben. Politiker dürfen nicht dogmatisch auf eigenen Positionen beharren, wenn verantwortliches Handeln für das Gemeinwesen Kompromisse erfordert. Zumal sich immer wieder neue Herausforderungen ergeben können, die rasche und flexible Antworten erfordern.

In der Praxis dient die besondere Betonung »staatspolitischer Verantwortung« allerdings leider auch als Tarnkappe politischer Beliebigkeit. In Wahrheit geht es dann häufig um Regierungsbeteiligung um jeden Preis. Doch wenn öffentliche Aussagen und Handlungen von Parteien krass auseinanderfallen, ruiniert das ihre Glaubwürdigkeit. Diese Sorge hat mich in meiner eigenen politischen Tätigkeit immer umgetrieben.

In diesem Buch wird tatsächlich auch eine gewisse Enttäuschung über die Entwicklung meiner Partei in den zurückliegenden Jahren sichtbar werden. Angesichts ihrer jüngsten Erfolge wird dies viele überraschen. Aber es geht mir bei meiner Bewertung eben nicht um den Ausgang aktueller Wahlentscheidungen, zumal ich als FDP-Politiker die Flüchtigkeit von Wahlerfolgen nur allzu oft erlebt habe. Es geht mir um längerfristige Trends und Strukturen. Allerdings erleichtert das starke Abschneiden der FDP bei den zurückliegenden Wahlen es mir erheblich, auch mit kritischen Anmerkungen an die Öffentlichkeit zu gehen.

Vielleicht ist meine Ernüchterung namentlich über Christian Lindner deshalb so groß, weil ich um seine herausragenden Begabungen weiß. Ihm hätte ich es zugetraut, nach dem Rauswurf der FDP aus dem Deutschen Bundestag neue Wege zu gehen, um Menschen an die politische Mitte zu binden, die sich sonst ganz abwenden oder Populisten hinterherlaufen, kurzum, um dem Auseinanderdriften von Volk und demokratischen Parteien entgegenzuwirken. Herausgekommen ist stattdessen eher eine kunstvolle Inszenierung: »Mut« nicht als Handlungsprinzip beim Umgang mit herausfordernden Themen, sondern als Element einer stylishen Werbebotschaft.

Die FDP hat wesentliche Richtungsentscheidungen in der Geschichte der Bundesrepublik bewirkt, weil sie bereit war, ihre Existenz für ihre Haltung aufs Spiel zu setzen: Bei der Durchsetzung der Sozialen Marktwirtschaft Ende der vierziger Jahre, der Entspannungspolitik ab Ende der sechziger und der Rückbesinnung auf Marktwirtschaft und Wettbewerb Anfang der achtziger Jahre. Walter Scheel, Hans-Dietrich Genscher und Otto Graf Lambsdorff stehen für solche Weichenstellungen.

Christian Lindner hingegen verfolgt eine Politik systematischer Risikominimierung. Für den jüngsten Parteivorsitzenden in der FDP-Geschichte ist das eigentlich erstaunlich, wenn man ihn nicht näher kennt. Er vermeidet – genau kalkulierend – Positionen, mit denen er eine umstrittene politische Debatte auslösen könnte. Lindner setzt darauf, dass die Fehler der anderen Parteien der FDP schon die nötigen Stimmen bringen werden. Sie soll deshalb auf keinen Fall unangenehm auffallen. Lindners Tonalität folgt überaus geschmeidig dem Zeitgeist. In die neue FDP lässt sich vieles hineininterpretieren. Sie wird zur Projektionsfläche unterschiedlichster Erwartungen.

Eine Schlüsselrolle spielt für die FDP Christian Lindners die Digitalisierung. Der FDP-Bundesparteitag 2015 stand gar unter dem Motto »Beta-Republik Deutschland«. (Viele Delegierte mussten sich erst einmal kundig machen, was damit überhaupt gemeint war.) Dabei geht es Lindner beileibe nicht nur um die in der Tat notwendige Offenheit für eine technologische Revolution. Digitalisierung steht methodisch für einen dynamischen Entwicklungsprozess, der Modernität ausstrahlt, aber nicht zielgerichtet ist. Digitalisierung ist wertneutral. Anything goes. Veränderung wird geradezu zum Wert an sich. Genauso haftet den Positionen, die Lindner vertritt, häufig etwas Flüchtiges an.

Christian Lindner wird gewissermaßen zum modernen Perfektionierer des politischen Mainstreams. Fraglos ist das eine intelligente Strategie. Sie ist möglicherweise unter Machtaspekten auch sehr erfolgversprechend. Doch sie ist nicht authentisch. Ich fürchte, sie ist nicht der richtige Weg, um der repräsentativen Parteiendemokratie wieder mehr Vertrauen bei den Menschen zu verschaffen. Das aber wäre gerade auch die Aufgabe einer mutigen FDP.

In der Öffentlichkeit ist nicht ohne Grund der Eindruck entstanden, dass die FDP im Wesentlichen nur aus Christian Lindner besteht. Er hat die Partei derart auf sich zugeschnitten, dass er sie praktisch im Alleingang führt. Deshalb wird ein Buch über die aktuelle FDP-Politik zwangsläufig immer auch ein Buch über Christian Lindner sein. Bei einem Buch, das ich über die FDP schreibe und das in weiten Teilen aus meinen Erinnerungen schöpft, ist das ohnehin selbstverständlich.

Also versuche ich mich an der eingangs beschriebenen Gratwanderung, gerade was Christian Lindner betrifft. Was wir persönlich besprochen haben, unter vier Augen, am Telefon, per SMS oder Mail, wird keinen Eingang in dieses Buch finden. Kritische Bemerkungen jedoch muss Lindner mit seinem umfassenden politischen Führungsanspruch aushalten, auch die eines früheren, langjährigen Freundes. Alles andere allerdings hat vertraulich zu bleiben.

KAPITEL EINS

MEIN RÜCKZUG AUS DEM LANDTAG

Beginnen wir das Buch der Einfachheit halber mit dem Ende: Am 14. September 2016 veröffentlichte mein Düsseldorfer Parlamentsbüro eine knapp zweiseitige Erklärung, dass ich bei der nordrhein-westfälischen Landtagswahl am 14. Mai 2017 nicht mehr kandidieren würde. Am Abend zuvor hatte ich zunächst die Gremien meines heimischen FDP-Kreisverbandes Rhein-Sieg bei einer Sitzung in Siegburg über meine Entscheidung informiert. Nachdem mein Büro die Erklärung versandt hatte, fragte die Deutsche Presse-Agentur nach, ob der Text auch wirklich authentisch sei. Er war es. Weil darin manches aufscheint, was in diesem Buch noch eine Rolle spielen wird, ist es wohl am einfachsten, meine Stellungnahme im Wortlaut wiederzugeben:

Keine erneute Landtagskandidatur – Erklärung von Dr. Gerhard Papke MdL, Düsseldorf, den 14. September 2016

»Gestern Abend habe ich die Gremien meines FDP-Kreisverbandes Rhein-Sieg darüber informiert, dass ich mich bei der Landtagswahl am 14. Mai 2017 nicht mehr um ein neues Mandat bewerben werde. Mit dem Ende der Wahlperiode werde ich aus dem Parlament und meinem Amt als Landtagsvizepräsident ausscheiden. Nach vier Wahlperioden und 17 Jahren als Abgeordneter für den Rhein-Sieg-Kreis, darunter 7 Jahre als FDP-Fraktionsvorsitzender und 5 Jahre als Landtagsvizepräsident, endet im Mai 2017 meine parlamentarische Laufbahn.

Da ich Parlamentarier mit Leib und Seele bin, ist mir diese Entscheidung nicht leichtgefallen. Aber ich bin vom aktuellen FDP-Kurs nicht hinreichend überzeugt, um meine Partei auch bei den nächsten Wahlen exponiert zu vertreten.

Die FDP war immer eine Partei der Weltoffenheit und Toleranz, gleichermaßen aber mit fester Verankerung in unserer gewachsenen bürgerlichen Werteordnung. Beschlüsse wie für die generelle Einführung von Mehrfachstaatsbürgerschaften oder die Freigabe von Rauschgift widersprechen meiner persönlichen Überzeugung und rücken die FDP innenpolitisch nach links. Damit wird der Weg für Ampel-Koalitionen mit SPD und Grünen erleichtert, wie zuletzt in Rheinland-Pfalz. Das halte ich auch strategisch für einen Fehler. Starke Kräfte in der FDP bewerten diese Frage anders.

Gerade weil die CDU bei vielen Themen von der SPD kaum mehr zu unterscheiden ist, wäre es nach meiner Auffassung Aufgabe der Freien Demokraten, enttäuschten bürgerlichen Wählern eine neue Heimat zu bieten. Aber dazu gehörte eine wirklich klare Haltung gegen die ungesteuerte Massenzuwanderung nach Deutschland und die Bereitschaft zur nationalen Sicherung unserer Grenzen. Wir müssen endlich wieder wissen, wer zu uns kommen will, und wir müssen entscheiden können, wen wir ins Land lassen. Dabei geht es nicht nur um den Schutz vor Terroristen. Der Zustrom Hunderttausender junger Männer aus rückständigen, islamisch geprägten Gesellschaften, denen die Gleichberechtigung von Frauen und Männern völlig fremd ist, gefährdet unsere offene Gesellschaft. Wohin das führt, hat sich in der Silvesternacht in Köln gezeigt, als ein entfesselter Mob Jagd auf Frauen und Mädchen gemacht hat.

Und auch eine kritische Debatte über die Rolle des organisierten Islam in Deutschland ist längst überfällig. Dass die staatliche türkische Religionsbehörde, die die meisten Imame in deutschen Moscheen stellt, Kindern mit Comics den Märtyrertod verherrlicht, ist ein aktuelles, erschreckendes Alarmsignal. Umfassende politische Konsequenzen bleiben jedoch aus. Von meinem bereits im Oktober 2014 vorgelegten Thesenpapier zur islamistischen Bedrohung hatte sich die FDP-Führung distanziert. Auf dem Landesparteitag im April 2015 in Siegburg wurde mir bei einem kritischen Redebeitrag zum Kopftuch bei Lehrerinnen kurzerhand das Mikrofon abgeschaltet.

Ich hoffe dennoch, dass die FDP den Mut findet, die Themen mit Klarheit anzusprechen, die die Menschen in unserem Land beunruhigen, wie es jeder Abgeordnete täglich erfahren kann. Ich werde mich jedenfalls auch nach meinem Ausscheiden aus dem Landtag dafür engagieren. Wenn die politische Mitte in Deutschland keine Handlungskraft entwickelt, werden die politischen Ränder wie überall in Europa stärker. Das gilt es zu verhindern.

Trotz inhaltlicher Differenzen mit meiner Partei scheide ich nicht im Zorn. Insbesondere während der FDP-Regierungsbeteiligung in Nordrhein-Westfalen zwischen 2005 und 2010 konnte ich als Fraktionschef wichtige Elemente marktwirtschaftlicher Reformpolitik mit durchsetzen. Meine Mitwirkung am historischen Ausstieg aus den Steinkohlesubventionen wird mir in besonderer Erinnerung bleiben. Für diese Gestaltungsmöglichkeiten bin ich dankbar.

Dass die FDP-Landtagsfraktion mir bei meiner Absage an eine Ampel-Koalition 2010 ebenso geschlossen gefolgt ist wie bei der Ablehnung des rot-grünen Schuldenhaushalts 2012, obwohl sie die Auflösung des Parlaments zur Folge hatte, war das Ergebnis gemeinsamer Überzeugungstreue. Ohne echte Haltung degeneriert Politik zu reiner Machttaktik und kann die Menschen nicht für unsere freiheitliche Demokratie gewinnen.«

Die mediale Resonanz war beachtlich und ließ bereits erkennen, wie eng auch in der öffentlichen Wahrnehmung meine Zusammenarbeit mit Christian Lindner gewesen war, die nun in einem Zerwürfnis endete. Eine Auswahl: »FDP-Erdbeben. Papke schmeißt hin!« (*Bild*), »Ein Vertrauter weniger« (*Frankfurter Allgemeine Zeitung*), »Lindner verliert einen Mitstreiter – NRW-Landtagsvizepräsident Gerhard Papke will 2017 nicht mehr für die FDP kandidieren: Die Partei rücke nach links und positioniere sich nicht deutlich genug gegen den Islam« (*Westdeutsche Zeitung*), »Vom Vertrauen zum Zerwürfnis – Die beiden Liberalen Gerhard Papke und Christian Lindner verband früher viel, jetzt kaum noch etwas« (*General-Anzeiger Bonn*), »Gerhard Papke hört wegen Christian Lindner auf – Landtags-Vize beklagt einen Linksruck der Partei« (*Kölner Stadt-Anzeiger*), »Papkes Paukenschlag« (*Westfälischer Anzeiger*), »Linksruck-Vorwurf gegen Lindner – Ex-Fraktionschef Papke: Die FDP macht einen schweren strategischen Fehler« (*Kölner Express*), »Streit um FDP-Kurs: Landtagsvize Papke gibt auf – Langjähriger Fraktionschef warnt Liberale vor Linkskurs und Ampel-Koalition« (*Westdeutsche Allgemeine Zeitung*).

Ich machte die Erfahrung, dass die eigene politische Haltung in den Medien entschieden anerkennender bewertet wird, wenn man von der Bühne abtritt, als man es im tagespolitischen Geschäft zumeist erleben durfte[1]. Vielleicht ist das aber auch normal. Einige Kommentatoren stellten indessen gezielt auf die Richtungsfrage ab, die mein Schritt aufwerfe: »Bricht Lindner nach dem Knall jetzt der konservative FDP-Flügel weg?« (*Express*). »Zuletzt aber war der Bruch zwischen Papke, dem Mann vom rechtsliberalen Flügel, und FDP-Modernisierer Lindner nicht mehr zu übersehen« (*Kölner Stadt-Anzeiger*). »Mit Gerhard Papke verliert FDP-Chef Lindner einen wichtigen Mitstreiter des rechten Flügels seiner Partei, der in NRW wie im Bund nur noch wenige Identifikationsfiguren anzubieten hat« (*Westdeutsche Zeitung*). Und der *General-Anzeiger Bonn* schrieb: »Papke gefällt weder der inhaltliche noch der koalitionspolitische Kurs seiner Partei. Er sieht gerade nach dem Zustrom der Flüchtlinge die Notwendigkeit, einen klaren nationalen Abgrenzungskurs zu fahren und damit strategisch den Raum zu füllen, den CDU und SPD lassen.«[2]

Die offizielle Reaktion Christian Lindners beschränkte sich zunächst auf wenige Sätze[3]. Auch in der darauffolgenden Sitzung der FDP-Landtagsfraktion, wo ich meinen Schritt unter Verweis auf meine vorliegende Erklärung nur noch kurz erläuterte, gab es dazu von seiner Seite keinerlei Bemerkung noch eine sonstige Aussprache. Das überraschte mich nicht. Jeder politische Profi weiß, dass man unangenehme Geschichten möglichst nicht selbst aufgreift, weil man die Berichterstattung darüber dann nur weiter befeuert. Es ist besser, solche Sachen zu »dethematisieren«.

Noch einige Wochen zuvor war Lindner allerdings weniger zurückhaltend gewesen. Anlass seiner bemerkenswerten Intervention war ein ausführlicher Bericht in der *Frankfurter Allgemeinen Zeitung* über die FDP und ihren Parteivorsitzenden am 6. August 2016. Reiner Burger, der NRW-Korrespondent der *FAZ*, ging darin der Frage nach, wofür Lindners »neue FDP« eigentlich stehe. Er würdigte, wie intensiv sich die Partei mit dem wichtigen Thema »Digitalisierung« befasse. Allerdings: »Das Großthema hat für die kleine Partei einen schönen Vorteil: Sie muss sich in anderen umstrittenen Fragen nicht festlegen. Das kommt dem Naturell Lindners entgegen. So gut wie nie besetzt Lindner als Erster ein Thema. Beinahe immer versucht er, nur den sicheren Punkt zu setzen. Erstaunlich lange brauchte die Lindner-FDP auch, um sich von der Flüchtlingspolitik der Bundeskanzlerin abzugrenzen.«

Auch ich kam in Burgers Bericht zu Wort. Ich warnte vor der »gefährlichen Illusion jüngerer FDP-Funktionäre«, die Partei könne sich neue Wählerschichten links der Mitte erschließen. Noch habe die FDP die Chance, verstärkt Themen aufzugreifen, die zwar viele Leute bewegten, die von den anderen Parteien aber nur mit »Beschwichtigungsformeln und Durchhalteparolen« begleitet würden. Ich nannte als Beispiele die Flüchtlingspolitik und die Rolle des Islams in Deutschland. Zugleich betonte ich, Christian Lindner habe bereits Enormes für die FDP erreicht: »Wir haben ihm viel zu verdanken.«

Die FDP-Landtagsfraktion erstellt für die Abgeordneten und Mitarbeiter von Zeit zu Zeit einen Pressespiegel, in dem alle Zeitungsausschnitte von Relevanz für die eigene Arbeit enthalten sind. Normalerweise finden dort gerade die Artikel Berücksichtigung, bei denen der Fraktionsvorsitzende oder die anderen Abgeordneten eine Rolle spielen. Häufig werden sogar Berichte aus der Lokalpresse aufgenommen. Der besagte *FAZ*-Artikel unter der Überschrift »Lindners Logik« tauchte im FDP-Pressespiegel allerdings nicht auf.

Dennoch stieß er in der FDP, wie ich aus zahlreichen Zuschriften weiß, auf großes Interesse. Er wurde von einigen Parteigliederungen auch per Mail verbreitet. Dazu gehörte mein eigener Kreisverband Rhein-Sieg, einer der mitgliederstärksten der gesamten Bundespartei. Der Kreisvorsitzende Jürgen Peter richtete gemeinsam mit dem Chef der FDP-Kreistagsfraktion, Karl-Heinz Lamberty, ein Begleitschreiben zu dem Artikel an sämtliche Mitglieder des Verbandes (»anliegend finden Sie einen Artikel aus der *FAZ*, den wir sehr gut finden«). Darin hieß es: »Der Landtagsvizepräsident des Landtages NRW, Dr. Gerhard Papke, MdL, bezieht in dem *FAZ*-Artikel eine klare bürgerlich-liberale Position. Mit ihm in führender Funktion auch in der neuen Landtagsfraktion 2017 wird es keine Ampel-Koalition durch die Hintertür geben. Die werteorientierte FDP in NRW muss in der politischen Öffentlichkeit ein deutliches Zeichen setzen und alle von der sozialdemokratisierten CDU enttäuschten bürgerlichen Wähler zur Unterstützung einladen. Dagegen kann das Fischen von Wählern links von der Mitte schon bei der schieren Menge der sich inzwischen dort verortenden Parteien für die FDP nicht dienlich sein. Um mit dem eigenen Angebot an den bürgerlichen Wähler glaubwürdig zu bleiben, wird die FDP, und da hat Gerhard Papke recht, diese Richtungsfrage vor den Wahlen in 2017 klären müssen.«

Christian Lindner wies diese Haltung in einer Mail, wiederum an sämtliche Mitglieder des FDP-Kreisverbandes, in scharfer Form zurück. Er habe, so schrieb er unter anderem, auf dem FDP-Landesparteitag im April 2016 in seiner Rede »als Ziel der FDP ausgegeben, die rot-grüne Politik in Düsseldorf nicht zu verlängern, sondern diese Koalition zu beenden. Im Anschluss haben die Delegierten mich mit 98 Prozent in meinem Amt bestätigt. Die von

Ihnen gesehene ›Richtungsfrage‹ ist damit längst beantwortet«. Die FDP habe »ihr liberales Profil in den Fragen Marktwirtschaft und Mittelstand, Bildung und Bürgerrechte gestärkt«. Sie habe sich »neue Themen wie die Digitalisierung« erschlossen. »Wir treten zeitgemäß auf, um über kreative kommunikative Methoden auszugleichen, dass die Medien uns gegenwärtig weitgehend ausblenden«. Und weiter: »Ich bedauere, dass Sie vor diesem Hintergrund einen Beitrag der *FAZ* an Ihre Mitglieder versenden, der all dies ignoriert oder in Frage stellt.«

Eine derart massive Intervention des Bundesvorsitzenden in die Parteiöffentlichkeit hinein ist in der FDP zutiefst ungewöhnlich. Sie zeigte, wie angefasst Lindner auf kritische Fragen reagiert. Sie zeigte auch, wie angespannt inzwischen unser beider Verhältnis war.

Auf meine Entscheidung, nicht mehr für den Landtag zu kandidieren, hatte diese aufschlussreiche Korrespondenz keinen Einfluss mehr. Die Entscheidung war zu diesem Zeitpunkt bereits gefallen, auch wenn ich sie noch für mich behalten hatte. Allerdings fühlte ich mich darin jetzt noch einmal bestärkt. Richtung und Methodik der »neuen FDP« von Christian Lindner waren nicht mehr die meinen. Daraus musste ich Konsequenzen ziehen, wenn ich meinen Überzeugungen treu bleiben wollte. Unsere über viele Jahre eng verbundenen Wege hatten sich nach und nach getrennt, bis hin zum völligen Bruch. Es wird in diesem Buch auch darum gehen, wie es dazu kam.

KAPITEL ZWEI

DIE ERSTEN BEGEGNUN- GEN MIT CHRISTIAN LINDNER UND UNSER GEMEINSAMER WEG INS PARLAMENT

Dass die Medien auf mein besonderes Verhältnis zu Christian Lindner hinwiesen, kam nicht von ungefähr. In unserem Fall ist die Bezeichnung Weggefährten eher eine Untertreibung. Mehr als 15 Jahre war unser Miteinander wahrscheinlich so eng, wie es in der Politik überhaupt sein kann. Und schon unser Weg dorthin war ein gemeinsamer.

Als wir uns 1998 kennenlernten, war Christian Lindner gerade 19 Jahre alt und Zivildienstleistender in der Theodor-Heuss-Akademie der Friedrich-Naumann-Stiftung in Gummersbach. (Wenige Jahre später wechselte er übrigens als Reserveoffizier in die Bundeswehr und machte dort, wen mag es wundern, eine Blitzkarriere.) Ich selbst war seit 1994 als Wissenschaftlicher Referent in der Akademie tätig und dort für die Abteilung »Grundlagen und Perspektiven des Liberalismus« verantwortlich. Als der Klever Unternehmer und Bundestagsabgeordnete Paul Friedhoff im Februar 1997 Nachfolger von Otto Graf Lambsdorff als wirtschaftspolitischer Sprecher der FDP-Bundestagsfraktion wurde, engagierte er mich als Redenschreiber und Berater. Ich wechselte mit einer halben Stelle in den Deutschen Bundestag, weil ich meine Arbeit in der Naumann-Stiftung nicht vollständig aufgeben wollte.

Paul Friedhoff war ein Selfmade-Unternehmer, der aus dem Nichts heraus ein weltweit erfolgreiches mittelständisches Technologieunternehmen aufgebaut hatte. Schon bald verband uns ein enges Vertrauensverhältnis. Ich habe viel von ihm gelernt. Hinter seinem gelegentlich etwas kantigen Auftritt verbarg sich ein außergewöhnlicher und zudem liebenswerter Mensch.

Aber zurück zu Christian Lindner: Wenn der neue »Zivi« morgens mit Schwung seinen Porsche auf den Parkplatz manövrierte und mit flotten Sprüchen seine verspätete Ankunft begründete, geriet die heile oberbergische Welt unseres Verwaltungsleiters, der als Vorgesetzter der Zivildienstleistenden fungierte, zwangsläufig an ihre Grenzen. Mehr und mehr auch darüber hinaus. Zumal die anderen »Zivis« natürlich argwöhnisch beobachteten, ob man denn auch als Porschefahrer zu ganz profanen Dienstpflichten wie Rasenmähen herangezogen wurde.

Aus meiner Beobachtung empfand der junge Lindner derartige Beschäftigungen geradezu als Höllenqualen, als eine Art permanente Majestätsbeleidigung. Zumal er dafür eigentlich ohnehin keine Zeit hatte. Denn er war nebenher unter anderem als PR-Berater tätig und arbeitete mit Hochdruck an einem Projekt, das ihm besonders am Herzen lag: Er wollte mit einem eigenen Wagen an der Love-Parade in Berlin teilnehmen, finanziert durch Sponsoren. Lindner wäre nicht Lindner gewesen, wenn ihm das nicht gelungen wäre. Mit dem Porsche Boxster nach Berlin zum eigenen Wagen auf der Love-Parade. Eines war schon früh klar: Der Junge verstand etwas vom Showgeschäft.

Aber da war eben noch die Sache mit dem Rasenmähen. Deshalb suchte er Zuflucht. Die fand er bei mir. Meine kleine Abteilung war in der Theodor-Heuss-Akademie quasi die Schnittstelle zwischen politischer Theorie und Praxis. Ich pendelte zwischen Bundestag und Stiftung hin und her, hatte dementsprechend viel zu tun, war aber auch in hohem Maße mein eigener Herr. An der Schwelle meines Büros endete de facto auch der Machtbereich unseres Verwaltungsleiters. Ich erbarmte mich des jungen Mannes und leitete in die Wege, dass er meinem Bereich für die inhaltliche Arbeit zugewiesen wurde. Seine Flucht vor den Hausmeistertätigkeiten hatte ein glückliches Ende gefunden.

Christian Lindner und ich haben später über diese anekdotenträchtige Zeit immer wieder gescherzt. Tatsächlich wurde mir damals bei unseren ersten intensiveren Gesprächen schon bald eines klar: Hinter seinem häufig inszenierten, etwas arg großspurigen Auftreten steckte ein hochbegabter junger Mann mit hellwachem Verstand und außergewöhnlicher Verbalisierungskompetenz. Aus dem würde mal etwas werden. Konkurrieren mit seiner Begabung konnten allenfalls noch sein Ehrgeiz und seine Selbstverliebtheit.

Damit hier kein Missverständnis entsteht: Ich habe Christian Lindner auch später oft genug damit aufgezogen, und wir haben beide gemeinsam schallend darüber gelacht. Etwa, als ich ihm einmal in unserem gemeinsamen Abgeordnetenbüro im Düsseldorfer Landtag skizzierte, in wie vielen Bänden er seine Erinnerungen veröffentlichen würde (Lindner: die jungen Jahre, Linder: der Staatsmann, Lindner: die großen Reden etc.). Als Politiker die nötige ironische Selbstdistanz zu wahren, ist eine Art Selbstschutz. Viele Jahre konnte der hochbegabte, selbstverliebte Christian Lindner noch über sich selber lachen. Als er FDP-Parteivorsitzender wurde und ihn die Bundeskanzlerin regelmäßig zum Gespräch empfing, verlernte er es.

Zur Wahrheit gehört, dass ich ohne Christian Lindner vielleicht selbst gar nicht für den Landtag kandidiert hätte. Ich hatte einen wirklich interessanten Job, der mir Freude machte, und bis Anfang 1999 eigentlich nicht ernsthaft über eine eigene politische Laufbahn nachgedacht. Und dann sitzt dieser Junge vor meinem Schreibtisch und erklärt mir mit der größten Selbstverständlichkeit der Welt, dass er bei der Landtagswahl im Mai 2000 natürlich ins Parlament wolle. Er war wie ich früher bei den Jungen Liberalen aktiv und hatte es 1998 mit einer Überraschungskandidatur sogar zu einem Platz im FDP-Landesvorstand gebracht. Jetzt wollte er durchstarten. Erst habe ich gelacht. Aber dann wurde ich doch nachdenklich. Eigentlich hatte Christian Lindner ja recht. Es war höchste Zeit, selbst mit anzupacken.

Die FDP war bei der Bundestagswahl 1998 nach 29 Jahren (!) aus der Bundesregierung ausgeschieden und fand in der öffentlichen Wahrnehmung neben der CDU kaum noch statt. Bei den folgenden Landtagswahlen hagelte es deprimierende Niederlagen. Die Sinnkrise der Partei dauerte aber eigentlich schon an, seit sie sich bei der Bundestagswahl 1994 nur noch als Wahlhelfer der Union (»damit Helmut Kohl Kanzler bleibt«) über Wasser gehalten hatte. 1995 war sie sogar aus dem Düsseldorfer Landtag geflogen.

Jürgen Möllemann, der FDP-Landesvorsitzende in NRW und frühere Bundesminister, war nach seinen wüsten Attacken auf den Bundesvorsitzenden Klaus Kinkel 1994 auch zum Rücktritt vom Landesvorsitz gezwungen worden. 1996 wurde er reumütig zurückgeholt. Möllemann befand sich nach wie vor auf dem Kriegspfad gegen die Bundespartei. Aber er wusste, dass sein bundespolitisches Comeback nur gelingen könnte, wenn er die FDP bei der Landtagswahl im Mai 2000 wieder ins Parlament zurückführte. Deshalb trat er als Spitzenkandidat an. Diese Wahl versprach also eine wirklich interessante Geschichte zu werden. Christian Lindner und ich verabredeten, dass wir gemeinsam versuchen würden, dabei mitzumischen.

Nur war das leichter gesagt als getan. Einerseits waren zwar die Chancen für Newcomer besser, weil es keine amtierende Landtagsfraktion mehr gab, die ihre Claims hätte verteidigen können. Andererseits gab es unter den über 15.000 Mitgliedern der NRW-FDP genügend Aspiranten auf ein Parlamentsmandat. Das Parteiestablishment war immer noch fest zementiert. Möllemann hatte von Beginn an ein kritisches Auge darauf, wer da mit ihm in den Landtag wollte. Weil die FDP, wie die Grünen auch, bei Bundes- und Landtagswahlen in aller Regel keine Wahlkreise direkt gewinnt, werden ihre nach dem Gesamtergebnis errungenen Mandate ausschließlich über Landesreservelisten vergeben. Darüber bestimmt bei der NRW-FDP eine sogenannte Landeswahlversammlung, die aus 400 Delegierten der 54 Kreisverbände besteht und für die Landtagswahl im Mai 2000 ein halbes Jahr vorher in Düsseldorf zusammentrat.

Wer dort aussichtsreich antreten wollte, musste von seinem Kreisverband nominiert werden und in aller Regel auch als Direktkandidat in einem der Wahlkreise aufgestellt worden sein. Und dann war da noch eine weitere Nominierungshürde: der Bezirksverband. Wie in den anderen Parteien gibt es auch in der FDP eine Ebene zwischen den Kreisverbänden und der Landespartei, und zwar die Bezirke; in Nordrhein-Westfalen sind es neun. Sie stellen vor einer Landeswahlversammlung auf Parteitagen eigene Kandidatenlisten auf, die dann in Verhandlungen mit den anderen Bezirken zu Vorschlagslisten zusammengeführt werden. Das lädt natürlich zu Seilschaften ein. Letztlich entschieden wird aber immer auf der Landesebene, in geheimer Einzelwahl.

Christian Lindner gehörte als Wermelskirchener zum Kreisverband Rhein-Berg, ich selbst als Königswinterer zum Kreisverband Rhein-Sieg. Beide Verbände sind Teil des Bezirksverbandes Köln, zu dem noch Köln, Bonn, Rhein-Erft, Oberberg und Leverkusen gehören. Wir mussten es also auf unserem Weg in den Landtag zunächst einmal auf die Liste unseres gemeinsamen Bezirksverbandes schaffen. Ohne unsere wechselseitige Unterstützung wäre uns das wohl kaum gelungen.

Wir arbeiteten schon bei der Kommunalwahl im September 1999 Hand in Hand, arrangierten Einladungen für den anderen, um uns bekannter zu machen, und bastelten manche Nacht in einer kleinen Druckerei in Kürten unter vier Augen an der Entwicklung von Kampagnenmaterial. Christian Lindner, ohnehin ein Nachtarbeiter, hatte sich vom Eigentümer der Einfachheit halber die Schlüssel geben lassen. Es verging kaum ein Tag, an dem wir uns nicht auf den neuesten Stand brachten. Wir haben unsere Landtagskandidaturen mit harter Arbeit vorbereitet, dabei aber auch viel Spaß gehabt.

Auf dem Nominierungsparteitag des Bezirksverbands Köln im Oktober 1999 in Pulheim mussten wir uns beide in umkämpften Wettbewerbskandidaturen behaupten, bevor wir auf die Plätze 3 und 4 der Bezirksliste gewählt wurden. Denn wir gehörten nun einmal nicht zum Establishment. Außerdem waren wir in einer strukturellen Minderheitsposition, weil sich die Delegierten aus Köln und Bonn, die nahezu allein die Mehrheit stellten, verabredet hatten, ihre Kandidaten wechselseitig zu unterstützen. Ich gehörte in meinem Kreisverband bis dahin noch nicht einmal dem Vorstand an und musste mich schon auf Kreisebene gegen einen Gegenkandidaten durchsetzen.

Geschreckt hat mich das alles nicht, ganz im Gegenteil. Wenn man für eine Partei antritt, die sich den Wettbewerb auf ihre Fahnen geschrieben hat, sollte man auch selbst bereit sein, sich diesem Wettbewerb zu stellen. Ich habe auch später als Fraktionschef im Landtag Redeschlachten fast immer genossen. Der Austausch von Argumenten in freier Rede macht die parlamentarische Demokratie erst lebendig. Wie früher Guido Westerwelle erzielt Christian Linder als Redner vor allem deshalb so große Wirkung, weil er meistens ohne Manuskript spricht, wenngleich seine wichtigen Reden bis ins Detail vorbereitet sind.

Bei der Landeswahlversammlung am 12. Dezember 1999 war ich für Platz 14 der Reserveliste nominiert, Christian Lindner für Platz 19. Was ich allerdings bei Weitem unterschätzt hatte, war die Entschlossenheit, mit der Jürgen Möllemann meine Wahl verhindern wollte. Deshalb bekam ich an diesem Tag eine Lehrstunde in Sachen personalpolitischer Ränke verpasst, die ich nicht so schnell vergessen sollte.

Möllemann hatte sich mit Paul Friedhoff, der früher als Schatzmeister der NRW-FDP eng mit ihm zusammengearbeitet hatte, heillos überworfen. Seine permanenten Stänkereien gegen die Bundespartei und seine Unberechenbarkeit hatten bei Friedhoff das Fass zum Überlaufen gebracht. Als ich überraschend als ambitionierter Landtagskandidat auftauchte, sah Möllemann darin ein Manöver Friedhoffs, um in der neuen Landtagsfraktion eine Front gegen ihn aufzubauen. Das war zwar völliger Blödsinn, aber aus Sicht Möllemanns naheliegend.

Und so kam es, dass ich bei der Abstimmung über Platz 14 der Reserveliste gleich zwei Gegenkandidaten erhielt. Einer war Friedrich Wilke, ein Hochschullehrer aus Gummersbach, der von seiner Kreisvorsitzenden, der Bundestagsabgeordneten Ina Albowitz vorgeschlagen wurde. Wilke hatte bereits auf dem Bezirksparteitag gegen mich kandidiert, dabei aber deutlich den Kürzeren gezogen. Es entsprach nicht dem demokratischen innerparteilichen Komment, gegen den gewählten Kandidaten des eigenen Bezirksverbandes noch ein weiteres Mal anzutreten, und dann auch noch ohne jede Vorankündigung. Aber Möllemann unterstützte dieses Vorgehen und hatte dabei sogar noch meinen eigenen Bezirksvorsitzenden aus Köln mit ins Boot geholt, der eigentlich meine Kandidatur hätte verteidigen sollen. Beschweren konnte ich mich bei dem in dieser Situation allerdings nicht, weil er plötzlich auf dem Parteitag unauffindbar war!

Aber das war noch nicht alles. Auch die Vorsitzende des Bezirksverbandes Aachen, Irmgard Schwaetzer, meldete sich und schlug den früheren Euskirchener Kreisdirektor Ingo Wolf für Platz 14 vor. Die erfahrene frühere Bundesministerin hatte im Gegensatz zu mir mitbekommen, was sich da anbahnte, und hoffte nach dem Prinzip, wenn sich zwei streiten, freut sich der Dritte, die Spaltung des Kölner Bezirks nutzen zu können, um Wolf zur Mehrheit zu verhelfen.

Ich marschierte mit einer gewaltigen Portion Wut im Bauch nach vorne ans Rednerpult, um meine Vorstellungsrede zu halten. Aber immerhin war ich jetzt wenigstens schlagartig auf Betriebstemperatur. Ingo Wolf schied im ersten Wahlgang mit 88 Stimmen aus, Friedrich Wilke erhielt 122, ich 166 Stimmen. Die anschließende Stichwahl gegen Wilke gewann ich mit 211 zu 164 Stimmen. Hätte ich verloren, wäre es mit meiner politischen Laufbahn vermutlich nichts geworden. Als ich die Wahl annahm und mich umdrehte, stand hinter mir schon Jürgen Möllemann, um mir zu gratulieren! An diesem Tag habe ich viel über politische Praxis gelernt. Und dennoch bin ich auch später nie zu der Auffassung gelangt, dass Intriganz und Scheinheiligkeit, so übel sie mir noch manches Mal begegnen sollten, eine unverzichtbare Methode des Politischen sind.

Als besondere Pointe erwies sich übrigens, dass meine beiden Gegenkandidaten, Ingo Wolf und Friedrich Wilke, ebenfalls noch in den Landtag einziehen sollten. Da die Umfragewerte der FDP Ende 1999 immer noch miserabel waren und sich kaum jemand vorstellen konnte, dass die Landesliste über Platz 20 hinausziehen würde, wurden die Plätze ab 21 in sogenannter Sammelwahl vergeben. Die Kandidaten mit den meisten Stimmen kamen nach vorne. Wolf und Wilke hatten sich bei ihrer Kandidatur auf Platz 14 sehr gut vorgestellt und landeten bei der späteren Sammelwahl auf den Listenplätzen 22 und 23. Bei der Wahl am 14. Mai 2000 erhielt die FDP 24 Mandate. Wenn Ingo Wolf 1999 nicht gegen mich kandidiert hätte, wäre er 2005 bestimmt nicht Innenminister geworden.

Erlebt habe ich bei der Kampagne 2000 auch, welche Bedeutung eine gute Werbeagentur für den Wahlerfolg haben kann. Wenn sich die programmatischen Unterschiede zwischen den Parteien immer weiter einebnen und dann auch noch hinter fühligen Allgemeinplätzen verschwinden, gewinnen Verpackung und Inszenierung zwangsläufig an Gewicht. Überspitzt könnte man sagen, dass Wahlprogramme heute nur noch von Verbandsvertretern und Schulklassen gelesen werden, die von ihren Lehrern dazu gezwungen werden. Komplexe crossmediale Werbestrategien mit gezielten Aufmerksamkeitseffekten sind heute in allen Parteien Kernbestandteil der Wahlkampfplanung.

Ob diese Entwicklung der eigentlichen »Produktqualität«, also der Substanz von Politik dient, wage ich allerdings sehr zu bezweifeln. Einige Jungs aus dem Team von Christian Lindner haben bei der Beschreibung des geplanten »Turnaround«-Prozesses nach seiner Wahl zum Parteivorsitzenden das Beispiel einer traditionsreichen Schnapsmarke bemüht, die nach erfolgreichem Imagewandel jetzt wieder gerne getrunken werde. Da brannte in einem gleich wieder der Durst auf den Wiederaufstieg des deutschen Liberalismus.

Man muss also höllisch aufpassen, dass die Verpackung nicht wichtiger wird als der Inhalt und professionelle Inszenierung nicht in reine Schauspielerei umschlägt. Demokratische Parteien und Politiker leben letztlich von ihrer Glaubwürdigkeit, und diese Glaubwürdigkeit gründet auf Authentizität. Die Menschen wollen wissen, woran sie mit ihren Politikern sind. Sonst kann man auch gleich ins Theater gehen!

Jürgen Möllemann war zwar ein Abenteurer, ein politischer Raufbold, aber unschwer als solcher zu erkennen. Er war – das wussten wir alle – genau der richtige Mann, um die bräsige Landespolitik in NRW trotz außerparlamentarischer Opposition ordentlich aufzumischen. Seitdem die SPD 1995 ihre absolute Mehrheit verloren hatte, schlug sie sich in der Regierung höchst widerwillig mit den Grünen herum, die in NRW besonders fundamentalistisch waren und mit Bärbel Höhn an der Spitze die Industrie des Landes bremsten und blockierten. Als Johannes Rau im Mai 1998 als Ministerpräsident zurücktrat, weil er im Jahr darauf als Bundespräsident kandidieren wollte, folgte ihm Wolfgang Clement. Er war wild entschlossen, die Modernisierung des Landes endlich voranzutreiben. Die industriefeindliche Haltung der Grünen ging ihm völlig gegen den Strich und er liebäugelte mit einer sozial-liberalen Koalition nach der Landtagswahl.

Die FDP nahm in ihrem Wahlkampf (»NRW braucht Tempo«) diese Konstellation gezielt auf und fand nicht nur bei den von Dauerstaus genervten Autofahrern dankbare Zuhörer. Die teils provokanten, vor allem aber augenzwinkernd-kreativen Werbemittel stammten von der gerade erst gegründeten kleinen Agentur »Heimat«, die sich in den folgenden 15 Jahren dann zu einer festen Größe unter den deutschen Werbeagenturen entwickeln sollte. Nach Christian Lindners Wahl zum Parteivorsitzenden kehrte die FDP übrigens zu »Heimat« zurück und lässt sie seitdem ihren gesamten Auftritt zentral betreuen. Bis hinunter in die einzelnen Landesverbände wird alles einheitlich werblich gesteuert.

Möllemann engagierte 1999 zudem Fritz Goergen, früherer Bundesgeschäftsführer der FDP und ehemaliges geschäftsführendes Vorstandsmitglied der Friedrich-Naumann-Stiftung, als Kampagnenleiter. Goergen hatte die Idee vom »Projekt 8«, das Möllemann im Dezember 1999 der staunenden Öffentlichkeit verkündete. Nicht einfach der Wiedereinzug in den Landtag, sondern ein Ergebnis von 8 Prozent sollte das Wahlziel sein. Obwohl sich viele Beobachter angesichts anfänglich miserabler Umfragewerte zunächst darüber amüsierten, ging die Strategie mehr und mehr auf, einfach gar nicht mehr darüber zu diskutieren, ob die FDP die Fünfprozenthürde überwinden würde oder nicht. Bei 8 Prozent war das ja ohnehin klar.

Allerdings kam der FDP zugute, dass die CDU im Bund und in Hessen seit Anfang November 1999 immer tiefer im Sumpf einer Parteispendenaffäre versank, die am Ende auch den Parteivorsitzenden Wolfgang Schäuble das Amt kostete. Das öffentliche Geständnis von Altbundeskanzler Helmut Kohl, rechtswidrig Spendenmillionen für seine Partei entgegengenommen zu haben, ohne die Namen der Spender nennen zu wollen, erschütterte die Republik. Die Umfragewerte der Union befanden sich im freien Fall. Bei der Kommunalwahl in NRW am 12. September 1999 hatte die CDU unter ihrem neuen Landesvorsitzenden Jürgen Rüttgers noch mit landesweit 50,3 Prozent triumphiert. Ab Jahresbeginn 2000 konnte sie sich dem Abwärtssog der Gesamtpartei nicht mehr entziehen. In dem Maße, wie ihre Umfragewerte nach unten gingen, stiegen sie bei der FDP.

Der Stimmungsumschwung zu unseren Gunsten war ab März 2000 bei jeder FDP-Veranstaltung mit Händen zu greifen. Ich fuhr in meinem Wahlkampf zu Hause im Rhein-Sieg-Kreis reihenweise FDP-Prominenz auf, die ich durch meine Arbeit in der Bundestagsfraktion kannte. Günther Rexrodt war darunter, der frühere Bundeswirtschaftsminister, Rainer Brüderle, der 1998 in den Bundestag gewechselt war, natürlich Guido Westerwelle und

Jürgen Möllemann. Am Wahltag, dem 14. Mai 2000, erfuhr ich schon nachmittags von Nachwahlbefragungen, die uns bei mehr als 8 Prozent sahen. Zudem würde es Überhang- und entsprechende Ausgleichsmandate geben. Bevor ich mich auf den Weg ins Siegburger Kreishaus machte, rief ich meinen jungen Freund Christian Lindner an, um ihm zur Wahl zu gratulieren. Er wollte es noch gar nicht richtig glauben. Spätabends trafen wir uns in Düsseldorf, um gemeinsam zu feiern. Unser Parforceritt in den Landtag war erfolgreich gewesen. Das Wahlergebnis von 9,8 Prozent hatte alle Erwartungen übertroffen.

KAPITEL DREI

ARBEIT IM LANDTAG

Wir hatten nicht lange Zeit, uns im Hochgefühl des neuen Abgeordnetendaseins zu sonnen. Die neue Landtagsfraktion mit ihren 24 Abgeordneten konstituierte sich schon am Tag nach der Wahl in Düsseldorf, und alle mussten sich schnellstens zurechtfinden. Christian Lindner war übrigens mit seinen 21 Jahren der jüngste Abgeordnete in der Geschichte des Parlaments. Für uns beide war klar, dass wir ein gemeinsames Büro beziehen würden. Das war durchaus wörtlich zu nehmen. Im Landtag Nordrhein-Westfalen hat jeder Abgeordnete (es sei denn, er bekleidet besondere Ämter) ein einziges Büro für sich und seine Mitarbeiter. Christian und ich setzten uns in einem Raum zusammen. Unsere Mitarbeiter, überwiegend studentische Hilfskräfte, kamen in das andere Zimmer. Wir stellten eine gemeinsame Büroleiterin ein, an deren Finanzierung sich auch noch unser niederrheinischer Abgeordnetenkollege Dietmar Brockes beteiligte, den ich durch alle Höhen und Tiefen der folgenden Jahre immer als aufrechten Freund erleben durfte.

Für neue Abgeordnete, egal welcher Partei, ist es wichtig, die fachliche Zuständigkeit für ein interessantes Politikfeld zu bekommen, damit man sich durch gute Sacharbeit einen Namen machen kann. Je häufiger Themen aus dem eigenen Zuständigkeitsbereich im Plenum beraten werden, desto mehr Redeauftritte im Parlament bekommt man und gewinnt an Interesse für die

Berichterstattung in den Medien. Bei aller Kollegialität ist die Konkurrenzsituation untereinander in den jeweiligen Fraktionen daher gleich zu Beginn einer Wahlperiode erheblich. Abgeordnete von SPD und CDU, die ihre Wahlkreis direkt gewonnen haben und in den regionalen Hochburgen ihrer jeweiligen Partei dabei häufig klare Mehrheiten erzielen, können diese Wettbewerbslage allerdings entspannter angehen. Denn für sie zählt weniger der Auftritt im Parlament als vielmehr die persönliche Präsenz allein in ihrem Wahlkreis.

Christian Lindner wollte in den Ausschuss für Wissenschaft und Forschung und hochschulpolitischer Sprecher der FDP-Fraktion werden. Ich meldete mein Interesse für die Position des wirtschafts- und energiepolitischen Sprechers an. Viele wirtschaftspolitische Themen waren mir aus meiner Arbeit für Paul Friedhoff im Bundestag bestens vertraut, und ich brannte darauf, in der Landespolitik für mehr Marktwirtschaft und Wettbewerb zu werben. Im Ruhrgebiet, in einer sozialdemokratisch geprägten klassischen Bergbaustadt aufgewachsen, hatte ich die völlige Dominanz einer politischen Partei ebenso erlebt wie die Monostruktur des Steinkohlebergbaus. Beides fand ich unerträglich. Ohne das Wohlwollen der SPD bekam man damals in Oer-Erkenschwick noch nicht einmal einen Job als Straßenkehrer. Der dortige SPD-Ortsverein war mit weit über 2.000 Parteimitgliedern (bei 28.000 Einwohnern!) der größte der ganzen Republik, eng verzahnt mit der Zeche Ewald-Fortsetzung. Die Arbeit des heimischen SPD-Abgeordneten konzentrierte sich in Düsseldorf darauf, möglichst üppige Landesmittel loszueisen.

So wie in Erkenschwick war in weiten Teilen des Ruhrgebiets über Jahrzehnte eine fatale Subventionsmentalität entstanden, die gedanklich und praktisch wenig Raum ließ für innovative mittelständische Unternehmen. Es sollte möglichst alles so bleiben, wie es war. Als heiligste aller Kühe galt der Steinkohlebergbau. Doch im aufkommenden Zeitalter der Globalisierung war diese Wagenburgperspektive geradezu absurd und gefährdete die Zukunft der Region. Das war den Modernisierern in der SPD um Wolfgang

Clement natürlich ebenfalls bewusst. In die Tabuzone einer Bergbau-Ausstiegsdebatte trauten sie sich dennoch nicht hinein.

Jürgen Möllemanns rechte Hand und Sprachrohr in der Landtagsfraktion war Marianne Thomann-Stahl, die er zur parlamentarischen Geschäftsführerin machte. Sie verkündete mir, ich solle Sprecher für Europapolitik werden. Möllemann war mir gegenüber immer noch auf dem Kriegspfad. Er schlug für den Posten des wirtschaftspolitischen Sprechers Jens Jordan aus Waltrop vor, der vor seiner Wahl in den Landtag bereits einige Monate als Nachrücker dem Bundestag angehört hatte. Inzwischen kannte ich das Spielchen ja schon. Natürlich trat ich an, und es kam in der Fraktion zur Kampfabstimmung. Wir stellten uns noch einmal vor und begründeten unsere Kandidaturen. Ich gewann deutlich.

Christian Lindner kandidierte ebenfalls für den von ihm gewünschten Sprecherposten, doch er unterlag gegen Friedrich Wilke. Wie Lindner auch heute noch gerne erzählt, hatte Möllemann ihn vorher angerufen, um ihm mitzuteilen, er solle in den Ausschuss gehen, der ihm biografisch am nächsten liege, nämlich den für Kinder, Jugend und Familie. Als Möllemann ihn dann einmal als »Bambi« bezeichnete, hatte er seinen Spitznamen weg. Doch das focht ihn nicht an. Mit der ihm eigenen Akribie arbeitete sich Christian Lindner in die Feinheiten von Jugendförderplan und Kindergartengesetz ein und ließ sich schon bald von der zuständigen Ministerin Birgit Fischer nichts mehr vormachen.

Auch Möllemann hatte mehr und mehr Spaß an ihm. Als ich einmal an einem Plenartag zu vorgerückter Stunde neben ihm in der ersten Reihe saß, weil wir einige Dinge besprechen wollten, hatte Lindner einen Auftritt am Rednerpult. Wir hörten ihm aufmerksam zu. Mein junger Freund schilderte der Ministerin mit Herzblut in der Stimme die angeblich schrecklichen Zustände in den NRW-Kitas und zog dabei eine Riesenshow ab. Möllemann lächelte anerkennend, schüttelte kaum merklich den Kopf und sagte leise zu mir: »Was ist der Junge doch für ein begnadeter Schauspieler!« Christian Lindner kennt diese kleine Geschichte. Ich habe sie ihm natürlich nicht vorenthalten.

Aber die eigentliche Bühne nach der Landtagswahl gehörte Jürgen Möllemann. In der Sitzung des FDP-Landesvorstandes am Abend nach der Wahl meldete sich als Erster Burkhard Hirsch zu Wort und dankte ihm unter tosendem Applaus dafür, dass er dem Liberalismus in Deutschland wieder eine Perspektive gegeben habe. Die FDP, zermürbt durch deprimierende Wahlergebnisse mit kaum mehr als einem Prozent der Stimmen noch bei Landtagswahlen 1999, lag Möllemann zu Füßen. Gestern noch in der Bundespartei weitgehend isoliert und als Quertreiber verschrien, war er mit seinem Sensationserfolg schlagartig wieder zu einem bundespolitischen Faktor geworden. Er gedachte nicht, diese Konstellation ungenutzt verstreichen zu lassen.

Zunächst sah es sogar noch so aus, als könne er es tatsächlich in die Landesregierung schaffen. Die SPD war mit klarem Abstand zur CDU stärkste Partei geblieben, es reichte weiter für eine rot-grüne Mehrheit. Aber die Grünen hatten kräftig Federn gelassen und fanden sich mit 7,1 Prozent nur noch auf dem vierten Platz wieder. Clement empfing Möllemann mit großem Bahnhof und Kameraaufgebot zu Gesprächen in der Staatskanzlei. In der Landtagsfraktion ließ sich Möllemann bedeutungsschwanger die Legitimation geben, Koalitionsverhandlungen mit der SPD zu verabreden. Unter Umständen, so Möllemann, könne alles ganz schnell gehen. Wir kamen aus dem Staunen nicht mehr raus.

Um ehrlich zu sein: Ich habe ihm das damals nicht wirklich abgenommen. Die NRW-SPD war ein Eckpfeiler der seit noch nicht einmal zwei Jahren amtierenden rot-grünen Bundesregierung. Wenn Wolfgang Clement die Grünen in Düsseldorf in die Opposition schickte, würde das in Berlin ein Erdbeben auslösen. SPD-Landesvorsitzender war Generalsekretär Franz Müntefering, Bundeskanzler Schröders rechte Hand. Das konnte also nicht klappen. Und genauso kam es dann ja auch.

Jahre später, Wolfgang Clement war längst aus Bundesregierung und SPD ausgeschieden und ich inzwischen FDP-Fraktionschef, habe ich ihn, bei einem Geburtstagsempfang für die Kölner Verlegerlegende Alfred Neven DuMont, nach seinen Gesprächen mit Möllemann befragt. Clement erklärte mir, sie seien sich tatsächlich in allen Fragen handelseinig gewesen. Ich weiß zwar bis heute nicht, wie das bei der Steinkohle hätte funktionieren sollen. Aber ich habe Möllemann insgeheim doch ein wenig Abbitte geleistet.

Jedenfalls hatte es mit der Regierung Clement/Möllemann nicht geklappt, die Grünen durften weiter mitregieren. Um Möllemanns Laune stand es in den Tagen nach dieser Entscheidung sichtlich nicht zum Besten. Wenn er überhaupt jemals Interesse an der Landespolitik besessen hatte, dann schmolz es jetzt dahin wie Schnee in der Sonne. Das zeigte sich uns schon in der Parlamentsdebatte über die Regierungserklärung des wiedergewählten Ministerpräsidenten. Sie versprach einiges an Spannung, denn Wolfgang Clement standen aufseiten der Opposition mit Jürgen Rüttgers und Möllemann nunmehr zwei ehemals führende Bundespolitiker gegenüber. Alle rechneten mit einer großen Redeschlacht. Sie sollte erst nach der parlamentarischen Sommerpause stattfinden, am 6. September. Damit blieb genügend Zeit für eine gründliche Vorbereitung.

Möllemann bat die Fachpolitiker der Fraktion, ihm die wichtigsten Themen aus den jeweiligen Politikfeldern zuzuliefern. Er wollte sich der Rede in seinem Sommerurlaub auf Gran Canaria widmen. Wie die anderen Abgeordneten machte ich mich an die Arbeit und faxte meinem Fraktionschef detaillierte Memos zur Wirtschaftspolitik auf die Kanaren. Unsere Vorfreude wuchs ins schier Unermessliche, als Möllemann uns dann in der Fraktionssitzung vor der Plenardebatte erklärte, eine Art alternative Regierungserklärung abgeben zu wollen. In Wahrheit hatte Möllemann keine Lust verspürt, sich im Sommerurlaub mit den landespolitischen Details herumzuplagen und die ganzen Papiere vermutlich allesamt in den Müll befördert. Er ging deshalb in der Debatte gar nicht auf die Regierungserklärung ein, sondern trug mit staatsmännischem Gestus einen Text vor, den wir unschwer als unser Wahlprogramm identifizieren konnten. Schließlich hatten wir es monatelang an jedem Infostand heruntergebetet.

Dummerweise wurde irgendwann auch Wolfgang Clement bei Möllemanns Vortrag stutzig. Er ließ sich eine Ausgabe des FDP-Wahlprogramms bringen und kanzelte Möllemann unter dem Gejohle der Koalitionsabgeordneten genüsslich ab. (»Stellen Sie sich einmal vor, es gäbe eine Kopfnote für Fleiß. Bei Ihnen stünde eine glatte Sechs.«) Für uns neue Abgeordnete war diese Geschichte höchst lehrreich: Wenn man völlig unvorbereitet in eine wichtige Debatte marschiert, läuft man selbst als guter Redner Gefahr, versenkt zu werden.

Auch Möllemann achtete von nun an tunlichst darauf, dass ihm so etwas nicht noch einmal passierte. Aber wann immer er im Landtag auch das Wort ergriff, ging es ihm meistens um bundespolitische Entwicklungen. Angesichts von Einwohnerzahl, wirtschaftlicher Bedeutung und politischem Gewicht des Landes gab und gibt es in der Tat eine enge Verzahnung mit der Bundesebene, die sich in vielen Landtagsdebatten widerspiegelt. Aber Möllemann war erkennbar auf der Durchreise. Für ihn war der Landtag Plattform für die umgehende Rückkehr in den Bundestag, die Düsseldorfer Landtagsfraktion Nukleus und Hausmacht für seine bundespolitische Kampagne. Den jüngeren Abgeordneten eröffnete sich so allerdings einiger Freiraum für die eigene Entwicklung.

Wie Christian Lindner stürzte ich mich mit Feuereifer in die Arbeit. Als Erstes nahm ich mir das Thema Steinkohlesubventionen vor. Während die Steinkohle im Ruhrgebiet aus über 1.000 Meter Tiefe gefördert wurde, übernahmen das in den USA und Australien gigantische Schaufelradbagger im Tagebau, wie wir sie aus unseren Braunkohlerevieren kennen. Der daraus resultierende Kostennachteil war nicht annähernd auszugleichen. Die durchschnittlichen Förderkosten je Tonne Steinkohle lagen im Jahr 2000 in Deutschland trotz Stilllegung der teuersten Zechen immer noch bei 280 DM, in den USA bei 35 DM. Selbst bei Hinzurechnung der Frachtkosten betrug die Kostendifferenz 200 DM je Tonne. Sie wurde aus Steuermitteln ausgeglichen. So schraubten sich die staatlichen Subventionen in schwindelerregende Höhen.

Allein im Zeitraum von 2001 bis 2005 wurden annähernd 17 Milliarden Euro in die Steinkohle gepumpt, der Löwenanteil aus dem Bundeshaushalt. 2,5 Milliarden davon kamen aus Nordrhein-Westfalen. Das war Jahr für Jahr mehr als die Hälfte des gesamten Wirtschaftsetats im Landeshaushalt. Diese Mittel gingen alternativen Verwendungsmöglichkeiten wie Investitionen in Bildung und Infrastruktur, neue Technologien und wettbewerbsfähige mittelständische Strukturen völlig verloren. Zuspitzend sprach ich gerne von der »größten volkswirtschaftlichen Ressourcenverschwendung in der Geschichte der Bundesrepublik«. Für Nordrhein-Westfalen war das besonders fatal, weil das Land beim Wirtschaftswachstum im Ländervergleich immer weiter zurückfiel.

Dennoch stand die Front der Steinkohlefreunde, als die FDP 2000 in den Landtag einzog. Dort galt bis dahin das ungeschriebene Gesetz der parteiübergreifenden »Kohlefraktion«. Die Steinkohlebeihilfen galten als absolut sakrosankt. Deshalb war es ein Tabubruch, als ich für meine Fraktion in der Plenarsitzung am 28. September 2000 das Ende sämtlicher Beihilfen bis spätestens 2015 forderte und unseren entsprechenden Antrag begründete, den ich selber im Büro Papke/Lindner am PC getippt hatte.

Nicht nur bei der SPD, auch bei der CDU herrschte Entsetzen. Die anderen schauten mich bei meiner Rede an, als käme ich aus einem politischen Paralleluniversum. Wirtschaftsminister Ernst Schwanhold (SPD) warf uns vor, dem Land zu schaden, und wollte »bis zum Jahre 2015 und darüber hinaus einen wettbewerbsfähigen (!) eigenen Steinkohlebergbau erhalten«. Ministerpräsident Clement ging persönlich ans Mikro und machte klar: »Dieser Antrag wird zwar jetzt an die Ausschüsse überwiesen, er ist aber aus meiner Sicht keinesfalls akzeptabel, um das deutlich von Anfang an zu sagen, damit nirgendwo – weder hier noch in Berlin noch in Brüssel – Missverständnisse auftreten können.« Nur die Grünen sympathisierten mit unserer Position. Sie trauten sich aber nicht, es offen zu sagen, sondern stimmten mit SPD und CDU gegen unseren Antrag.

Wir würden die Front schon noch aufbrechen, da war ich mir sicher. Ein solcher Subventionsirrsinn wider alle ökonomische Vernunft war auf Dauer selbst von einer SPD/CDU/Grüne-Koalition nicht durchzuhalten. Zumal der Steinkohlebergbau auch an anderer Stelle unter Druck geriet. Am Niederrhein formierte sich massiver Protest der Bevölkerung gegen einen neuen Rahmenbetriebsplan für die Zeche Walsum ab 2002. Er sah vor, sogar unter dem Rhein und seinen Deichen Kohle abzubauen. Das Flussbett würde streckenweise um mehr als fünf Meter absinken. Deshalb sollten die Rheindeiche auf bis zu 15 Meter erhöht werden. Die Risiken einer solchen Operation waren erheblich. Bei einer Überschwemmung wären Zehntausende Bürger betroffen gewesen. Definitiv hätten künftig bis in alle Ewigkeit jährlich 70 Mio. Kubikmeter Grundwasser zusätzlich abgepumpt werden müssen, um die Überflutung der Region zu verhindern.

Ich fand schnell Kontakt zur »Bürgerinitiative Bergbaubetroffener am Niederrhein«, deren mehr als 1.600 Mitglieder 20.000 Unterschriften im Kreis Wesel gegen den neuen Rahmenbetriebsplan gesammelt hatten. Nach mehreren Besuchen vor Ort sagte ich zu, ihr Anliegen in den Landtag einzubringen. Auf der Besuchertribüne saßen Bergleute und Bergbaugegner. Die Stimmung war gereizt. Erneut stimmten SPD, CDU und Grüne geschlossen gegen unseren Antrag (»Bürgerinteressen schützen – Nordwanderung des Steinkohlebergbaus Walsum verhindern«). Erneut handelte ich mir harsche Kritik der Landesregierung für meine Haltung ein. Ich war mir dennoch sicher, die richtige Position zu vertreten.

Es ging mir nicht darum, unnötige Ängste vor einer möglichen Überflutung zu schüren. Aber die Risiken waren eben auch nicht von der Hand zu weisen. Und die Planungen des Zechenbetreibers, der Deutschen Steinkohle AG, waren zudem wirtschaftlich derart abenteuerlich, dass man sie dem Steuerzahler nicht mehr länger zumuten konnte. Im gesamten Ruhrgebiet wurden ohnehin schon jährlich 35.000 neue Bergschäden gemeldet, deren Beseitigung Jahr für Jahr etwa 200 Millionen Euro kostete! Dennoch wurde der neue Rahmenbetriebsplan für die Zeche Walsum gegen unseren Widerstand genehmigt. Wir waren nun einmal in der Opposition. Das Thema kam auf die Maßnahmenliste für unser Programm im Falle einer Regierungsbeteiligung 2005.

Das galt auch für ein drittes energiepolitisches Thema, dem ich mich ebenfalls mit Leidenschaft widmete und das in den nächsten Jahren eine erhebliche politische Breitenwirkung erzielen sollte: der massenhafte Bau von gigantischen Windkraftanlagen in Nordrhein-Westfalen. Es war durchaus parteiübergreifender Konsens, die Entwicklung erneuerbarer Energien auch durch staatliche Marktanreize zu unterstützen. Die garantierte Einspeisevergütung aus dem Erneuerbare-Energien-Gesetz (EEG), das der Bundestag im Februar 2000 mit rot-grüner Mehrheit verabschiedet hatte, schoss dabei aber gerade bei Photovoltaik und Windkraftanlagen weit übers Ziel hinaus. Die Einspeisung von Windenergie ins Stromnetz wurde mit 9,1 Cent je Kilowattstunde honoriert. Die Erzeugerpreise für konventionell erzeugten Kraftwerksstrom lagen demgegenüber bei 1,5 bis 2,5 Cent. Die Differenzkosten wurden über die Stromrechnung auf alle Verbraucher umgelegt.

Als besonderer Clou erwies sich die garantierte Höchstvergütung für jede einzelne Anlage, bis eine Mindeststrommenge erreicht war. Dadurch erhielten Windkraftanlagen an besonders windschwachen und somit ungünstigen Standorten besonders hohe Subventionen! Wohl in keinem anderen Land der Welt war man bis dahin auf eine solche Idee gekommen. Jetzt schossen auch in Nordrhein-Westfalen industrielle Windparks wie Pilze aus dem Boden. Dabei produzierten die dortigen Ende des Jahres 2000 etwa 1.200 Anlagen lediglich etwa 0,8 Prozent des landesweit benötigten Stroms. Die schlechten Windverhältnisse ließen selbst an den besten Standorten lediglich einen Wirkungsgrad von bis zu 20 Prozent der Anlagen-Nennleistung zu.

Weil der Wind im Binnenland zu schwach und unregelmäßig weht, mussten (und müssen) konventionelle Kraftwerkskapazitäten vorgehalten werden, um die Stromnetzstabilität zu gewährleisten. Kohlekraftwerke, die nicht unter Volllast gefahren werden, emittieren aber wiederum mehr Schadstoffe. Bei näherem Hinsehen entpuppten sich hochsubventionierte Windkraftanlagen im Binnenland als ökologische Mogelpackung. Auch wenn das Förderdesign des EEG inzwischen mehrfach modifiziert worden ist, so gelten die skizzierten Wirkungsmechanismen übrigens im Wesentlichen bis heute fort, mit der Konsequenz stetig wachsender Subventionsbeträge, für die die Stromverbraucher aufkommen müssen[1].

Es war aber weniger die Fragwürdigkeit einer solchen Energiepolitik, die die Menschen in Nordrhein-Westfalen zusehends sensibilisierte. Die Privilegierung von Windkraftanlagen im Baugesetzbuch und ein unterstützender Erlass der rot-grünen Landesregierung ermöglichten die Errichtung von Windparks selbst an landschaftlich sensiblen Stellen und in unmittelbarer Nähe zur Wohnbebauung. Auch die Kommunen wurden von den Bauanträgen häufig völlig überrollt und sahen angesichts der rechtlichen Privilegierung kaum eine Möglichkeit, sich dagegen zu wehren. Die Bauanträge wurden gestellt, genehmigt, und bevor die Bürgerschaft richtig begriff, was da passierte, kamen die Bagger. Die in kürzester Frist errichteten Anlagen konnten bis zur Flügelspitze durchaus die Höhe des Kölner Doms erreichen. Während sich in Deutschland die Genehmigung selbst bedeutender Infrastrukturprojekte aufgrund umfangreicher Widerspruchsrechte häufig über Jahrzehnte hinschleppt, vollzog sie sich bei vielen Windindustrieanlagen im Rekordtempo.

Das provozierte gewaltigen Unmut vor allem im ländlichen Raum Nordrhein-Westfalens, der im Vergleich mit anderen Flächenländern relativ dicht besiedelt ist. Deshalb rückten die Windkraftanlagen dort häufig unmittelbar an Wohnsiedlungen heran. Permanente Rotorengeräusche rund um die Uhr und der Schlagschattenwurf konnten dann den betroffenen Bewohnern das Leben zur Hölle machen. Ich habe im Münsterland in so manchem Wohnzimmer von Menschen gesessen, die ihr ganzes Berufsleben hart für ihr Eigenheim gearbeitet hatten und jetzt nachts nicht mehr ruhig schlafen konnten. Die verstanden die Welt nicht mehr.

Sich in den Parlamenten von Düsseldorf und Berlin für den Ausbau erneuerbarer Energien feiern zu lassen, ob er denn nun immer ökonomisch und ökologisch sinnvoll ist, ist einfach. Geht man den Dingen aber wirklich auf den Grund und schaut sich vor Ort die Auswirkungen dieser Politik an, sieht die Welt bisweilen anders aus. Das gilt nicht nur für den Bau großdimensionierter Windkraftanlagen, deren Gesamthöhe inzwischen weit über 200 Meter betragen kann.

Zusammen mit meinem Abgeordnetenkollegen Holger Ellerbrock, dem umweltpolitischen Sprecher der FDP-Fraktion, ein hochkarätiger Experte in Sachen Landesplanung und zugleich das, was man in Bayern einen Pfundskerl nennt, nahm ich mich des Themas im Landtag an. Wir zogen als Vortragsreisende bald von Dorf zu Dorf, um über die energiepolitischen Fakten des Themas aufzuklären und für geordnete Planungsprozesse zu werben, bei denen die Interessen der betroffenen Bürger nicht völlig unter den Tisch fielen. Das Interesse war bemerkenswert. Ich habe Reden in Dorfkneipen gehalten, die vor Zuhörerandrang aus allen Nähten platzten. Immer wieder tauchten Anlagenbetreiber bei mir im Landtag auf, um im persönlichen Gespräch vergeblich zu versuchen, diesem Treiben Einhalt zu gebieten.

Für die Grünen im Landtag war ich spätestens jetzt ein rotes Tuch. Sie setzten sogar einen Karikaturisten auf mich an, um mich als Don Quichotte zu verspotten. Aber das half alles nichts. Von Woche zu Woche entstanden mehr Bürgerinitiativen, die den ungesteuerten Bau von Windkraftanlagen vor ihrer Haustür verhindern wollten. Ende 2001 waren es landesweit etwa 150. Sie fanden bei der FDP in Nordrhein-Westfalen volle Unterstützung. Wir brachten das Thema immer wieder ins Parlament. Ich initiierte landesweite Aktionstage und die Plakatkampagne »Schützt unsere Heimat«, deren Slogan auch in meiner eigenen Partei dem einen oder anderen Schluckbeschwerden verursachte. Inzwischen fand das Thema auch in den bundesweiten Medien Beachtung[2].

Doch war mir klar, dass die unmittelbaren Handlungsmöglichkeiten der Landespolitik begrenzt waren. Die nötige Reform des EEG und die Streichung der Privilegierung von Windindustrieanlagen im Baugesetzbuch lagen in der Zuständigkeit des Bundes. Aber wir konnten zumindest versuchen, den Bau von Windparks planungsrechtlich zu steuern. Unsere Hauptforderung bestand darin, einen Mindestabstand von 1.500 Metern zur Wohnbebauung im Windenergieerlass des Landes zu verankern. Unter dem Einfluss der Grünen dachte die Landesregierung nicht daran, dem zu folgen. So sollte auch dieser Konflikt bei der Landtagswahl 2005 noch eine wichtige Rolle spielen.

Das im Bundesvergleich unterdurchschnittliche Wirtschaftswachstum in Nordrhein-Westfalen und seine hohe Arbeitslosigkeit hingen eng mit der Wirtschaftsstruktur des Landes zusammen. Im Fokus der Landespolitik standen traditionell Großindustrie und staatswirtschaftliche Strukturen, nicht die Selbstständigen und mittelständischen Betriebe. Deshalb forderte meine Fraktion Anfang 2001 die Verabschiedung eines »Mittelstandsgesetzes« mit konkreten Maßnahmen. Dazu gehörte eine Reform der Gemeindeordnung, um die rege wirtschaftliche Betätigung kommunaler Staatsbetriebe zulasten ihrer privaten Konkurrenz einzuschränken. Kommunen in Nordrhein-Westfalen betrieben direkt oder durch Tochtergesellschaften privaten Rechts Reisebüros, Kfz-Werkstätten und Gärtnereien. Diese Aufzählung ist bei Weitem nicht vollständig. Ohne Insolvenzrisiko konnten sie ihrer privaten Konkurrenz mit Dumpingpreisen die Aufträge wegnehmen. Für Verlustgeschäfte kamen die Steuerzahler auf.

Weiterhin sollte das Land in Zukunft seine Wirtschaftsförderung auf Betriebe unter 250 Beschäftigte konzentrieren, Gesetze mit Verfallsdatum erlassen, um der Bürokratieflut Einhalt zu gebieten, und die Vermittlung eines positiven Unternehmerbildes in die Lehrpläne der Schulen aufnehmen. Bis dahin war es eher üblich – man sehe mir die Überspitzung nach –, Unternehmer im Unterricht wie im Sozialismus als unsympathische Raffzähne darzustellen, die ihren Wohlstand aus geknechteten Mitarbeitern herauspressen. So konnte es nichts werden mit der langfristigen Entwicklung der Mittelstandskultur in Nordrhein-Westfalen.

Und noch ein weiteres Thema machte ich mir schnell zu eigen, das mich noch über viele Jahre beschäftigen sollte: die Privatisierung von Unternehmensbeteiligungen des Landes und insbesondere der Westdeutschen Landesbank. Die WestLB war über ihre ursprünglichen öffentlichen und regionalen Aufgaben hinaus inzwischen weltweit als Universalbank tätig und zu einer der größten deutschen Banken herangewachsen. Sie weitete ihren Beteiligungsbesitz systematisch aus und betrieb unter der Führung ihres mächtigen Vorstandschefs Friedel Neuber in enger Abstimmung mit der Landesregierung aktive Industriepolitik.

Das Ziel der Privatisierung der Bank stand im Programm der FDP für die Landtagswahl 2000. Ich brachte es schon in den ersten Monaten nach der Wahl im Landtag mehrfach zur Sprache. Die SPD dachte nicht im Traum daran, sich darauf einzulassen. In einer Aktuellen Stunde forderte ich Anfang Dezember 2000 im Landtagsplenum, sämtliche Geschäftsbankaktivitäten zügig zu privatisieren. (»Es ist den Bürgern Nordrhein-Westfalens nicht zu erklären, weshalb sie für Risiken haften sollen, die die WestLB weltweit eingeht. Es ist nicht Aufgabe der öffentlichen Hand, unternehmerisch tätig zu sein, weder bei der Grünanlagenpflege noch im Investmentbanking.«) In seiner Entgegnung wurde ich von Finanzminister Peer Steinbrück milde belächelt. Wenn man sich heute, mehr als 16 Jahre später, das traurige Ende der WestLB vor Augen führt und die Milliardenlasten, die dem Steuerzahler aus ihrer Abwicklung erwachsen, mag man ermessen, welche Chancen damals vertan worden sind.

In dem Maße, wie ich mir fachpolitisch einen Namen machte, entkrampfte sich auch mein Verhältnis zu Möllemann. Ich gehörte zwar auch später nie zu seinen Vertrauten, aber er anerkannte, dass ich einen ordentlichen Job machte und zu den aufstrebenden Abgeordneten gehörte, deren Einfluss in Fraktion und Partei wuchs. Ich konnte mich meinerseits genauso wenig wie die anderen, die eng mit ihm zusammenarbeiteten, dem Charisma entziehen, das Möllemann ausstrahlte. Er vermittelte uns in der Landtagsfraktion von der ersten Minute an das Gefühl, an einer echten Mission teilzuhaben, nämlich am Aufstieg der FDP in eine neue Dimension. Nach den 9,8 Prozent vom 14. Mai 2000 schien alles möglich. Gerade wenn man als Teil dieser Düsseldorfer Truppe Veranstaltungen in anderen FDP-Landesverbänden übernahm, die keine parlamentarische Vertretung mehr hatten und völlig am Boden lagen, wurde man dort regelrecht gefeiert. Möllemanns Wahlerfolg war für die FDP wie ein Urknall. Die zwei Jahre von der Landtagswahl bis Mitte 2002 verbrachte die nordrhein-westfälische FDP wie in einem Rauschzustand, der die gesamte Partei elektrisierte. Die dann folgende Ernüchterung war umso brutaler.

KAPITEL VIER

DAS »PROJEKT 18« UND SEIN TRAGISCHES ENDE

Möllemanns »Projekt 18« ist durch die späteren Ereignisse völlig diskreditiert worden und wurde in der FDP zum Tabuthema. Mit einem »FDP-Kanzlerkandidaten«, Spaßwahlkampf und »Guido-mobil« verbindet sich die Erinnerung an Größenwahn und Un-seriosität, mit der anschließenden »Flyer-Affäre« an das Schüren von Ressentiments und illegale Parteienfinanzierung. Wie so häu-fig im Leben waren die Dinge in Wahrheit vielschichtiger. Ich möchte an dieser Stelle nicht auf alle Details eingehen. Mir geht es vor allem um eine faire Einordnung der Hauptakteure, wie ich sie erlebt habe. Die Eskalation der innerparteilichen Konflikte zwi-schen Mai 2002 und dem schrecklichen Tod von Jürgen Mölle-mann am 5. Juni 2003 war quälend und deprimierend wohl für alle, die dabei waren. Es gab am Ende auch keine Sieger, sondern nur Verlierer. Es war eine Phase, in der ich jede Freude an der po-litischen Arbeit verloren hatte. Man machte eben weiter, weil es nicht anders ging.

Auf den ersten Blick erschien das »Projekt 18« als aufgepepp-te Variante unserer 8-Prozent-Kampagne bei der Landtagswahl 2000. Schon einmal war es gelungen, ein scheinbar illusorisches Ziel zu erreichen, warum bei der Bundestagswahl 2002 also nicht ein weiteres Mal? Wir hatten unsere 8-Prozent-Zielmarke in NRW immer mit einem kleinen Augenzwinkern vertreten und als Verpackung konkreter politischer Ziele verwendet. Beides war bei den Menschen sehr gut angekommen. Deshalb waren wir Feuer und Flamme, als uns Möllemann nach der Landtagswahl seine Überlegungen erläuterte. Im Oktober 2000 wurde das »Projekt 18« vom FDP-Landesvorstand einstimmig beschlossen.

Allerdings waren die strategischen Ziele diesmal erheblich weiter gesteckt: Die FDP sollte zu einer dritten Volkspartei werden, zu einer wirklich unabhängigen Kraft, und deshalb auch bewusst auf eine Koalitionsaussage verzichten. Möllemanns Credo war, wir sind nur deshalb eine kleine Partei, weil wir uns von anderen immer kleinmachen lassen und es uns selbstverständlich erscheint, dass wir nicht zu den Großen gehören. Kleine Parteien böten sich als Koalitionspartner an, große Parteien wollten den Bundeskanzler stellen. Warum sollte das wie gottgegeben immer nur Sozial- oder Christdemokraten gestattet sein? Möllemanns Botschaft faszinierte die Partei und lange Zeit durchaus auch die Öffentlichkeit.

Es war mitnichten so, dass die Menschen das 18-Prozent-Ziel von vornherein als aufgeblasene Anmaßung verstanden hätten. Noch als wir am 12. Mai 2002 nach dem Mannheimer Bundesparteitag mit einer großen Schar von Delegierten den Hauptbahnhof betraten, um die Heimreise anzutreten, wurden wir mit unseren 18-Prozent-Accessoires von Passanten mit freundlichen Zurufen und Applaus bedacht. Dabei war die Lunte am Pulverfass zu diesem Zeitpunkt bereits in Brand geraten.

Das eine Problem war der »Kanzlerkandidat«. Jürgen Möllemann beschrieb ihn als unverzichtbar, um die Gesamtstrategie glaubwürdig vermitteln zu können. Ohne eigenen Kanzlerkandidaten mache sich die FDP eben doch wieder kleiner. Andere, auch Guido Westerwelle, sahen das kritischer. Mit zunehmender Nähe zur Bundestagswahl drohe sich die Partei lächerlich zu machen. Schließlich würde die FDP ja selbst mit 18 Prozent nicht den Bundeskanzler stellen.

Guido Westerwelle befand sich nach dem grandiosen Erfolg Möllemanns bei der Landtagswahl im Mai 2000 in einer schwierigen Lage. Seitdem er 1994 das Amt des Generalsekretärs übernommen hatte, war er zum Hoffnungsträger der Bundespartei aufgestiegen. Die FDP erschien vielen durch die lange Regierungsbeteiligung ausgezehrt und beliebig. Westerwelle verpasste ihr mit den »Wiesbadener Grundsätzen« 1997 ein richtungsweisendes neues Grundsatzprogramm. Ich neige, wie bereits erwähnt, nicht dazu, Parteiprogramme zu überschätzen. Aber die »Wiesbadener Grundsätze« waren wirklich hilfreich, weil sie die FDP wieder auf den Weg zu einer konsequent marktwirtschaftlichen Politik brachten und mit innovativen Ansätzen wie dem verfassungsrechtlichen Verbot ausufernder Staatsverschuldung die spätere »Schuldenbremse« des Grundgesetzes vorbereiteten. Wolfgang Gerhardt, der sich 1995 als Parteivorsitzender in einer Kampfabstimmung klar gegen Jürgen Möllemann durchgesetzt und 1998 auch die Führung der Bundestagsfraktion übernommen hatte, wurde innerparteilich geschätzt und respektiert. Aber Guido Westerwelle war der kommende Mann.

Mit der Landtagswahl in Nordrhein-Westfalen waren die Karten neu gemischt worden. Möllemann wollte jetzt wieder mit Macht in eine führende Rolle der Bundespartei. Seine Sticheleien gegen Wolfgang Gerhardt nahmen zu. Er ahnte, dass er an Westerwelle nicht vorbeikam. Aber er erhöhte den Druck. Möllemann drängte Westerwelle auf allen Kanälen, Gerhardt als Parteivorsitzenden abzulösen, um selber als Königsmacher auftreten zu können. Und er legte ihm sein »Projekt 18« mit ins Marschgepäck.

Im nordrhein-westfälischen FDP-Landesvorstand, dem Guido Westerwelle sowie andere einflussreiche Bundestagsabgeordnete aus NRW angehörten, hatten sich die Gewichte seit der Landtagswahl ebenfalls deutlich verschoben. Ich nahm selber seit Dezember 1999 an den Vorstandssitzungen teil. Auf dem Landesparteitag im April 2000 wurde ich dann, wie Christian Lindner auf Vorschlag unseres Bezirksverbandes Köln, zum stimmberechtigten Mitglied gewählt. Auch aus etlichen anderen Vorstandsmitgliedern waren im Mai 2000 Landtagsabgeordnete geworden, die sich Möllemann naturgemäß verpflichtet fühlten und von ihm in den fast wöchentlichen Sitzungen der Landtagsfraktion immer wieder auf seine Linie eingeschworen wurden. Bisher hatten die Bundestagsabgeordneten dominiert. Das war schlagartig vorbei.

Guido Westerwelle musste also darauf achten, im Vorstand seines eigenen Landesverbandes nicht isoliert zu werden oder sich von Möllemann die Zügel aus der Hand nehmen zu lassen. In beiden Fällen wäre sein Führungsanspruch in der Bundespartei akut gefährdet gewesen. Wolfgang Gerhardt, ohnehin ein Teamspieler, erklärte sich nach Gesprächen mit Westerwelle Anfang Januar 2001 bereit, den Parteivorsitz auf dem kommenden Bundesparteitag in Düsseldorf an Westerwelle zu übergeben. Den Fraktionsvorsitz sollte er behalten. In Gerhardts Landesverband Hessen, der wie die Verbände aus Baden-Württemberg und Rheinland-Pfalz zu den eher bürgerlich-konservativen Kräften in der FDP gehörte, war die Skepsis gegenüber Möllemann nach wie vor groß. Diese drei Verbände unterstützten Westerwelle zu diesem Zeitpunkt auch, um Möllemann zu verhindern.

Die beiden Protagonisten lieferten sich auf dem Bundesparteitag in Düsseldorf vom 4. bis 6. Mai 2001 ein Rededuell, wie ich es in dieser Vehemenz weder vorher noch nachher jemals auf einem Parteitag erlebt habe. Nachdem Guido Westerwelle mit fast 89 Prozent der Stimmen zum neuen Bundesvorsitzenden gewählt worden war, Möllemann als einer von drei Stellvertretern aber nur 66,2 Prozent erhielt, kam es bei der Beratung des Leitantrags zur »Strategie 18« zu einem regelrechten Showdown. Erst redete Möllemann den Saal in pure Euphorie. Die an sich eher vernunftorientierten FDP-Delegierten ließen sich in eine Begeisterung für eine neue, selbstbewusstere FDP »für das ganze Volk« hineintreiben, in der man nichts anderes mehr hören wollte. Die hessische Landesvorsitzende und stellvertretende Ministerpräsidentin Ruth Wagner erntete lautstarke Buhrufe, als sie unbeirrt ihre Skepsis gegenüber Möllemanns Strategie zum Ausdruck brachte.

Unmittelbar vor seinem Auftritt ließ Guido Westerwelle einen Änderungsantrag verteilen, mit dem der Kanzlerkandidat gestrichen und durch einen Spitzenkandidaten ersetzt werden sollte.

Wenn man die Schraube zu weit drehe, so Westerwelle am Rednerpult, müsse man befürchten, dass das Gewinde bricht. Und er machte klar, dass er als neuer Parteivorsitzender die Machtfrage damit verband: »Auf jedem Schiff, das dampft und segelt, gibt's einen, der die Sache regelt: und das bin ich!« Der Änderungsantrag wurde mit großer Mehrheit angenommen. Westerwelle hatte dem brachialen Angriff Möllemanns standgehalten und ihn ausgekontert. Möllemanns Laune war in den Tagen danach entsprechend mies. Es tröstete ihn nicht, dass sich die FDP sein »Projekt 18« ansonsten zu eigen gemacht hatte.

Das spätere Einschwenken Westerwelles auf den Kanzlerkandidaten hing stark mit dem fulminanten Wahlerfolg der FDP bei der Landtagswahl in Sachsen-Anhalt im April 2002 zusammen. Westerwelles Generalsekretärin Cornelia Pieper war im Wahlkampf für die FDP als »Ministerpräsidentin-Kandidatin« aufgetreten, obwohl jeder professionelle Beobachter um ihr eher geringes politisches Gewicht wusste. Die FDP steigerte ihr Ergebnis dennoch von 4,2 auf 13,3 Prozent. Am Abend nach der Wahl trafen wir uns in Essen zu einer Sitzung des FDP-Landesvorstands NRW. Jürgen Möllemann ließ sich feiern. Auch Guido Westerwelle war tief beeindruckt. Wenn selbst Cornelia Pieper mit dem völlig absurden Anspruch, Ministerpräsidentin werden zu wollen, auf über 13 Prozent kam, was würde dann erst bei der Bundestagswahl möglich sein? Die FDP schien einen völlig neuen Wählerzugang gefunden zu haben. Die Inszenierung rückte in den Vordergrund.

Westerwelle ließ seine Vorbehalte gegen die eigene »Kanzlerkandidatur« fallen und präsentierte sich mit dem »Guidomobil« in einer Aufmachung, die dem Trend der Zeit zu entsprechen schien. Schließlich redete die ganze Republik gerade über das neue Fernsehformat »Big Brother«, wo freiwillig eingesperrte Halbgescheite damit protzten, noch nie in ihrem Leben ein Buch gelesen zu haben. Guido stattete auch ihnen einen Besuch ab. Wir waren ja schließlich jetzt eine Partei für das ganze Volk.

Hinterher ist es immer einfach, über Fehler den Kopf zu schütteln und dabei auf andere zu zeigen. Auch ich habe Guido

Westerwelle nicht geraten, diesen Blödsinn zu lassen. Genscher persönlich erklärte auf dem bereits erwähnten Mannheimer Bundesparteitag im Mai 2002 den »Spaß« zu einem wichtigen Element unseres Wahlkampfes und schlug Westerwelle offiziell als »FDP-Kanzlerkandidaten« vor. Wir alle haben ihn mit Hurra nominiert.

Doch als dann im August 2002 die Flutkatastrophe über Ostdeutschland hereinbrach, kippte die fröhliche Sommerstimmung. Jetzt war zwingend der Zeitpunkt für einen radikalen, erkennbaren Schwenk in der Wahlkampfführung gekommen. Jetzt musste Schluss mit lustig sein. Doch der Strategiewechsel blieb aus. Man konnte spüren, wie die Kampagne der FDP von Tag zu Tag weiter aus der Spur lief. Die Antisemitismus-Vorwürfe gegen Jürgen Möllemann taten ein Übriges. Sie hatten in der Düsseldorfer FDP-Landtagsfraktion ihren Ausgang genommen.

Jamal Karsli, Deutsch-Syrer, saß für die Grünen seit 1995 im Düsseldorfer Landtag. Er spielte dort keine besondere Rolle und tauchte erst auf dem öffentlichen Radarschirm auf, als er im April 2002 seinen Austritt bei den Grünen und seinen Übertritt zur FDP-Landtagsfraktion erklärte. Unsere Fraktion stimmte der Aufnahme Karslis bei einer Enthaltung einstimmig zu. Auch ich war dafür. Möllemann hatte uns zuvor von ausführlichen Gesprächen mit Karsli berichtet, der sich mit seiner Kritik am Vorgehen Israels in den Palästinensergebieten bei den Grünen nicht mehr zu Hause fühle. Andere, die ihn aus der Ausschussarbeit kannten, beschrieben Karsli als eher zurückhaltenden, angenehmen Abgeordnetenkollegen. Natürlich wäre es dennoch vernünftiger gewesen, den Mann erst einmal etwas näher kennenzulernen und ihm dafür einen Gaststatus in der Landtagsfraktion anzubieten. Aber so klug waren wir nicht.

Als bald darauf bekannt wurde, mit welcher Wortwahl Karsli gegen die israelische Regierung agitierte, wurden wir erheblich nachdenklicher. Aber Karsli entschuldigte sich ausdrücklich für seinen Vorwurf, Israel gehe mit »Nazi-Methoden« gegen die Palästinenser vor. Außerdem kam er ja direkt von den Grünen, die ihn zwar gerügt, aber keineswegs aus ihrer Fraktion geworfen hatten. Keiner von uns konnte sich auch nur annähernd vorstellen, welche Geschichte sich daraus entwickeln würde. Auch Möllemann nicht.

Zunächst einmal war es uns natürlich sehr recht, dass die rot-grüne Koalition eine Stimme an die Opposition verloren hatte. Vor allem aber schien uns die Aussage Karslis, er stimme mit der Haltung Möllemanns im Nahostkonflikt völlig überein und wolle diese Position in der FDP stärken, nachvollziehbar und akzeptabel. Möllemann war seit Langem Präsident der deutsch-arabischen Gesellschaft. Er hatte schon als junger Bundestagsabgeordneter in den siebziger Jahren für Schlagzeilen gesorgt, als er sich mit Jassir Arafat traf. Wir diskutierten auch in der Landtagsfraktion häufig über die Situation im Nahen Osten, wo nach dem Rechtsruck der israelischen Politik und der Regierungsübernahme des Hardliners Ariel Scharon 2001 die Friedenschancen schwanden. Ja, Möllemann kritisierte die israelische Siedlungspolitik und das harte militärische Vorgehen gegen die Palästinenser. Ich teilte diese Kritik aus Überzeugung, genau wie viele andere in Partei und Fraktion.

Aber niemand von uns hätte je das Existenzrecht Israels in Frage gestellt oder palästinensische Attentate verharmlost. Kritik an der israelischen Politik ist aus dem Mund deutscher Politiker vor dem Hintergrund unserer Geschichte immer eine sensible Angelegenheit. Bis zum heutigen Tage bin ich allerdings der Meinung, dass uns diese Verantwortung erst recht dazu verpflichtet, Unrecht beim Namen zu nennen, von wem auch immer es ausgeht. Kein noch so abscheuliches Attentat und kein Raketenangriff kann rechtfertigen, mit militärischer Gewalt Wohnsiedlungen unschuldiger Menschen zu zerstören. Wenn in solchen Fällen die deutsche Politik mit allgemeinen Beschwörungsformeln statt mit angemessener Kritik reagiert, ist das aus meiner Sicht kein hilfreicher Beitrag zu einer Friedensordnung, in der auch das palästinensische Volk seinen anerkannten Platz in einem eigenen Staat finden muss.

Das Problem war, dass Karsli trotz seiner Beteuerungen jede Sensibilität fehlte und seine teils kruden Äußerungen von nun an Möllemann persönlich zugerechnet wurden. Deshalb setzte der Zentralrat der Juden in Deutschland die FDP sofort unter Druck. Namentlich sein stellvertretender Vorsitzender, Michel Friedman, griff Möllemann mit schneidender Schärfe an, die der mit gleicher Münze heimzahlte. Innerhalb weniger Wochen sollte dieser Konflikt völlig außer Kontrolle geraten.

Christian Linder und ich saßen am 10. Mai 2002 zu zweit im Zugabteil nach Mannheim, als die Tür aufging und Jamal Karsli mit einem fröhlichen Hallo zu uns stieß. Wenn es irgendwie ging, fuhren Christian und ich gemeinsam zu den Bundesparteitagen, meistens mit dem Wagen, diesmal mit dem Zug. Karsli berichtete uns bester Laune, er wolle nach Mannheim, um sich auf dem dortigen FDP-Bundesparteitag »seiner neuen Partei« vorzustellen. Er war bis dahin ja nur Mitglied der Landtagsfraktion. Seine inzwischen bekannt gewordenen weiteren Äußerungen wurden längst kritisch debattiert, in aller Öffentlichkeit wie in der FDP. Karslis Erscheinen hätte den Parteitag eskalieren lassen können. Christian Lindner und ich blickten uns nur kurz an und überzeugten dann unseren Reisebegleiter behutsam, doch besser heute ein anderes schönes Ziel anzusteuern. Er solle der FDP doch erst noch ein wenig Zeit geben, ihn besser kennenzulernen.

Unmittelbar nach dem Parteitag nahm das Verhängnis dann doch seinen Lauf. Möllemann arrangierte, dass der FDP-Kreisverband Recklinghausen Karsli am 15. Mai in die Partei aufnahm. Anstatt die Gemüter zu beruhigen, goss er so Öl ins Feuer. Erneute Kritik von Friedman konterte Möllemann mit dem Vorwurf, Friedman selbst verschaffe dem Antisemitismus Zulauf, »mit seiner intoleranten und gehässigen Art«, worauf Friedman die FDP aufforderte, Möllemann aus der Partei zu werfen. Die ganze Geschichte weitete sich zu einer offenen Auseinandersetzung zwischen FDP und dem Zentralrat der Juden aus. Die Kritik an Möllemann auch aus der FDP nahm zu.

Wir versuchten in der Landtagsfraktion, mäßigend auf ihn einzuwirken. Mit begrenztem Erfolg. Immerhin erklärte Karsli am 30. Mai seinen Verzicht auf die Parteimitgliedschaft. Er blieb damit jedoch zunächst Mitglied der Landtagsfraktion. Am 3. Juni kam in einem Düsseldorfer Hotel der Landesvorstand zusammen, um über die Lage zu beraten. Das Medieninteresse war gewaltig. Vor der Tür reihten sich die Übertragungswagen der Fernsehsender. Neben Westerwelle reisten eigens die Ehrenvorsitzenden Hans-Dietrich Genscher und Otto Graf Lambsdorff an, um auf Karslis Ausschluss aus der Landtagsfraktion zu drängen.

Möllemann neigte nicht dazu, sich Druck zu beugen, und er ließ seine Leute nicht einfach fallen. Beides war mir grundsätzlich sehr sympathisch. So hatte ich ihn wiederholt erlebt. Andererseits war klar, dass sich die FDP nicht in Geiselhaft von Karsli begeben durfte. Jede antiisraelische oder gar antisemitische Äußerung aus seinem Mund würde uns jetzt zugerechnet. Das konnten wir uns nicht bieten lassen.

Ich meldete mich in der Aussprache zu Wort, kritisierte die Eskalation des Konflikts auch durch Möllemanns Äußerungen, warnte aber davor, jetzt einfach dem öffentlichen Druck nachzugeben, an dem von unseren politischen Wettbewerbern ja genüsslich mitgewirkt wurde. Hätten wir das getan, hätten Möllemanns Gegner triumphiert. Das wollte ich ihm wie viele andere Vorstandsmitglieder nicht zumuten. Die dramaturgische Zuspitzung der Sitzung war allerdings wenig hilfreich. Die Erwartung an einen sofortigen Rausschmiss Karslis war durch die Anwesenheit der FDP-Granden derart geschürt worden, dass alles andere als Niederlage der Bundespartei gedeutet würde. So kam es dann zunächst auch. Immerhin beschloss der Landesvorstand eine Art Bewährungsfrist mit gleichzeitigem Maulkorb für Karsli.

Zwei Tage später konnte Guido Westerwelle sich voll und ganz bestätigt fühlen. Karsli setzte seine Öffentlichkeitsarbeit munter fort. Jetzt war der Rubikon wirklich überschritten. Westerwelle forderte von Möllemann unter Bezug auf unseren Landesvorstandsbeschluss ultimativ den Ausschluss von Karsli aus der Fraktion. Auch den Landtagsabgeordneten reichte es nun endgültig. Die interne Stimmung kippte. Möllemann nutzte am 6. Juni eine gegen uns gerichtete, von SPD, CDU und Grünen gemeinsam beantragte Landtagsdebatte über Antisemitismus dazu, den Austritt Karslis aus der FDP-Fraktion bekannt zu geben. Und er entschuldigte sich für seine umstrittenen Äußerungen. Wir atmeten auf. Allerdings nicht lange. Gleich nach der Debatte nahm Möllemann Friedman vor laufenden Fernsehkameras ausdrücklich von seiner Entschuldigung aus.

Bislang hatte ich darauf gehofft, dass Möllemann sich nur verrannt hatte und wir ihm helfen könnten, einen Weg aus dieser Sackgasse zu finden. Jetzt kamen mir erstmals ernsthafte Zweifel. Er reagierte auch im persönlichen Gespräch immer schmallippiger und unwirscher auf Hinweise, selbst wenn sie wirklich wohlmeinend waren. Alle Spitzenpolitiker neigen mehr oder minder zu einer gewissen Beratungsresistenz. Der Grund dafür ist relativ einfach. Wenn sie sich nicht im Zweifel auf ihr eigenes Gespür und ihre eigene Linie verlassen hätten, wären sie nicht das geworden, was sie sind. Dieses Erfolgsrezept kennt allerdings Grenzen, die man nicht ignorieren darf. Sonst holt einen die Realität früher oder später umso brutaler ein.

Der Zuspruch, den Möllemann für seinen Streit mit Friedman von außerhalb der FDP erhielt, trug dazu bei, ihn in die Irre zu leiten. Ich glaube nicht, dass er dabei eine gezielte politische Strategie verfolgt hat. Jürgen Möllemann war ein Instinktpolitiker. Sein Handeln in diesen Monaten war sprunghaft und teilweise widersprüchlich. Er ließ sich von starkem Beifall berauschen und war sich sicher, die tatsächliche Stimmung der Bevölkerung zu treffen. Auf der Zielgeraden der Bundestagswahl gingen die lange Zeit stabil zweistelligen Umfragewerte der FDP immer weiter in die Knie. Möllemann sah seine sicher geglaubte Chance auf eine triumphale Rückkehr in die Bundespolitik schwinden. Deshalb wollte er am Ende die FDP um jeden Preis in seine Spur zwingen. Das konnte nicht gutgehen.

Nur wenige von Möllemanns engsten Vertrauten wussten von seinem Faltblatt zur israelischen Politik, das er kurz vor der Wahl in einer Auflage von 8,4 Millionen per Tagespost an alle Haushalte verteilen ließ. Ich fand es in meinem Briefkasten in Königswinter, als ich spät abends von einer Wahlkampfveranstaltung im Münsterland nach Hause kam. Er bescherte mir eine sehr nachdenkliche, schlaflose Nacht. Es war weniger der Text des Flyers als vielmehr seine perfide Gesamtaufmachung, die so empörend war.

Scharon und Friedman waren mit Aufnahmen abgebildet, die stark an Fahndungsfotos erinnerten. Das ganze Machwerk war reine Stimmungsmache, um Ressentiments zu schüren. Ich war nahe genug dran an den Entscheidungsprozessen der FDP, um sofort zu wissen, dass es sich um einen Alleingang Möllemanns vorbei an den gewählten Gremien handelte. Keine staatstragende, demokratische Partei konnte sich so etwas bieten lassen.

Es gelang in den verbleibenden Tagen bis zur Bundestagswahl kaum, die innerparteiliche Empörung über Möllemanns Aktion wenigstens einigermaßen zu kanalisieren. Noch am Wahlabend, am 22. September (wir kamen auf 7,4 Prozent), forderte ihn das FDP-Präsidium zum Rücktritt als stellvertretender Bundesvorsitzender auf. Andreas Pinkwart, einer von zwei Stellvertretern Möllemanns als NRW-Landesvorsitzender, forderte tags darauf seinen Rückzug auch von diesem Amt und kündigte seine eigene Kandidatur an.

Abends kam der Landesvorstand in Düsseldorf zusammen. Westerwelle machte klar, dass das Tischtuch zwischen ihm und Möllemann jetzt endgültig zerschnitten sei. Sein Rücktritt auch vom FDP-Landesvorsitz sei unumgänglich. Möllemann seinerseits dachte gar nicht daran. Den stellvertretenden Bundesvorsitz hatte er zwar niedergelegt und er übernahm die persönliche Verantwortung für den Flyer. Aber er war lediglich bereit, auf einem außerordentlichen Landesparteitag die Vertrauensfrage zu stellen, falls Pinkwart dies ebenfalls tue. Wie genau ein solches Verfahren vonstattengehen sollte, blieb offen. Möllemann spielte auf Zeit und setzte auf seine starke Hausmacht. Fraktion und Landesverband waren seine eigentliche Machtbasis. Sollte er sich gegen den politisch wesentlich unerfahreneren Pinkwart durchsetzen, hätte er Westerwelle eine schwere Niederlage bereitet und wieder Oberwasser bekommen. Möllemanns Drehbuch war klar erkennbar.

Das war allerdings nun wirklich der Gipfel! Wenn es im geschäftsführenden Landesvorstand, der engeren Parteiführung, jemanden gab, der wirklich unverdächtig war, etwas von Möllemanns Faltblattaktion gewusst zu haben, dann war es Andreas Pinkwart. Pinkwart, am Vortag erstmals in den Bundestag gewählt, gehörte zu den innerparteilich anerkannten jüngeren Führungskräften in der FDP. Er war Vorsitzender des starken Kreisverbandes Rhein-Sieg, dem ich selber angehörte und den ich später viele Jahre leiten sollte. Dennoch hatten wir bisher eher wenig miteinander zu tun gehabt. Meine Landtagskandidatur hatte ich auf eigenen Antrieb verfolgt, nicht mit seiner aktiven Unterstützung.

Parteien funktionieren nicht ohne persönliche Loyalitäten, und wenn man als Politiker erfolgreich sein will, muss man die nötigen Mehrheiten bei Abstimmungen immer im Blick behalten. Ohne Kompromissbereitschaft geht das nicht. Aber hin und wieder gibt es echte Richtungsentscheidungen, inhaltlicher, strategischer, personeller Art. Dann sollte man seiner persönlichen Überzeugung treu bleiben und genau auf den eigenen Kompass schauen. Selbst wenn man Gefahr läuft, plötzlich in der Minderheit zu sein oder gar einsam auf weiter Flur zu stehen.

Pinkwart hatte die Courage, Möllemann die Stirn zu bieten, und er war mit seiner Kritik völlig im Recht. Dennoch stand er weitgehend alleine da. Er hatte noch nicht einmal ein eigenes Büro, keinen Apparat, keinen professionellen Zugang zu den Medien. Seine Chancen standen nicht zum Besten. Aber er verdiente Unterstützung. Die sagte ich ihm noch am selben Abend zu. Auch am nächsten Morgen war in der Landtagsfraktion nichts mehr, wie es war. Als Möllemann nach der Sitzung behauptete, die Fraktion sei einhellig dafür, dass das »Dream-Team« Westerwelle-Möllemann beisammenbleiben müsse, widersprach ich ihm öffentlich: »Alle haben bedauert, dass das Doppel Westerwelle-Möllemann auseinandergebrochen ist. Die Verantwortung dafür liegt eindeutig bei Jürgen Möllemann.«[1] Es war angesichts der Geschehnisse nicht hinnehmbar, dass er die Landtagsfraktion für sich instrumentalisierte.

Von nun an trafen Pinkwart und ich uns in kurzen Abständen in der Geschäftsstelle der Kölner FDP, wo wir mit Hilfe des dortigen Kreisvorsitzenden Reinhard Houben und des neuen Kölner Bezirksvorsitzenden Werner Hoyer eine Art Kampagnenzentrale zur Unterstützung Pinkwarts einrichteten. Die Zeit drängte, der Landesparteitag sollte schon am 7. Oktober stattfinden. Als wir besprachen, wen wir noch für unser kleines Team gewinnen könnten, schlug ich Andreas Pinkwart meinen jungen Freund Christian Lindner vor. Er kam umgehend dazu.

Lindner und ich haben uns über alle wesentlichen Vorgänge, von denen ich hier einige beschreibe, immer eng ausgetauscht. In manchen Wochen waren wir fast täglich im Landtag und trafen uns in unserem Büro. Wir arbeiteten dort gemeinsam, als am 11. September 2001 die Türme des World Trade Center einstürzten, und wir sollten dort gemeinsam arbeiten, als wir am 5. Juni 2003 die schreckliche Nachricht vom Tod Jürgen Möllemanns erhielten.

Die Aufarbeitung der »Flyer-Affäre« war gleichermaßen unangenehm wie unumgänglich. Druck und Verbreitung des Flugblatts hatten Hunderttausende Euro gekostet, über deren Herkunft Möllemann unterschiedliche Angaben machte. Nach und nach wurde deutlich, dass er der FDP heimlich unter eklatanter Verletzung des Parteiengesetzes beträchtliche Summen zugeführt hatte, die dann in seinem Sinne verwendet wurden. Die daraus resultierenden Strafzahlungen belasten die FDP noch heute.

Möllemann trat am 20. Oktober 2002 als Landesvorsitzender und Fraktionschef zurück. Der Antrag, ihn aus der Landtagsfraktion auszuschließen, verfehlte im Februar 2003 knapp die nötige Zweidrittelmehrheit. Doch am 17. März trat Möllemann schließlich aus der FDP aus und verließ damit auch die Landtagsfraktion. Aus der Bundestagsfraktion, der er ja seit der Bundestagswahl 2002 ebenfalls wieder angehörte, war er zu diesem Zeitpunkt bereits ausgeschlossen worden.

Zur allgemeinen Überraschung hatte Andreas Pinkwart auf der Landesvorstandssitzung am 21. Oktober 2002 zugunsten von Ulrike Flach auf seine Kandidatur für die Möllemann-Nachfolge verzichtet. Flach, wie Pinkwart Mitglied des Bundestages und stellvertretende Landesvorsitzende, gehörte zu den engsten Mitstreitern Möllemanns, hatte sich aber inzwischen ebenfalls klar von ihm distanziert. Pinkwart sollte stellvertretender Bundesvorsitzender werden. Guido Westerwelle hatte diesen Deal eingefädelt, um die Reihen im Landesverband wieder zu schließen. Das funktionierte allerdings nicht. Andreas Pinkwart hielt am 1. Dezember auf dem Landesparteitag in Düsseldorf bei der Aussprache über die Affäre die Rede seines Lebens. Der Mehrheit des Parteitags schien er der richtige Mann, um für die FDP verlorene Glaubwürdigkeit zurückzugewinnen. Er ließ sich überzeugen, doch zu kandidieren, und gewann gegen Flach.

Bereits am 29. Oktober hatte die Landtagsfraktion über die Nachfolge Möllemanns im Fraktionsvorsitz befunden. Möllemann selbst nahm an der Abstimmung nicht teil. Zur Wahl standen Stefan Grüll und Ingo Wolf. Während Grüll, bisher stellvertretender Fraktionsvorsitzender, die Verantwortung seines früheren Förderers Möllemann klar beim Namen nannte, hielt sich Wolf eher zurück. Er gewann deutlich mit 14 zu 9 Stimmen. Marianne Thomann-Stahl blieb parlamentarische Geschäftsführerin. Grüll schlug mich als stellvertretenden Fraktionsvorsitzenden vor, Wolf den Düsseldorfer Kollegen Robert Orth. Der erste Wahlgang endete 11 zu 11 bei einer Enthaltung. Im zweiten Wahlgang unterlag ich mit 10 zu 13 Stimmen.

Für den zweiten stellvertretenden Vorsitzenden schlug Grüll den Erwitter Abgeordneten Christof Rasche vor, dessen Kandidatur wir vorher gemeinsam, natürlich auch mit Christian Lindner, verabredet hatten. Wolf nominierte überraschend Lindner, der zu meinem großen Ärger seine Bereitschaft zur Kandidatur erklärte.

Aber Rasche gewann. Es war das einzige Mal, dass ich Christian Lindner nicht gewählt habe, und ich habe es ihm auch gleich gesagt. Selbstverständlich hatten wir das Ergebnis der demokratischen Abstimmungen zu respektieren. Aber es war klar geworden, dass es in der Fraktion zwei Lager gab. Das war keine gute Voraussetzung für einen ohnehin schwierigen Neuanfang.

Auch die kommenden Monate mussten wir uns in quälenden Sitzungen der Parteigremien mit der mühsamen Aufarbeitung der Spendenaffäre befassen. Als noch belastender aber empfand ich den schwierigen Umgang mit Jürgen Möllemann. Es gab keinen Zweifel mehr daran, was er der FDP mit der Spendenaffäre eingebrockt hatte. Aber wir alle hatten ihm zugejubelt. Jetzt wurde er von einigen behandelt wie ein Aussätziger. Als er Partei und Fraktion verlassen hatte, tauchte er selten, aber doch hin und wieder im Landtag auf. Oder man traf ihn in der »Trattoria Zollhof«, seinem Stammitaliener im Medienhafen, wo wir am 14. Mai 2000 seinen grandiosen Wahlerfolg gefeiert hatten. Im Gespräch wirkte er auf mich seltsam gelöst, aber zugleich entfernt, auch wenn er teilweise scherzte wie in alten Zeiten.

Ich war am 5. Juni 2003 fast schon auf dem Weg ins Landtagsplenum, um einen Antrag meiner Fraktion zu begründen, als unsere Büroleiterin Christian Lindner und mir die Nachricht überbrachte, dass Jürgen Möllemann wahrscheinlich zu Tode gekommen sei. Ich ging hinunter in den Plenarsaal, trat an den Tisch des sitzungsleitenden Parlamentspräsidenten heran und bat ihn, die Landtagssitzung zu unterbrechen. Es wäre mir nicht möglich, die in der Tagesordnung vorgesehene Rede zu halten.

Landtagspräsident Uli Schmidt nahm mich mit in sein Büro, wo nach und nach die Fraktionsspitzen und auch Ministerpräsident Steinbrück eintrafen. Innenminister Behrens bestätigte die schreckliche Nachricht. Als ich in den FDP-Fraktionssaal kam, saßen dort viele unserer Abgeordneten, sprachlos, fassungslos, manch einer mit Tränen in den Augen. Es gibt Momente, da relativiert sich vieles.

Später, als ich Fraktionschef geworden war, ging ich der Erinnerung an Möllemann nicht aus dem Weg und versuchte, ihm gerecht zu werden[6]. Ich ließ im Fraktionssitzungssaal der FDP Porträtfotos der früheren Vorsitzenden aufhängen. Auch Jürgen Möllemann gehört dazu.

KAPITEL FÜNF

MACHTWECHSEL IN NORDRHEIN-WESTFA-LEN: DIE LANDTAGS-WAHL 2005 UND DER KURS MARKTWIRT-SCHAFTLICHER ERNEUE-RUNG

Es war nicht leicht, sich nach dem »annus horribilis« der FDP wieder voll und ganz auf das politische Tagesgeschäft zu konzentrieren, zumal die parteienrechtliche und finanzielle Aufarbeitung der illegalen Geldzuwendungen über den Tod von Möllemann hinaus weiterging. In der NRW-FDP hatte sich die Führungsarchitektur verändert. Andreas Pinkwart saß als Landesvorsitzender im Bundestag und nicht im Düsseldorfer Landtag. Das landespolitische Tagesgeschäft oblag naturgemäß vor allem der Landtagsfraktion, die professionell weiterarbeitete, aber in dieser Wahlperiode nicht mehr zu ihrer früheren Geschlossenheit fand. Pinkwart signalisierte schon früh, dass er als frischgewählter Bundestagsabgeordneter nicht gleich 2005 in den Landtag wechseln wollte und war sehr um eine gute Zusammenarbeit mit Ingo Wolf bemüht. Damit lief die Spitzenkandidatur bei der nächsten Landtagswahl fast automatisch auf Wolf zu.

Für eine gewisse Spannung auf der landespolitischen Bühne sorgte Mitte 2003 der Versuch von Peer Steinbrück, sich der Koalitionsfesseln der Grünen zu entledigen. Steinbrück, erst Wirtschafts-, später Finanzminister unter Wolfgang Clement, war nach dessen Wechsel in die Bundesregierung im November 2002 zum neuen Ministerpräsidenten gewählt worden. Wie Clement empfand er den industrie- und modernisierungsfeindlichen Kurs der Grünen als Belastung für Nordrhein-Westfalen. Wie Clement versuchte er, aus der rot-grünen Koalition auszusteigen. Wie Clement scheiterte er dabei. Das kam für mich ebenso wenig überraschend wie nach der Landtagswahl 2000. Die von SPD und Grünen getragene Bundesregierung hatte, wohl auch zur eigenen Verwunderung, ihre Mehrheit bei der Bundestagswahl 2002 knapp behauptet. Bundeskanzler Schröder war nicht der Mann, sich diese Machtkonstellation durch Koalitionsabenteuer in Nordrhein-Westfalen torpedieren zu lassen.

Natürlich war es ganz nett, dass die NRW-FDP nach all den Negativschlagzeilen plötzlich wieder als potenzieller Koalitionspartner betrachtet und beschrieben wurde. In der Tat gab es ja im Landtag nach wie vor eine stabile rechnerische Mehrheit für eine SPD/FDP-Koalition. Doch ganz abgesehen von der fehlenden Realisierungsperspektive bei der SPD wären wir als FDP schlecht beraten gewesen, einer nach 37 Jahren ununterbrochener Regierungszeit völlig ausgelaugten Partei den Rettungsring zum Machterhalt zuzuwerfen. Machtwechsel sind eine Notwendigkeit demokratischer Hygiene. Das war in Nordrhein-Westfalen mit Händen zu greifen.

Gesprächskontakte zwischen SPD und FDP sind am Ende über unverbindliches Geplänkel nicht hinausgekommen. Dennoch musste ich bei internen Unterredungen zur Kenntnis nehmen, welche scheinbar hypnotische Kraft eine mögliche Regierungsbeteiligung ausüben kann. Zum ersten Mal begegneten mir

Argumente (»wir müssen an unsere staatspolitische Verantwortung denken«; »jede Regierung mit der FDP ist besser als eine ohne«), die ich später noch intensiver kennenlernen sollte.

Ich war schon damals überzeugt, dass inhaltliche Glaubwürdigkeit gerade für eine Partei, die in der Geschichte der Bundesrepublik mit guten Gründen für wechselnde Koalitionen gesorgt hatte, ein besonders hohes Gut ist. Demokratische Parteien müssen untereinander grundsätzlich koalitionsfähig und kompromissbereit sein. Doch wenn bei einem Regierungsbündnis keine echte Handlungsperspektive erkennbar wird, sondern eher nur der Wunsch nach Machterwerb oder Machterhalt, wenden sich viele Wähler enttäuscht ab.

Es war im Vorfeld der Landtagswahl 2005 schon ambitioniert genug, stabile inhaltliche Voraussetzungen für eine mögliche Koalition mit der CDU zu erarbeiten. Ganz weit vorne stand das Ende der Steinkohlesubventionen, dem ich mich mit großer Intensität widmete. Schon ein Jahr vor der Wahl erklärte ich gegenüber dem *Kölner Stadt-Anzeiger*, aus meiner Sicht wäre eine Regierungsbeteiligung »unverantwortlich, wenn es keinen Beschluss über einen Auslaufbergbau gibt«[1]. Der Stadtanzeiger-Landeskorrespondent Günther Wiedemann schrieb nicht zu Unrecht, dass ich damit »die Messlatte für Koalitionsverhandlungen mit der CDU recht hoch« legte, da die Union die Subventionen lediglich zurückfahren und nicht beenden wollte.

Je näher die Wahl am 22. Mai 2005 rückte, desto offener sprach ich von einer »Koalitionsbedingung«[2], auch wenn ich damit sozusagen »vor der Front« operierte. Denn andere in meiner Partei waren bei dem Thema weniger verbindlich. Sollte die FDP in die Regierung mit der CDU eintreten und den Auslaufbergbau nicht durchsetzen, hätte ich mit Zitronen gehandelt. Otto Graf Lambsdorff hingegen bestärkte mich und vermittelte mir einen Gastbeitrag in der *Frankfurter Allgemeinen Zeitung*[3], um meine Argumente auch überregional bekannt zu machen.

Gemeinsam mit Andreas Pinkwart fuhr ich zur »Initiative Bergbaubetroffener am Niederrhein«, wo man große Hoffnungen in uns setzte. Inzwischen warb ich dafür, neben der Zeche Walsum auch das Bergwerk West in Kamp-Lintfort am linken Niederrhein vorrangig zu schließen. Auch dort drohten erhebliche, dauerhafte Überflutungsrisiken durch den fortschreitenden Subventionsbergbau. Als ich auf Einladung der örtlichen FDP zu einem Informationsabend in Rheinberg ankam, wunderte ich mich über die Vielzahl der geparkten Fahrzeuge. Ich war überzeugt, es müsse eine Parallelveranstaltung geben. Das war ein Irrtum. Die Bergarbeitergewerkschaft hatte zum Besuch meiner Veranstaltung aufgefordert. Die Stimmung gegen mich war dementsprechend aggressiv. Dennoch habe ich den Kumpels erklärt, warum es für sie auf Dauer im Steinkohlebergbau keine Zukunft mehr geben könne. Wer ihnen etwas anderes erzähle, sei nicht ehrlich zu ihnen.

Natürlich war auch mir klar, dass eine neue Landesregierung angesichts rechtskräftiger Förderbescheide die Steinkohlebeihilfen nicht von heute auf morgen würde einstellen können. Entscheidend war ein Ausstiegsbeschluss, dem sich auch die Bundesregierung, egal unter welcher Führung, nicht würde verweigern können. Die FDP wollte frei werdende Mittel nach und nach für Investitionen in Bildung und Infrastruktur umschichten. Der gravierende Lehrermangel an nordrhein-westfälischen Schulen führte zu einem eklatanten Unterrichtsausfall und somit zwangsläufig zu schlechteren Bildungsergebnissen.

Die Privatisierung der WestLB AG und anderer Landesbeteiligungen war aus unserer Sicht nicht nur ordnungspolitisch sinnvoll. Sie sollte auch den völlig überschuldeten Landeshaushalt entlasten und von strukturellen Risiken befreien. Die rot-grüne Landesregierung betrieb mit Hilfe der 1997 gegründeten Beteiligungsverwaltungs-Gesellschaft (BVG) eine Scheinprivatisierung auf Pump, die die Steuerzahler teuer zu stehen kam. Die Regierung hatte Unternehmensbeteiligungen Nordrhein-Westfalens wie die an der Landesentwicklungsgesellschaft, dem Flughafen Köln/Bonn oder den Messen Köln und Düsseldorf auf die landeseigene BVG übertragen und von ihr im Gegenzug insgesamt 587

Millionen Euro erhalten. Die BVG nahm dafür Kredite auf, ohne die Beteiligungen tatsächlich weiterzuveräußern. Innerhalb von sechs Jahren mussten so 87 Millionen Euro Zinszahlungen geleistet werden, die aber im Landeshaushalt gar nicht auftauchten. Dort wurden lediglich die Zahlungen der BVG als Einnahmen verbucht. Die Schulden verblieben bei der Tochtergesellschaft. Die ganze Konstruktion war das Schulbuchbeispiel eines Schattenhaushaltes, der auch noch der direkten Haushaltskontrolle des Parlaments entzogen war.[4]

Derartige wirtschafts- und finanzpolitische Themen waren zwar politisch hochrelevant, aber leider häufig aufgrund ihrer fachlichen Spezialität einer breiteren Öffentlichkeit nur schwer zu vermitteln. Deshalb musste man seine politische Botschaft auch einmal kreativ transportieren, wenn sich die passende Gelegenheit bot. Als ich an einem sommerlichen Freitagnachmittag neue Haushaltsvorlagen des Finanzministeriums studierte, stieß ich auf die interessante Mitteilung, dass die Einnahmen des landeseigenen Gestüts Warendorf deutlich zurückgegangen seien. »Nach Beendigung der Decksaison«, so teilte die Landesregierung mit, habe sich unterwartet herausgestellt, »dass die Deckeinnahmen um mehr als 200.000 Euro geringer ausfallen werden«. Gründe dafür seien vor allem »ein um 200 Stuten geringeres Bedeckungs- und Besamungsergebnis sowie eine größere Beanspruchung von geringerpreisigen Hengsten«.

Wahrscheinlich war dem Verfasser der Vorlage die Komik dieser Sachverhaltsdarstellung gar nicht bewusst. Selten habe ich mit mehr Spaß eine Pressemitteilung getippt als bei dieser Gelegenheit: »Es gehört zu den weithin unbekannten Besonderheiten nordrhein-westfälischer Haushaltspolitik, dass die Einnahmen des Landes auch vom Paarungswillen münsterländischer Rassepferde abhängig sind. Man kann es den Landeshengsten wohl kaum verübeln, dass sie angesichts der chaotischen rot-grünen Politik in NRW einfach die Lust verlieren. Wahrscheinlich verweigern sie aber auch gezielt ihren Beitrag zur Haushaltskonsolidierung, um die überfällige Privatisierung des Landesgestüts zu erzwingen. Gerade die hochpreisigen Hengste drängt es offenbar geradezu in die Privatwirtschaft. Der Finanzminister sollte diesen Wunsch nicht länger ignorieren, zumal das Landesgestüt einen jährlichen Zuschussbedarf von mehr als 1,6 Millionen Euro hat.«

Die lustige Geschichte wurde medial stark verbreitet, brachte mir allerdings prompt geharnischte Proteste von Pferdezüchtern ein, die sich verunglimpft fühlten. Um Abbitte zu leisten, reiste ich zu einer Betriebsbesichtigung beim »Landgestüt Warendorf« an, um meinen Respekt vor den dortigen Aktivitäten zu bekunden.

Zu einem echten Politikum, das durchaus Einfluss auf die Stimmung bei der Landtagswahl 2005 in Nordrhein-Westfalen ausüben sollte, entwickelte sich hingegen ein possierliches Nagetier, der Große Feldhamster. Denn er geriet zum Symbol einer von den Grünen forcierten Naturschutzpolitik, die keine Rücksicht auf Arbeitsplätze nahm und dabei bizarre Blüten trieb.

Die Geschichte reichte bis in die neunziger Jahre zurück. Die der grünen Umweltministerin Bärbel Höhn unterstellte Landesanstalt für Ökologie hatte seit 1996 Hinweise darauf gegeben, dass ein Bestand des unter Naturschutz stehenden Großen Feldhamsters (*Cricetus cricetus*) durch den geplanten Bau des grenzüberschreitenden deutsch-niederländischen Gewerbegebietes Aachen/Heerlen beeinträchtigt werden könnte. Dadurch fühlte sich die EU-Kommission bestärkt, rechtliche Schritte gegen die Bundesrepublik Deutschland wegen Verstoßes gegen europäisches Naturschutzrecht einzuleiten. Die Fertigstellung des Gewerbeparks lag bis 2003 auf Eis. NRW-Wirtschaftsminister Steinbrück warf den Grünen vor, sie blockierten wegen »einiger Hamster« das gesamte Projekt[5]. Der mit dem Vorgang befasste NRW-Europaminister Detlef Samland stellte Anfang 2001 sogar offiziell fest, er kenne niemanden, der auf dem Gewerbegebiet jemals einen Feldhamster gesehen habe[6].

Um die EU-Kommission zu besänftigen, legte die rot-grüne Landesregierung 2001 dennoch ein Feldhamster-Programm mit zunächst fünfjähriger Laufzeit und einem Volumen von jährlich

250.000 Euro auf. Die Mittel flossen überwiegend in Stellen für Hamsterschutzpersonal. Und es gab sogar eine Feldhamster-Meldeprämie. Das grüne Umweltministerium lobte bis zu 150 Euro für jeden Nager aus, dessen Existenz nachgewiesen wurde, egal ob tot oder lebendig. Wie Frau Höhn in ihren Antworten auf von mir gestellte parlamentarische Anfragen mitteilte, waren im Rahmen des »Artenhilfsprogramms Feldhamster NRW« in den Jahren 2003 und 2004 allerdings lediglich vier lebende sowie vier tote Exemplare entdeckt worden.[7] *Cricetus cricetus* blieb in Nordrhein-Westfalen also eher ein Phantomhamster, so üppig sein Betreuungsaufwand aus Steuermitteln auch sein mochte.

Vieles an dieser Geschichte zeigte Merkmale von Realsatire. Doch dann wurde es wieder ernst. Denn im Oktober 2004 beantragte der Bund für Umwelt und Naturschutz (BUND) bei der Bezirksregierung Düsseldorf, die Genehmigung eines der größten industriellen Investitionsprojekte zu untersagen, das seit Jahrzehnten in Nordrhein-Westfalen realisiert werden sollte. Der Energieversorger RWE plante zur Erweiterung seines Braunkohlekraftwerks in Grevenbroich-Neurath den Bau von zwei neuen Blöcken mit einem Investitionsvolumen von annähernd 2,2 Milliarden Euro. Diese Investition konnte Tausende Arbeitsplätze sichern und überdies die Schadstoffemissionen erheblich senken. Dennoch sprach sich der BUND gegen das Projekt aus. Seinen Verbotsantrag begründete er damit, das neue Kraftwerk würde 83 Hektar eines wichtigen Feldhamster-Habitats zerstören.

Als wir den Vorgang im Dezember 2004 auf Antrag der FDP im Landtag debattierten, wies ich darauf hin, dass auch auf dem Gelände des neuen Kraftwerks bisher kein einziger Feldhamster entdeckt worden war, »sondern lediglich drei leere Erdlöcher, bei denen es sich möglicherweise um verlassene Hamsterbauen handelt«. Der Wirtschaftsstandort NRW werde national wie international der Lächerlichkeit preisgegeben. Vergeblich versuchte Ministerpräsident Steinbrück dem Eindruck entgegenzutreten, dass seine Regierung unter dem Einfluss der Grünen ausgerechnet in Zeiten von Massenarbeitslosigkeit eine skurrile Industriefeindlichkeit pflegte. Der Große Feldhamster wurde in den Monaten vor der Wahl zum landesweit bekannten Symbol dieser Wahrnehmung[8].

Die SPD büßte bei der Wahl am 22. Mai 2005 5,7 Prozent ein und kam nur noch auf 37,1 Prozent der Stimmen (74 Sitze). Die CDU legte um 7,8 Prozent auf 44,8 Prozent (89 Sitze) zu. Die FDP lag nach Stimmen knapp vor den Grünen auf Platz drei. Beide Parteien erhielten jeweils 6,2 Prozent und zwölf Mandate. Die rot-grüne Regierung hatte ihre Mehrheit verloren. Nach 39 Jahren musste die SPD erstmals wieder in die Opposition. Im Landtag war ein Bündnis von CDU und FDP möglich. Beide Parteien hatten sich vor der Wahl eindeutig für eine gemeinsame Koalition ausgesprochen. Der sich anbahnende Machtwechsel in Nordrhein-Westfalen schlug auch in Berlin hohe Wellen. Noch am Wahlabend gab Bundeskanzler Schröder seine Absicht bekannt, vorgezogene Bundestagswahlen herbeizuführen.

Nach all den Problemen, die wir als NRW-FDP seit 2002 überwinden mussten, war dieses Wahlergebnis ohne Zweifel ein Erfolg. Andreas Pinkwart hatte den Landesverband vom Ruch der Unseriosität befreit. Unser Wahlkampf war ernsthaft, aber doch kreativ, um aus unseren nach der Flyer-Affäre arg begrenzten finanziellen Möglichkeiten das Beste zu machen. Er trug erstmals die Handschrift von Christian Lindner, der im November 2004 zum Generalsekretär des Landesverbandes gewählt worden war. Dieses Amt war viele Jahre unbesetzt geblieben, denn es konnte nur auf Vorschlag des jeweiligen Landesvorsitzenden besetzt werden. Andreas Pinkwart sah seinen Schwerpunkt in Berlin, deshalb brauchte er einen »Statthalter« in der Düsseldorfer Parteizentrale. Aber natürlich hatte er das Talent Lindners längst erkannt. Ich freute mich sehr für meinen jungen Freund und war mir sicher, dass Pinkwart eine kluge Entscheidung getroffen hatte. Lindner wurde zur Landtagswahl 2005 auf Platz neun der FDP-Landesreserveliste gewählt, ich selbst nach Ingo Wolf auf Platz zwei. In unserem heimischen Bezirksverband Köln waren wir zwischenzeitlich beide zu stellvertretenden Vorsitzenden gewählt worden und längst fest etabliert.

Wie schon fünf Jahre zuvor blieb nicht viel Zeit zum Feiern. Wir trafen uns noch am Wahlabend in unserem gemeinsamen Büro im Landtag, um die Lage zu besprechen. Weitere Abgeordnete kamen im Laufe des Abends hinzu. Sie gehörten zu den Kollegen, mit denen wir in den letzten Jahren eng zusammengearbeitet hatten und die Ingo Wolf die Führung der Fraktion nicht länger alleine überlassen wollten. Niemand von uns stellte den Anspruch von Wolf in Frage, ein Ministeramt in der künftigen Landesregierung zu übernehmen, allerdings wollte er als Nachfolger im Fraktionsvorsitz einen Mann seines Vertrauens installieren, um die Fraktion möglichst unter Kontrolle zu halten. Diesen Anspruch lehnten wir ab.

Christian Lindner wollte Fraktionsvorsitzender werden und ich unterstützte ihn dabei ohne jede Einschränkung. Sein Vorbild war Philipp Rösler in Niedersachsen, der, nur sechs Jahre älter als Lindner, als Generalsekretär des dortigen FDP-Landesverbandes 2003 auch die Führung der Landtagsfraktion übernommen hatte, als die FDP gemeinsam mit der CDU die Regierung von Siegmar Gabriel ablöste. Rösler machte einen guten Job, warum sollte das nicht auch Christian Lindner gelingen? Natürlich war er noch sehr jung und ihm fehlte die politische Erfahrung für ein solch schwieriges Amt. Aber zumindest Letzteres galt für alle anderen von uns ja schließlich genauso.

Mit zunehmender Wahrscheinlichkeit eines Regierungswechsels in Nordrhein-Westfalen hatten vor der Wahl auch die Personalspekulationen zugenommen. Natürlich ist es für Journalisten reizvoll, auch öffentlich darüber nachzudenken, wer was werden könnte. Allerdings funktioniert dieser Sport vor allem durch die aktive Mitwirkung potenziell Betroffener und Einflüsterungen Dritter, die eigene Interessen befördern wollen. Man ist daher gut beraten, sich in solchen Situationen intern wie extern zurückzuhalten. Umso mehr habe ich mich manches Mal gewundert, dennoch in der Zeitung zu lesen, was ich angeblich werden wollte oder sollte. So erging es mir auch in den Tagen vor der Landtagswahl und erst recht in den Wochen danach.

Die Wahrheit war, dass ich inzwischen über genügend politische Erfahrung verfügte, um zu ahnen, welch schwierige Aufgabe in der Regierungsverantwortung auf uns zukommen würde. Die SPD hatte Nordrhein-Westfalen seit Jahrzehnten fest im Griff und strukturell wie personell tief durchdrungen. Auch die Grünen hatten sich mit ihren Netzwerken nach zehn Jahren Regierungsbeteiligung fest etabliert. Eine neue Regierung musste also schnell und entschlossen handeln, um einen erfolgreichen Wechsel bewerkstelligen zu können. Das war ohnehin nur mit gutem Teamwork machbar. Meine Liebe zum Fußball, mit dem ich wie viele andere Kinder des Ruhrgebiets aufgewachsen bin, hat mir früh die Einsicht vermittelt, wie begrenzt auf Dauer die Erfolgsaussichten überehrgeiziger Einzelspieler sind. Ich hatte in der parlamentarischen Opposition für die FDP wichtige Beiträge zur marktwirtschaftlichen Profilbildung geliefert, die durchaus anerkannt wurden. Jetzt wollte ich natürlich Einfluss nehmen. In welcher Form und an welcher Stelle war mir zunächst ziemlich egal. Das ließ ich auf mich zukommen.

Unterdessen liefen die Koalitionsverhandlungen zwischen CDU und FDP zügig an. Die Delegationen bestanden aus jeweils sechs Personen. Aufseiten der FDP gehörten dazu im Wesentlichen die Mitglieder des geschäftsführenden Landesvorstands: der Landesvorsitzende, seine beiden Stellvertreterinnen Gisela Piltz und Angela Freimuth, Generalsekretär Lindner sowie der Fraktionsvorsitzende Wolf. Hinzu kam die parlamentarische Geschäftsführerin der Landtagsfraktion, Marianne Thomann-Stahl.

Ich war bei der FDP für die Arbeitsgruppe Wirtschaft und Energie zuständig, die gemeinsam mit der CDU die entsprechenden Passagen des Koalitionsvertrages vorbereiten sollte. Verhandlungspartner bei der CDU waren Christa Thoben und Helmut Linssen. Wir kamen recht zügig zur Verabredung einer klaren Ausstiegsvereinbarung aus den Steinkohlesubventionen. Ich hatte mich in dieser Frage derart exponiert, dass eine unverbindliche

Formulierung zwingend auch als meine persönliche Niederlage interpretiert worden wäre. Da ich nicht zur engeren Verhandlungsdelegation gehörte, war mein direkter Einfluss auf das Ergebnis begrenzt. Allerdings kam mir sehr entgegen, dass das umstrittene Thema Steinkohle erst am Ende der Koalitionsgespräche entschieden werden sollte. Zu diesem Zeitpunkt musste aber die Neuaufstellung der Landtagsfraktion bereits geklärt sein, weil wir für die konstituierende Parlamentssitzung am 8. Juni einen FDP-Kandidaten für das Amt eines Landtagsvizepräsidenten zu benennen hatten.

Die Gruppe von FDP-Landtagsabgeordneten, die sich noch am Wahlabend im Büro Lindner/Papke getroffen hatte, war seitdem in engem Austausch geblieben. Wir trafen uns regelmäßig, auch außerhalb des Landtags, um uns in Ruhe zu besprechen. Die ganze Situation war etwas merkwürdig. Das Interesse Lindners, die Fraktionsführung zu übernehmen, war längst Gegenstand der öffentlichen Berichterstattung. Dabei wurde auch seine Unterstützung durch den Landesvorsitzenden Pinkwart betont. Dennoch brachte Ingo Wolf seinen bisherigen Stellvertreter Robert Orth in Stellung. Ein Machtwort des Landesvorsitzenden hätte diese Situation eigentlich klären sollen. Ob und was Pinkwart und Wolf darüber gesprochen haben, entzieht sich allerdings meiner Kenntnis. Tatsache ist, dass sich vor der Neuwahl des Fraktionsvorstandes am 8. Juni 2005 zwei gleichstarke Lager gegenüberstanden. In unserer Runde trafen sich sieben Abgeordnete, also theoretisch eine knappe Mehrheit der neuen Fraktion. Indessen mehrten sich die Anzeichen, dass mindestens einer mit gezinkten Karten spielte, also seine Stimme sowohl Lindner als auch Orth versprochen hatte. Der Ausgang der Abstimmung war nicht vorhersehbar, die Nervosität nahm sichtlich zu.

In dieser Situation schlug Christian Lindner bei einer nächtlichen Sitzung in einem Düsseldorfer Hotel dann plötzlich vor, ich solle für den Fraktionsvorsitz kandidieren. Er wollte das Risiko des Scheiterns erkennbar nicht eingehen. Christians Vorschlag kam für mich völlig überraschend, aber ich sagte ohne Zögern zu. Ich hatte von dem wochenlangen Schattenboxen und der ganzen Taktiererei einfach genug. Wenn man sich nicht verständigen kann, wird in der Demokratie eben abgestimmt.

Unmittelbar vor der Fraktionssitzung am 8. Juni marschierten Christian Lindner und ich zum Büro von Ingo Wolf, den wir gemeinsam mit Robert Orth antrafen. Lindner erklärte, er werde mich gleich vorschlagen, und wir zogen wieder ab. Bei der geheimen Abstimmung bekamen Robert Orth und ich im ersten Wahlgang jeweils 6 Stimmen. Im zweiten Wahlgang gewann ich mit 7 zu 5. In der Tat hatte einer aus unserer Gruppe im ersten Wahlgang Orth gewählt. Als klar war, dass die anderen zu ihrem Wort standen und es keine Mehrheit gegen mich gab, hat er dann wieder die Seite gewechselt. Manchmal kann man in der Politik schon bemerkenswerte Dinge erleben.

Ich schlug Christian Lindner als stellvertretenden Fraktionsvorsitzenden und den Essener Bildungspolitiker Ralf Witzel als parlamentarischen Geschäftsführer vor. Das Vorschlagsrecht für diese Position liegt ausschließlich beim Fraktionsvorsitzenden. Christof Rasche wurde gegen Robert Orth als weiterer stellvertretender Vorsitzender wiedergewählt und Angela Freimuth als Landtagsvizepräsidentin nominiert.

Als ich anschließend vor die Presse trat, war die Überraschung wirklich gelungen. Niemand hatte mit mir gerechnet. Dennoch waren die Kommentare in den Medien zu meiner Wahl unter Hinweis auf meine bisherige Arbeit durchaus positiv. In meiner kurzen Erklärung betonte ich ausdrücklich, dass Christian Lindner seine »herausragende Rolle als FDP-Generalsekretär« auch in seiner neuen Funktion in der Landtagsfraktion spielen werde. Natürlich war die Enttäuschung bei ihm zunächst einmal groß. Aber er sollte sie bald überwinden. Wir waren ein eingespieltes Team und es gab für jeden von uns genug zu tun.

Mir war klar, dass ich alles unternehmen musste, um die gespaltene Fraktion wieder zu einen, denn sonst würden wir in der Regierungsverantwortung nicht erfolgreich sein. Zunächst galt es aber, die Koalitionsvereinbarung mit der CDU zu vollenden und die offenen Personalfragen zu klären. Ich sorgte gleich in den Tagen nach meiner Wahl mit dem öffentlichen Vorschlag für einigen Wirbel, dass Andreas Pinkwart in die Landesregierung eintreten und am besten das Wirtschaftsministerium übernehmen sollte. Nach den Erfahrungen der letzten Wochen hielt ich es für unabdingbar, dass der Landesvorsitzende persönlich die Führung der FDP in der Regierung innehatte und auch stellvertretender Ministerpräsident wurde. Gemeinsam mit Jürgen Rüttgers leitete er die Koalitionsverhandlungen mit großer Souveränität. Ingo Wolfs Stärken lagen eher im exekutiven Bereich.

Die Situation war auch deshalb kompliziert, weil Rüttgers schon vor Monaten die frühere CDU-Landtagsabgeordnete Christa Thoben als »Schattenwirtschaftsministerin« benannt hatte, nachdem ihm von interessierter Seite der FDP-Fraktion signalisiert worden war, die FDP wolle sich im Falle der Regierungsbeteiligung auf die Ressorts Innen und Verkehr konzentrieren. Pinkwart verständigte sich mit Rüttgers darauf, ein neugeschaffenes Innovationsministerium mit der Zuständigkeit für Wissenschaft, Forschung und Technologie zu übernehmen. Als Hochschullehrer war er dafür besonders ausgewiesen. Wolf wurde Innenminister.

Auch die politisch so umstrittene Frage der Steinkohlebeihilfen wurde in unserem Sinne gelöst. Der Ausstieg Nordrhein-Westfalens aus dem subventionierten Steinkohlebergbau stand schließlich als Vereinbarung im Koalitionsvertrag. Damit war ich naturgemäß sehr zufrieden, machte mir aber keine Illusionen. Papier ist geduldig. Bis zur Umsetzung war noch ein weiter Weg zurückzulegen.

Die FDP war in Nordrhein-Westfalen erstmals nach 25 Jahren wieder in Regierungsverantwortung, die CDU gar nach 39 Jahren. Das Gefühl des gemeinsam erreichten, wirklich besonderen Erfolges sorgte lange Zeit für eine positive Grundstimmung in der Koalition. Rüttgers war an einem fairen Umgang der Koalitionsparteien interessiert und machte nicht den Fehler, der FDP als dem deutlich kleineren Partner mit Arroganz zu begegnen. Geschenkt bekommt man in einer Koalition allerdings auch nichts, das war uns klar. Wir würden schon selbst für unsere Erkennbarkeit und unsere Ziele kämpfen müssen. Das ordnungspolitische Profil der FDP als Voraussetzung für den gemeinsamen Regierungserfolg sichtbar zu machen gehörte unter anderem zu meinen Aufgaben.

Wie schnell man nach einer Wahl von der Realität eingeholt werden kann, erlebte ich schon im Juli, als der neue Umweltminister Eckhard Uhlenberg eine wasserrechtliche Genehmigung erteilte, die der Zeche Walsum den weiteren Steinkohleabbau auch in hochwassergefährdeten Gebieten ermöglichte. Der Proteststurm der Bergbaugegner vor Ort war erheblich. In intensiven Verhandlungen mit der Deutschen Steinkohle (DSK), der Betreibergesellschaft, konnte dann allerdings innerhalb weniger Wochen deren Verzicht auf neue Abbaugebiete unter dem Rhein und den Deichen erreicht werden. Zudem wurde die bereits vorgesehene endgültige Schließung von Walsum um ein weiteres halbes Jahr vorgezogen. Die staatlichen Genehmigungsbehörden hatten sich seit dem 19. Jahrhundert wie selbstverständlich einer bergbaufreundlichen Haltung verpflichtet gefühlt. Das änderte sich jetzt nicht schlagartig, nur weil in Düsseldorf eine neue Regierung den Steinkohleausstieg beschlossen hatte.

Ähnliche Erfahrungen machte ich auch gleich beim Thema Windkraftanlagen. Auch dort war es uns gelungen, unsere Forderung nach einem Mindestabstand von 1.500 Metern zur Wohnbebauung im Koalitionsvertrag zu verankern. Jetzt erklärte mir der Umweltminister bei der Vorbereitung des neuen Windkrafterlasses, nach Auskunft seiner Beamten wäre ein Mindestabstand wegen der Privilegierung im Baugesetzbuch leider nicht möglich. Es bedurfte hartnäckiger Verhandlungen, um dennoch zu einem befriedigenden Ergebnis zu kommen, mit dem der beschriebene Wildwuchs bei wohnortnahen Windparks gebremst werden konnte.

Und schon war ich um eine Erfahrung reicher, die ich in Zukunft noch häufiger machen sollte: Es gibt keine wirksamere Methode, um politische Reformen zu verhindern, als ihre angebliche »objektive Unmöglichkeit«. Sie wird einem ständig entgegengehalten, von Ressortchefs, die aus politischen Gründen keine Veränderungen wollen, aber auch von einer Bürokratie, die sich im Genist der bestehenden Regelungen mehr oder minder eingerichtet hat.

Diese Bemerkung bitte ich nicht misszuverstehen. Ich halte gar nichts von einer Pauschalkritik am öffentlichen Dienst, dessen Qualität wir in Deutschland eine leistungsstarke Verwaltung verdanken, um die uns viele Länder beneiden. Die allermeisten Beamten, mit denen ich es in meiner politischen Laufbahn zu tun hatte, waren gleichermaßen kompetent wie hilfsbereit. Aber man muss sie mitnehmen, wenn man politische Veränderungsprozesse in Gang setzen will. Das gelingt nicht von heute auf morgen und auch nicht in jedem Fall. Noch Monate nach unserer Regierungsübernahme berichteten mir Minister, dass ihnen gelegentlich die nahezu wortgleichen Redemanuskripte ihrer Amtsvorgänger vorgelegt worden waren. Regierungswechsel bedeuten harte Arbeit.

Immerhin bot der Koalitionsvertrag allen Beteiligten eine klare Orientierung. Er war nicht, wie so häufig bei derartigen Dokumenten, ein Sammelsurium politischer Absichtserklärungen, in das jeder Partner hineininterpretieren konnte, was ihm gerade gefiel. Viele Vereinbarungen waren eindeutig. Man konnte sich darauf berufen. Das nutzte ich gerne, um selbst initiativ zu werden. So forderte ich schon im Herbst 2005, das im Koalitionsvertrag vereinbarte Kopftuchverbot für muslimische Lehrerinnen zügig umzusetzen. Das Thema war mir ein derartiges Anliegen, dass ich bei der entscheidenden Landtagsdebatte selber für die FDP das Wort ergriff. Dabei erklärte ich, das Kopftuch sei inzwischen »weltweit zu einem Symbol des islamischen Fundamentalismus geworden«. Mit dem Gesetz setze die schwarz-gelbe Koalition »ein klares Zeichen für Integration« und »gegen falsch verstandene Toleranz«. SPD und Grüne stimmten dagegen. Die Fraktionsvorsitzende der Grünen, Sylvia Löhrmann, bezeichnete das Kopftuchverbot als »Signal der Ausgrenzung«.[9]

Ich erhoffte mir von der politischen Debatte eine breitere Diskussion über »schreckliche Symptome sogenannter Parallelgesellschaften« wie Zwangsverheiratungen und »Ehrenmorde«, wie ich dem *General-Anzeiger Bonn* in einem Interview erläuterte: »Diese Debatte wird weitgehend verdrängt. Wir müssen uns aber damit auseinandersetzen, wie es auch bei uns zu solchen Entwicklungen kommt, die leider sehr stark im islamischen Fundamentalismus ihre Ursachen haben.« Das Kopftuchverbot sei »ein Zeichen der Wehrhaftigkeit unserer freiheitlichen Werteordnung«.[10]

Auch in meiner eigenen Partei machte ich mir nicht nur Freunde, wenn ich die bisherige Integrationspolitik, »die auf Multikulti gesetzt hat«, für rundweg gescheitert erklärte. Wir müssten in Zukunft »die uneingeschränkte Akzeptanz unserer freiheitlich-demokratischen Werteordnung einfordern«, »ein Bekenntnis in Wort und Tat auch von all denen, die zu uns kommen und mit uns leben wollen«. Die Vereinbarung unserer Koalition, schon vor der Einschulung verpflichtende Sprachtests und Sprachunterricht einzuführen, damit Migrantenkinder dem Unterricht überhaupt auf Deutsch folgen konnten, hielt ich für unbedingt geboten. Ich war auch dafür, die Teilnahme an solchen Sprachkursen gegebenenfalls durch Bußgelder für die Eltern durchzusetzen. Obwohl die Sprachtests tatsächlich ins Werk gesetzt wurden, sollten sie das Profil unserer Regierung mit der CDU nie wirklich prägen. Denn Teile der Union verfolgten leider eine andere politische Linie.

Ein Eckpfeiler der kollegialen Zusammenarbeit in der Koalition war fraglos das gute Verhältnis von Jürgen Rüttgers und Andreas Pinkwart. Und es erwies sich als hervorragende Idee, einen festen, sechsköpfigen Koalitionsausschuss einzurichten, dem von der CDU der Ministerpräsident, der Chef der Staatskanzlei und der Fraktionschef angehörten sowie seitens der FDP die beiden Minister und der Fraktionsvorsitzende. In dieser Runde, die ohne Mitarbeiter tagte, wurden sämtliche Vorhaben der Koalition besprochen und verabredet, bevor sie zur Beschlussfassung ins Kabinett gingen.

Während die rot-grüne Vorgängerregierung zur Vorbereitung der gemeinsamen Kabinettsrunde separate Sitzungen von sozialdemokratischen und grünen Ministern benötigt hatte und Konflikte im Kabinett ausgetragen wurden, entwickelte sich unser Koalitionsausschuss zur zentralen Clearingstelle. Was dort nicht Einvernehmen fand, kam erst gar nicht ins Kabinett. Wir trafen uns in jeder Sitzungswoche des Parlaments, manchmal sogar dann, wenn gar keine konkreten Dinge zu entscheiden waren. Der dann stattfindende Austausch zur politischen und strategischen Lage war überaus hilfreich, um die Einschätzung der Partner kennenzulernen.

Natürlich flogen auch im Koalitionsausschuss bei inhaltlichen Differenzen manchmal die Fetzen. Aber in der kleinen vertraulichen Runde, die menschlich gut harmonierte, waren Kompromisse naturgemäß viel leichter zu finden. Wenn sich bei der Befassung ihrer Gesetzgebungsvorhaben Beratungsbedarf abzeichnete, kamen die jeweiligen Minister hinzu, und der Ministerpräsident behielt es sich vor, nötigenfalls einen Konsensvorschlag zu unterbreiten, falls die Koalitionsparteien unterschiedlicher Auffassung waren. Damit setzte er die eigenen CDU-Minister von vornherein unter einen gewissen Kompromissdruck. Gab es keine Einigung, landete das Thema früher oder später im Koalitionsausschuss. Dann konnte niemand sicher sein, wie die Sache ausging. Über manches politisch umstrittene Projekt beriet ich im Laufe der Jahre dann auch bilateral mit den CDU-Ministern, weil alle um den Verständigungszwang wussten.

Die Sitzungen des Koalitionsausschusses fanden in aller Regel am frühen Dienstagmorgen statt, bevor die Fraktionsvorstände und anschließend die Fraktionen zusammenkamen. So konnten verabredete Ergebnisse gleich an die Abgeordneten vermittelt und rückgekoppelt werden. Auch wenn sich die CDU im Laufe unserer Zusammenarbeit immer wieder über öffentliche Vorstöße von Christian Lindner und mir ärgern sollte, so hatte der Ministerpräsident doch schnell erkannt, dass die FDP ein unbedingt verlässlicher Partner war. Es ist kein einziges Mal vorgekommen, dass eine Verabredung im Koalitionsausschuss in der FDP-Landtagsfraktion keinen Bestand gehabt hätte.

Jedes Jahr im Dezember lud ich Jürgen Rüttgers in unsere Fraktion ein. Anschließend traten wir gemeinsam mit Andreas Pinkwart vor die Presse, um eine kurze Bilanz des Jahres zu ziehen und ein Zeichen der Gemeinsamkeit zu setzen. All das erleichterte es uns als kleinerem Koalitionspartner, unsere inhaltlichen Anliegen konsequent zu verfolgen. Auch nach Auffassung der davon durchaus überraschten Medien gelang es uns, mit unserem marktwirtschaftlichen Modernisierungsprogramm die Regierungsarbeit maßgeblich zu beeinflussen. »Privat vor Staat« wurde zu einem von uns gepflegten Markenzeichen der neuen Landesregierung und zugleich zu einem wesentlichen Angriffspunkt der rot-grünen Opposition, die uns und namentlich mich gerne als »marktradikal« und »neoliberal« beschimpfte[11]. Doch wir waren überzeugt davon, nur so die nötige Veränderungsdynamik in einem Bundesland bewirken zu können, das unter dem Mehltau von staatswirtschaftlichem Denken und Subventionsmentalität lag.

Zu den weitreichenden Veränderungen gehörte das von Andreas Pinkwart verantwortete Hochschulfreiheitsgesetz, mit dem die Universitäten und Fachhochschulen Nordrhein-Westfalens in eine bundesweit einmalige Unabhängigkeit entlassen wurden. Sie erhielten weitgehende Autonomie, um über Finanzen, Organisation, Personal und ihre eigene Profilbildung selbstständig zu entscheiden. Entscheiden konnten die Hochschulen auch, ob sie zur Verbesserung von Studienbedingungen und Lehre Studienbeiträge von bis zu 500 Euro pro Semester erheben wollten. Fast alle machten davon Gebrauch. Ihre Mittelausstattung wurde darüber hinaus durch erhöhte Zuwendungen aus dem Landeshaushalt signifikant angehoben. Das Hochschulfreiheitsgesetz fand an den Universitäten und Fachhochschulen große Unterstützung und wurde zu einem echten Aushängeschild der Regierung Rüttgers/Pinkwart.

Auf erheblichen Widerstand organisierter Interessen stießen hingegen unsere Maßnahmen zu Deregulierung und Entbürokratisierung der öffentlichen Verwaltung. Bis 2010 wurden insgesamt 138 der vormals mehr als 1.000 selbstständigen Behörden und Einrichtungen des Landes aufgelöst. Das bedeutete die größte Verwaltungsreform in Nordrhein-Westfalen seit der kommunalen Neugliederung in den siebziger Jahren. Die Behördenstruktur war seitdem teilweise derart unübersichtlich geworden, dass sie nur noch von ausgewiesenen Spezialisten durchschaut wurde. Unter der Verantwortung des Innenministers Ingo Wolf wurden unter anderem 19 Forstämter, elf Versorgungsämter, zehn staatliche Umweltämter, zehn staatliche Ämter für Arbeitsschutz, acht Ämter für Agrarordnung, fünf Bergämter und fünf staatliche Prüfungsämter für erste Staatsprüfungen für Lehrämter an Schulen aufgelöst. Ihre Aufgaben wurden von anderen Einrichtungen übernommen, etwa die der Versorgungsämter durch die Kommunen, deren zusätzliche Kosten vollständig durch das Land erstattet wurden. So entfiel eine komplette Verwaltungsebene.

Durch die Reform der Landesverwaltung konnten von 2005 bis 2010 mehr als 14.000 Stellen sozial verträglich abgebaut werden. Dennoch machten die Gewerkschaften gemeinsam mit SPD und Grünen dagegen Front. Besonders laut war der Protest, als wir die Mitbestimmung im öffentlichen Dienst auf bundesweite Standards zurückführten. So sollten von 500 freigestellten Personalräten im Schuldienst in Zukunft 200 wieder ihrer eigentlichen Aufgabe nachgehen, Kinder zu unterrichten. Dadurch standen pro Jahr etwa 200.000 Unterrichtsstunden zusätzlich zur Verfügung, eine angesichts des katastrophalen Unterrichtsausfalls sehr sinnvolle Maßnahme.

Ich war sehr dafür, unsere Reformen offensiv zu vertreten und sich durch Proteste nicht beirren zu lassen. (»Wer den Staub wegpustet, muss damit rechnen, dass der ein oder andere hustet.«[12]) Das galt auch für das Herzstück unserer mittelstandsfreundlichen Wirtschaftsreform. Im März 2007 brachte das Kabinett die Beschränkung der wirtschaftlichen Betätigung kommunaler Unternehmen durch die Novelle der Gemeindeordnung auf den Weg. Die öffentliche Hand durfte in Zukunft nur noch dann unternehmerisch tätig werden, »wenn ein dringender öffentlicher Zweck dies erfordert und er durch private Unternehmen nicht ebenso wirtschaftlich erfüllt werden kann«.

Der Zufall wollte es, dass mein CDU-Amtskollege Helmut Stahl und ich an dieser Kabinettssitzung teilnahmen, weil auch grundlegende Etatberatungen anstanden, zu denen wir von Zeit zu Zeit dazugebeten wurden. Meine Freude über diesen Meilenstein marktwirtschaftlicher Reformpolitik war groß. Noch in der Woche zuvor hatten die Stadtwerke nordrhein-westfälischer Kommunen annähernd 25.000 ihrer Mitarbeiter zu einer Protestkundgebung vor den Landtag geschickt[13]. Kommunen und Stadtwerke hatten keine Lust, sich ihre quersubventionierten Geschäftsfelder durch restriktive Vorgaben beschränken zu lassen. Dabei hatten wir ihnen sogar einen umfassenden Bestandsschutz zugebilligt.

Während wir bei der Privatisierung der Landesentwicklungsgesellschaft mit ihrem umfangreichen Wohnungsbestand gut vorankamen und dabei den Mietern mit einer Sozialcharta weitreichende Schutzrechte einräumten, war die Entwicklung bei der WestLB entschieden weniger erfreulich. Wir hatten uns im Koalitionsvertrag zwar auf eine Veräußerung des direkt und indirekt knapp 38 Prozent umfassenden Landesanteils an der Bank verständigt, aber leider stand die CDU bei diesem Thema mit beiden Füßen auf der Bremse.

Von Beginn der Wahlperiode an forderte ich bei jeder Gelegenheit die schnellstmögliche Privatisierung, aber Rüttgers und Finanzminister Linssen spielten auf Zeit. Mit Helmut Linssen verstand ich mich ansonsten gut. Die FDP-Fraktion unterstützte ihn mit Nachdruck bei seinem Bemühen um Konsolidierung der zerrütteten Landesfinanzen. Wir drängten ihn sogar dazu, möglichst noch bis 2010 einen ausgeglichenen Landeshaushalt vorzulegen, was ohne den Wachstumseinbruch nach der Weltfinanzmarktkrise wohl auch gelungen wäre.[14]

Beim Thema WestLB aber konterte Linssen mein Drängen gerne auch öffentlich mit der blumigen Metapher: »Wir müssen die Braut erst hübsch machen.« Aufgrund der engen Verzahnung der WestLB mit den beiden Sparkassen- und Giroverbänden in Nordrhein-Westfalen war eine Veräußerung des Landesanteils in der Tat nicht einfach zu bewerkstelligen. Vor allem aber hing unser Koalitionspartner dem Irrglauben an, die Bank sei nach wie vor eine Art Goldreserve des Landes. Dabei waren die Erinnerungen an abenteuerliche Verlustgeschäfte der WestLB im Investmentbanking vor 2004 eigentlich noch ausgesprochen frisch. Während ich im Februar 2007 im *Handelsblatt* zum wiederholten Mal für den Ausstieg aus der Bank warb und vor den Risiken für die Steuerzahler warnte (»Wer weiß schon, wie das Börsenumfeld in einem Jahr aussieht?«), hielt Linssen dem wie üblich entgegen: »Wir haben keine Eile. Mit der guten Performance der Bank steigt schließlich auch der Preis.«[15]

Zu diesem Zeitpunkt taxierte das *Handelsblatt* unter Berufung auf Branchenkenner den Wert der WestLB auf sieben bis acht Milliarden Euro. Ein halbes Jahr später begann in den USA die Subprime-Krise. Nach weiteren sechs Monaten mussten erste risikobehaftete Wertpapiere im Volumen von 23 Milliarden Euro aus der WestLB-Bilanz ausgegliedert werden, um die Bank zu stabilisieren. Die dafür nötigen Haftungsgarantieren in Höhe von fünf Milliarden kamen größtenteils vom Land Nordrhein-Westfalen. Und das war erst der Anfang. Von nun an beschäftigten wir uns in der Koalition mit der WestLB nur noch in Form nahezu permanenter Krisensitzungen. Jetzt wollte die Braut verständlicherweise niemand mehr haben.

Auch unser Kampf um den Ausstieg aus dem Steinkohlebergbau entpuppte sich als das erwartet zähe Ringen, führte aber am Ende doch zum Erfolg. Dabei kam die bundespolitische Gemengelage nach der vorgezogenen Bundestagswahl im September 2005 der FDP mitnichten entgegen. Nachdem Guido Westerwelle unter starkem Beifall der NRW-FDP eine Ampel-Koalition abgelehnt hatte, regierte nun in Berlin eine Große Koalition. Die neue Bundeskanzlerin Angela Merkel hatte kein Interesse, sich mit ihrem Bündnispartner in der Kohlefrage zu überwerfen. Die Steinkohle-Lobby sah plötzlich wieder eine gute Chance, den drohenden Ausstiegsbeschluss durch die Einflussnahme der SPD abzuwenden. Sie setzte nach wie vor auf einen durch staatliche Finanzierungsgarantien gesicherten »Sockelbergbau«. Wir mussten als FDP zur Kenntnis nehmen, dass Anfang 2006 auch Ministerpräsident Rüttgers von der Reduzierung der Steinkohlebeihilfen sprach, aber nicht vom Ausstieg.

CDU und FDP hatten im Koalitionsvertrag verabredet, dass das Ende des Subventionsbergbaus sozial verträglich gestaltet werden sollte. Wir wollten keine betriebsbedingten Kündigungen. Und wir unterstützten den geplanten Börsengang des »weißen Bereichs« der RAG Aktiengesellschaft, die aus der früheren Ruhrkohle AG, dem Betreiber aller deutschen Steinkohlezechen, hervorgegangen war. Denn die RAG hatte bedeutenden industriellen Beteiligungsbesitz in den Bereichen Chemie und Energie aufgebaut. Er sollte nun, zusammen mit dem Immobilienvermögen der RAG, zur dauerhaften Finanzierung der »Ewigkeitskosten« des Bergbaus dienen. Der Begriff »Ewigkeitskosten« ist durchaus wörtlich zu nehmen. Der Grundwasserspiegel muss in weiten Teilen des Ruhrgebiets als Konsequenz des Steinkohleabbaus durch ein aufwendiges Pumpensystem dauerhaft reguliert werden. Hinzu kommen die langfristig auftretenden Bergschäden an der Wohnbebauung.

Initiator dieses Konzepts war der frühere Bundeswirtschaftsminister Werner Müller, der seit 2003 als Vorstandsvorsitzender der RAG fungierte. Er verfolgte seinen Plan mit kluger Beharrlichkeit und wollte den Börsengang so schnell wie möglich realisieren. Ohne Zustimmung des Landes Nordrhein-Westfalen war das allerdings nicht machbar. Das bot uns als FDP wiederum die Möglichkeit, diesen Schritt von der Verabredung eines Auslaufbergbaus abhängig zu machen, und zwar mit guten Argumenten. Denn es war ohnehin umstritten, ob der Vermögensstock, der aus dem Verkaufserlös des »weißen Bereichs« gebildet werden sollte, wirklich ausreichen würde, um die Ewigkeitskosten zu tragen. Sollte der Bergbau allerdings weiterbetrieben werden und so zusätzliche Schäden verursachen, konnte die Rechnung keinesfalls aufgehen.

Seit Herbst 2005 stellte ich unser Junktim wiederholt heraus und handelte mir damit wüste Beschimpfungen der SPD ein. (»In der Regierung Rüttgers wackelt der Schwanz mit dem Hund, wenn der kohlepolitische Amokläufer der FDP die energiepolitischen Positionen Nordrhein-Westfalens formuliert. Der Ministerpräsident muss Herrn Papke umgehend zurückpfeifen.«[16]) Doch ich ließ mich nicht beirren und drohte damit, als die Gespräche über die Zukunft des Steinkohlebergbaus Anfang 2007 in die entscheidende Phase gingen, dass wir notfalls in Nordrhein-Westfalen von 2010 an keine Haushaltsmittel mehr für die Steinkohle bewilligen würden, sollte sich die Große Koalition im Bund nicht auf einen Ausstieg verständigen[17]. In einem solchen Fall hätte die Bundesregierung wohl kaum den wegfallenden Landesanteil übernehmen wollen.

Im Düsseldorfer Koalitionsausschuss ging es Anfang Februar 2007 noch einmal hoch her, nachdem ein Spitzengespräch ohne Beteiligung der FDP in Berlin zu dem Ergebnis geführt hatte, den Bergbau erst 2018 auslaufen zu lassen. Wir verhandelten nach und Rüttgers konnte den asymmetrischen Ausstieg Nordrhein-Westfalens schließlich schon für 2014 fixieren.[18] Die in der Vereinbarung enthaltene Optionsklausel, derzufolge der Ausstiegsbeschluss 2012 noch einmal unter energiepolitischen Rahmenbedingungen überprüft werden sollte, diente eher der Gesichtswahrung der SPD und schreckte uns nicht. Das Ende der Steinkohlesubventionen war besiegelt. Bis 2018 würden alle Steinkohlezechen nach und nach geschlossen werden.

Im Übrigen leisteten wir unseren Beitrag, damit Werner Müller den Börsengang des neuen Unternehmens »Evonik«, das aus dem »weißen Bereich« der RAG entstanden war, noch 2007 realisieren konnte. Versuche von Wirtschaftsministerin Thoben, eine Debatte über eine mögliche separate Veräußerung der RAG-Unternehmensteile anzustoßen, wies ich zurück[19]. Werner Müller übernahm erst den Vorstandsvorsitz von Evonik und wechselte später auf den Chefsessel der RAG-Stiftung, die die Beteiligungsverwaltung zur Bewältigung der Ewigkeitskosten betreut. Er hatte wesentlich zum Gelingen eines historischen Schrittes beigetragen. Ins Kuratorium der Stiftung entsandte die FDP einen unabhängigen Vertreter, der sich als Ombudsmann der Bergbaubetroffenen verstehen sollte[20].

KAPITEL SECHS

NEUE THEMEN, NEUE LAGEN, NEUE WEGE?

In der ersten Hälfte der fünfjährigen Wahlperiode arbeitete die Koalition von CDU und FDP sehr erfolgreich zusammen. Die Regierung verfolgte konsequent unsere gemeinsamen Reformprojekte, und wir waren als kleinerer Partner dabei erheblich besser erkennbar, als uns das viele Beobachter nach den zermürbenden Ereignissen vor 2005 zugetraut hatten[1]. Unsere ureigene Aufgabe sahen wir darin, immer wieder als »Impulsgeber« und »Tempomacher« der Koalition zu wirken. Politische Differenzen in einzelnen Sachfragen und das eine oder andere Scharmützel, das insbesondere Christian Lindner und ich darüber mit der CDU führten, beeinträchtigten nicht das gute Einvernehmen.

Die Staatskanzlei griff auch unmittelbar Ideen der FDP auf, wenn sie ihr opportun erschienen, etwa die zu einem jährlich wiederkehrenden Landesfest, einem »Nordrhein-Westfalen-Tag«[2]. Unsere Koalition entwickelte nach und nach den Anspruch, in Stil und Inhalt »Blaupause« für eine neue Bundesregierung nach der Bundestagswahl 2009 zu werden. Nicht ohne Grund war Guido Westerwelle als Partei- und Fraktionsvorsitzender im Bundestag bei vielen wichtigen Veranstaltungen in Nordrhein-Westfalen präsent.

Während sich Ingo Wolf wie erwartet vor allem auf seine Ministertätigkeit konzentrierte, akzentuierten Andreas Pinkwart,

Christian Lindner und ich die Ziele der FDP im politischen Prozess, jeweils in unseren unterschiedlichen Rollen und Funktionen, aber zunächst in großer Geschlossenheit. Für die Landtagsfraktion war die loyale Unterstützung der Regierung und unserer Kabinettsmitglieder eine absolute Selbstverständlichkeit. Als Ingo Wolf 2007 politisch unter Druck geriet und einige Medien seine Ablösung herbeischreiben wollten (»Geht Wolf, kommt Papke?«[3]), ging ich mit aller Deutlichkeit dagegen an und stärkte ihm unmissverständlich den Rücken. (»Wer einen von uns angreift, hat sofort die ganze Fraktion und die gesamte Partei am Hals.«[4])

Auch die Mitglieder meiner Fraktion erlebten, dass wir uns bei Schwierigkeiten aller Art immer aufeinander verlassen konnten. Jeder Kollege wurde in seiner fachlichen Arbeit ernst genommen und spielte im Team eine eigene Rolle. Ich achtete darauf, dass ihre Anliegen von den zuständigen CDU-Ministern respektiert wurden. Es kam vor, dass CDU-Abgeordnete über ihre FDP-Kollegen Themenwünsche lancierten, weil sie sich davon bessere Erfolgsaussichten versprachen. Als sich der FDP-Fraktionsvorstand Anfang 2007 zur Wiederwahl stellte, wurde ich mit 11 Ja-Stimmen bei einer Enthaltung in meinem Amt bestätigt.

Meine Zusammenarbeit mit Christian Lindner war nach wie vor eine besondere. Wir spielten uns bei vielen Themen die Bälle zu. Da er neben der Hochschul- und Wissenschaftspolitik in der Fraktion nach wie vor für den Bereich Kinder und Jugend zuständig war, wollte er dort gerne eigene Akzente setzen. Als die Regierung bei den Haushaltsberatungen 2006, die unter massivem Spardruck standen, erhebliche Einschnitte bei Kindergärten und Jugendarbeit vorsah, schritten wir ein. Ich konnte in den Verhandlungen mit meinem CDU-Amtskollegen Helmut Stahl und Finanzminister Linssen erreichen, dass den Kindergärten 40 Millionen Euro zusätzlich zur Verfügung gestellt wurden. Außerdem wurde ein Sonderprogramm für »Jugendarbeit in sozialen Brennpunkten« mit einem Volumen von 4,5 Millionen Euro aufgelegt.[5] Als ich meinerseits mit Wirtschaftsministerin Thoben über Kreuz lag, weil sie die in der Koalition verabredete Liberalisierung der

Ladenöffnungszeiten nicht zügig und umfassend genug voran-
trieb, gab mir wiederum Christian Lindner Flankenschutz.

Selbstverständlich veränderte die enge Verzahnung nordrhein-westfälischer Landespolitik mit der Bundesebene und internationalen Entwicklungen auch die Rahmenbedingungen unseres Handelns in Düsseldorf. Der Wahlsieg von Schwarz-Gelb
hatte 2005 eine vorgezogene Neuwahl des Bundestages ausgelöst,
nach der sich die Union erstmals seit 1998 wieder in der Bundesregierung, die FDP sich aber nach wie vor in der Oppositionsrolle
befand. Es überraschte also nicht, dass die beiden nordrhein-westfälischen Koalitionspartner die Arbeit der neuen Bundesregierung
höchst unterschiedlich bewerteten. Für die FDP blieb es beispielsweise stets ein dankbares Thema, dass die CDU vor der Wahl eine
von uns kritisierte Mehrwertsteuererhöhung um 2 Prozentpunkte
angekündigt hatte. Die NRW-SPD und ihre Fraktionsvorsitzende
Hannelore Kraft waren dagegen auch im Landtag Sturm gelaufen.
Dann aber hatten ihre Genossen bei den Koalitionsverhandlungen in Berlin eine Mehrwertsteuererhöhung gleich um 3 Prozentpunkte durchgesetzt.

Während wir als FDP bei der Bundestagswahl in Nordrhein-Westfalen 10 Prozent der Zweitstimmen erreicht hatten
und deutlich vor den Grünen lagen, war die SPD trotz Verlus-
ten mit 40 Prozent stärkste Kraft geworden. Die 34,4 Prozent
der CDU blieben weit hinter ihrem Ergebnis bei der Landtagswahl zurück. Rüttgers zog daraus die Konsequenz, das sozialdemokratische Profil der CDU stärker herauszuarbeiten und sich
in Nordrhein-Westfalen als eigentlicher Nachfolger des beliebten
langjährigen SPD-Ministerpräsidenten Johannes Rau zu präsentieren. Die Finanzmarkt- und Weltwirtschaftskrise schien ihn später darin noch weiter zu bestärken. Wir beobachteten diese Entwicklung als Koalitionspartner mit großem Interesse, aber auch
mit wachsendem Erstaunen. Natürlich musste sich die Union mit
der Frage befassen, wie sie das starke sozialdemokratische Milieu
in Nordrhein-Westfalen erreichen konnte. Es sprach auch nichts
dagegen, in der Koalition mit unterschiedlichen Rollen zu agieren.

Aber wenn das gemeinsame Grundverständnis vernebelt wurde, konnten Irritationen bei den Wählern nicht ausbleiben.

Jürgen Rüttgers fing an, die wirtschaftliche Sinnhaftigkeit von Steuersenkungen öffentlichkeitswirksam in Frage zu stellen. Nach Ausbruch der Finanzmarktkrise wechselte er 2008 in einen regelrechten Antikapitalismus-Modus. Zugleich startete er, flankiert von NRW-Arbeitsminister Karl-Josef Laumann, dem Bundesvorsitzenden der CDU-Sozialausschüsse, eine bundesweit beachtete Offensive zur steuerfinanzierten Aufstockung niedriger Renten. Sogar der DGB applaudierte. Wie das Ganze finanziert werden sollte, blieb allerdings offen. Ich lud Otto Graf Lambsdorff als Gast in eine Sitzung unserer Landtagsfraktion ein. Auch er schüttelte nur den Kopf.

Während sich Andreas Pinkwart als stellvertretender Ministerpräsident verständlicherweise öffentlich mit kritischen Aussagen zu Rüttgers zurückhielt, ließen Christian Lindner und ich den Spurwechsel des Ministerpräsidenten nicht unkommentiert. Wir warnten eindringlich vor einem Glaubwürdigkeitsverlust unserer Koalition und der Schwächung der Sozialen Marktwirtschaft, wenn der Regierungschef weiterhin krasse Negativbilder von Marktwirtschaft und Wettbewerb zeichne.[6]

Doch Rüttgers legte sogar noch nach. Auf dem CDU-Landesparteitag im Mai 2009 erklärte er schließlich »das Mantra von Privatisierung, Deregulierung und Flexibilisierung« für beendet. Ich hielt dem in der *Frankfurter Allgemeinen Zeitung* entgegen, wir hätten doch schließlich etwa bei der Privatisierung von annähernd 100.000 landeseigenen Wohnungen gemeinsam bewiesen, »dass man eine Politik für Unternehmertum und Marktwirtschaft mit sozialer Sensibilität vereinbaren kann. Ein Grund mehr, sich zur marktwirtschaftlichen Erneuerung selbstbewusst und offensiv zu bekennen. So gut wir auch zusammenarbeiten, genau das vermisse ich beim Ministerpräsidenten«.[7]

Just zu diesem Zeitpunkt befanden wir uns allerdings bereits mitten in einer schweren Koalitionskrise. Unter dem Eindruck massiver Verluste wollte sich General Motors von seiner Konzerntochter Opel trennen oder die Fahrzeugproduktion in Deutschland zumindest massiv drosseln. Auch das Opel-Werk in Bochum mit etwa 5.000 Beschäftigten geriet in Gefahr. Die Bundesregierung war zu großzügigen Staatshilfen bereit. Rüttgers schloss sogar eine Staatsbeteiligung nicht aus. Er hatte bereits Monate zuvor einen nationalen Staatsfonds zur Beteiligung an in Not geratenen Unternehmen ins Gespräch gebracht. Als Marktwirtschaftler bekam man langsam Schüttelfrost.

Wir machten unmissverständlich klar, dass die FDP für staatswirtschaftliche Experimente nicht zur Verfügung stand. (»Wir wollen keinen VEB Opel. Zudem gilt: Opel darf nicht besser behandelt werden als jedes der 723.000 mittelständischen Unternehmen in Nordrhein-Westfalen.«)[8] Die Atmosphäre in der Koalition war äußerst angespannt. Wir brüteten intern Tag für Tag über immer neuen Lösungsvarianten, stocherten dabei aber weitgehend im Nebel, weil GM dreist um Staatshilfe pokerte und sich dabei nicht ins Blatt schauen ließ. Christian Lindner sprach öffentlich vom »Casus Belli«, falls wir uns beim Thema Opel nicht einigen könnten.

Das war von unserer Seite keine leere Drohung. Wir blieben hart. Auch wenn die Krise schließlich abgewendet werden konnte und obwohl die FDP Staatshilfe verhindert hatte, war das Bild der gemeinsamen marktwirtschaftlichen Reformregierung in Nordrhein-Westfalen sichtlich ramponiert. Rüttgers war auf seinem Marsch nach links bemerkenswert weit vorangekommen.

Die vorgezogene Landtagswahl in Hessen im Januar 2009 hatte unterdessen gezeigt, wie sehr die FDP von einer ordnungspolitisch klaren und glaubwürdigen Haltung profitieren konnte. Ihre Weigerung, trotz Neuwahldrohung in eine Ampel-Koalition unter Andrea Ypsilanti einzutreten, wurde mit 16,2 Prozent der Wählerstimmen honoriert. Natürlich müssen sich demokratische Parteien Optionen offenhalten, auf neue Situationen reagieren und auch ihre Programme weiterentwickeln. Entsteht daraus allerdings der Eindruck von modischer und machtpolitischer Beliebigkeit, kommen die Wähler eben nicht mehr mit. Die der FDP sind meiner Erfahrung nach in diesen Fragen besonders sensibel.

Aus diesem Grund hielt ich trotz der beschriebenen Dissonanzen mit der CDU nichts davon, alternative Bündnisvarianten für die FDP in den Blick zu nehmen. Unser Ziel war vielmehr ein gemeinsamer Wahlerfolg bei der Bundestagswahl im September 2009, um dann bei der Landtagswahl in Nordrhein-Westfalen im Mai 2010 für die Fortsetzung unserer Koalition zu werben. Je unklarer der Kurs der Union wurde, desto verlässlicher musste die FDP sein.

Wir hatten diese Maxime als Freie Demokraten in Nordrhein-Westfalen in der ersten Hälfte der Wahlperiode auch konsequent beherzigt, als es wie aus heiterem Himmel plötzlich erhebliche interne Spannungen gab. Für Mittwoch, den 14. November 2007, hatte die Regierung Rüttgers/Pinkwart eine Regierungserklärung angekündigt. Thema sollte, zweieinhalb Jahre nach der Landtagswahl, die Halbzeitbilanz unserer Koalition sein. Wir hatten vieles erreicht und auf den Weg gebracht. Es war selbstverständlich, sich darüber der parlamentarischen Debatte mit der Opposition zu stellen.

Wenige Tage zuvor trafen sich Pinkwart, Lindner und ich im Innovationsministerium, um unsererseits eine Zwischenbilanz zu ziehen und den Blick auf die kommenden Monate zu richten. Andreas Pinkwart wollte gemeinsam mit Christian Lindner am darauffolgenden Montag, dem 12. November, vor die Landespressekonferenz treten und als Landesvorsitzender den Beitrag unserer Partei noch einmal gesondert herausarbeiten. Bezüglich der Tagespolitik stimmten wir drei uns ohnehin permanent ab. Jetzt nahmen wir uns Zeit, um die Lage etwas grundsätzlicher zu erörtern. Wir tauschten uns über eine ganze Reihe von Themen aus. Von einer neuen bildungspolitischen Initiative war dabei allerdings mit keinem Wort die Rede.

Als der Vorstand der FDP-Landtagsfraktion am Montagnachmittag um 15.00 Uhr zusammenkam, um die Fraktionssitzung des kommenden Tages und die Plenarsitzungen vorzubereiten, waren alle wie vom Donner gerührt. Denn nach den vorliegenden Agenturmeldungen hatte Pinkwart für die FDP in seiner Pressekonferenz gerade eine neue Schulform vorgestellt. Er nannte sie »regionale Mittelschule«. Darunter verstand er einen Verbund aus Haupt-, Real- und Gesamtschule, der neben dem Gymnasium eine zweite Säule bilden sollte. Angesichts des Schülerrückgangs müsse über eine solche »Weiterentwicklung« des bestehenden Schulsystems nach 2010 nachgedacht werden.

Kaum jemand in der FDP hätte sich dem Prozess eines solchen »Nachdenkens« ernsthaft verweigert. Die angesichts der demografischen Entwicklung absehbar stark rückläufigen Schülerzahlen machten flexiblere Schulmodelle fast unumgänglich. Das galt gerade für den ländlichen Raum, wo es darum ging, möglichst wohnortnahe Bildungsangebote zu erhalten. Es stand der FDP gut zu Gesichte, sich frühzeitig damit zu befassen. Das Problem waren Form und Zeitpunkt von Pinkwarts Ansage.

SPD und Grüne hatten in ihrer Regierungszeit auch aus ideologischen Gründen das gegliederte Schulsystem immer stärker hinterfragt und Gesamtschulen systematisch bevorzugt. In der schulpolitischen Diskussion wurden insbesondere die Hauptschulen gerne als »Resteschulen« verunglimpft. Die Regierung aus CDU und FDP hatte sich dem bewusst entgegengestellt und die Hauptschulen etwa durch neue Ganztagsangebote gestärkt. Es blieb abzuwarten, wie Eltern und Schüler darauf reagieren würden. Aber auch die Hauptschulen sollten eine faire Chance bekommen, sich im Wettbewerb zu behaupten. Von den insbesondere bei den Grünen populären Überlegungen zu einer »Einheitsschule« hielt keine Partei so wenig wie die FDP. Jedes Kind sollte eine nach seinen Fähigkeiten optimale schulische Bildung und Förderung erhalten. Dazu passte am besten ein gegliedertes, begabungsgerechtes Schulsystem. Auch in unserem Koalitionsvertrag mit der CDU war das fest vereinbart.

Pinkwarts Initiative musste also den Eindruck erwecken, als setze sich die FDP vom Koalitionsvertrag ab und nähere sich SPD und Grünen in einer Schlüsselfrage der Landespolitik an. Dabei waren wir bisher sehr gut damit gefahren, die CDU im Zweifel auf die Koalitionsvereinbarung festnageln zu können. Der Zeitpunkt unmittelbar vor der gemeinsamen Halbzeitbilanz desavouierte zudem den Ministerpräsidenten. Die Atmosphäre im Koalitionsausschuss war ausgesprochen eisig.

Am meisten irritiert hatte Pinkwart allerdings die eigenen Leute. In der Sitzung der FDP-Landtagsabgeordneten am Dienstagvormittag schlugen ihm Unverständnis und Empörung entgegen. Ich musste einiges unternehmen, um die Lage zu beruhigen. Um nicht noch weiteres Öl ins Feuer zu gießen, behielt ich für mich, dass ich wenige Tage zuvor noch mit Pinkwart und Lindner zusammengesessen hatte, ohne informiert zu werden. Was ich über eine derartige Form des Umgangs miteinander dachte, wird man sich unschwer vorstellen können. Spätere Exkurse Pinkwarts über Stilfragen in der Politik schienen mir vor diesem Hintergrund und angesichts weiterer Erlebnisse allerdings recht wagemutig.

Aber die FDP war ja nun einmal in der Regierungsverantwortung. Deshalb musste ich meine persönliche Enttäuschung hintanstellen. Ich erklärte also gegenüber den Medien, dass die FDP vertragstreu bliebe und an der Hauptschule festhalte. (»Es gibt in der FDP aktuell auch kein Zwei-Säulen-Modell, sondern nur eindeutige Beschlüsse zum gegliederten Schulsystem. Wer etwas anderes will, braucht andere Parteitagsbeschlüsse.«)[9] Zugleich unterstützte ich einen neuen Beschluss des FDP-Landesvorstands, dass die FDP mit Blick auf ihr Wahlprogramm 2010 ergebnisoffen über verbesserte Kooperationsmöglichkeiten der Schulen und auch die Einführung einer regionalen Mittelschule nachdenken werde. Alles andere hätte die politische Autorität Pinkwarts vollends beschädigt. Die nordrhein-westfälischen Jungen Liberalen hatten sogar erklärt, das Pinkwart-Plädoyer für eine regionale Mittelschule sei der »Einstieg in das System der Einheitsschule, das unsere liberale Partei zu Recht konsequent ablehnt«.[10] Im Wahlprogramm 2010 hielt die FDP dann übrigens ausdrücklich am Erhalt der Hauptschulen fest. Eine »regionale Mittelschule« blieb lediglich ein Optionsmodell.

In vielen schulpolitischen Fragen war ich mir in den weiteren Jahren bis zur Landtagswahl mit Andreas Pinkwart völlig einig. So registrierten wir beide mit wachsendem Unmut, dass die CDU-Schulministerin viel zu wenig dafür tat, die aus der Umstellung auf das Abitur nach zwölf Schuljahren resultierende Überfrachtung der Lehrpläne zu entschlacken. Vorschläge der FDP, etwa die Hausaufgaben in den Ganztagsunterricht zu integrieren, um so eine Überforderung der Kinder zu vermeiden, wurden einfach ignoriert[11].

Dennoch hatte sich nach Pinkwarts schulpolitischem Überraschungscoup manches verändert. Gelegentlich distanzierte er sich auch öffentlich von meinen Positionen, als ich den Finanzminister zu einer festen Zusage für einen ausgeglichenen Landeshaushalt drängte oder es mir nicht gefiel, dass die Wirtschaftsministerin eine millionenschwere Imagekampagne für Nordrhein-Westfalen ohne Rücksprache mit den Koalitionsfraktionen in die Welt setzte.

Auch mein persönliches Verhältnis zu Christian Lindner brauchte einige Zeit, um wieder ins Lot zu kommen. Als Generalsekretär stand er in einer besonderen Treuepflicht zum Parteivorsitzenden, die ich respektierte. Und er ließ sein Bedauern darüber erkennen, wie die Geschichte mit der regionalen Mittelschule gelaufen war. Wir waren zu lange befreundet, um ihm auf Dauer gram zu sein.

Nicht verschweigen will ich fairerweise übrigens auch, dass ich selbst im Frühjahr 2007 einen eigenen programmatischen Vorstoß unternommen hatte, über den in der FDP nicht alle glücklich waren. Für viele überraschend regte ich, zuerst in der »Rheinischen Post« am 10. April, eine Patriotismus-Debatte an[12]. In der Woche zuvor hatte ich allerdings der Landtagsfraktion dazu ein Thesenpapier vorgelegt (»Für einen weltoffenen Patriotismus«), das einstimmig gebilligt worden war. Ich wollte meine Fraktion nicht ohne interne Rückkoppelung mit einem solchen Thema überfahren.

Meine Hauptthese war, dass es an der Zeit sei, unser Nationalbewusstsein neu zu beleben. Wir sollten die deutsche »Tabuisierung von Patriotismus« überwinden, über die andere Nationen in Europa schon lange verständnislos den Kopf schüttelten. Ein moderner, weltoffener Patriotismus habe mit dem aggressiven deutschen Nationalismus der Vergangenheit nichts zu tun. »Die entsetzlichen Verbrechen, die in deutschem Namen verübt worden sind«, blieben immer mahnende Verpflichtung deutscher Politik und Bestandteil der Erinnerungskultur. Dennoch: Es muss auch in Deutschland möglich sein, öffentlich zu sagen: »Ich liebe meine Heimat und mein Land. Unsere freiheitliche Ordnung muss stärker Gegenstand der Parteinahme, der seelischen Identifikation werden.«

In einem neuen Patriotismus sah ich auch einen »emotionalen Anker« gegen die Fliehkräfte der Globalisierung: »Bei den Bürgern wird in einer Welt des immer schnelleren Wandels der Wunsch nach Orientierung und Nähe größer. Die Verbundenheit mit der eigenen Heimat ergänzt die sozialen Netzwerke von Familie und Freunden, die Geborgenheit geben.«

Neben dem Grundgesetz gehörten die deutsche Sprache, Geschichte, Kunst und Kultur, die Kenntnis des Landes und seiner Regionen, seiner Dichter und Philosophen zu den Werten, auf denen ein weltoffener Patriotismus basiere. »Sie müssen in der schulischen und außerschulischen Bildung den Stellenwert erhalten, der in anderen Ländern Europas eine Selbstverständlichkeit ist.«

Schon tags darauf erntete ich von SPD (»Papke legt die nationaldemokratische Platte auf«) und Grünen (»Papke wandelt auf den Spuren Möllemanns«) die erwartbaren Reaktionen[13]. Aber auch in meiner eigenen Partei hielt sich die Resonanz in Grenzen, als ich das Thema in meiner Rede auf dem Landesparteitag am 21. April in Hamm aufgriff. An meiner eigenen Überzeugung von der Bedeutung eines neuen Patriotismus änderte das freilich nichts. Ich griff es auch Jahre später in Interviews auf[14].

Ich nahm mir sogar vor, die Diskussion mit einem Buch zu diesem Thema weiterzuführen. Es kam dann allerdings über Konzept und Materialsammlung leider nicht hinaus. Das politische

Tagesgeschäft erwies sich auch weiterhin als zu arbeitsintensiv, um Zeit und Ruhe fürs Bücherschreiben zu finden. Jedenfalls dann, wenn man seine Bücher wirklich selber verfassen will.

KAPITEL SIEBEN

GUIDO WESTERWELLE, DER MISSVERSTANDENE WAHLERFOLG 2009 UND DIE »BOYGROUP«

Am Abend des 28. September 2009 traf sich der FDP-Landesvorstand NRW, um über das Ergebnis der Bundestagswahl vom Vortag zu beraten. Selbstverständlich war auch Guido Westerwelle dabei. Die FDP hatte ihr fulminantes Wahlergebnis von bundesweit 14,6 Prozent in Nordrhein-Westfalen mit 14,9 Prozent sogar noch leicht übertroffen. Da zu dieser Sitzung kurzfristig auch die neugewählten Bundestagsabgeordneten eingeladen worden waren, die nicht dem Landesvorstand angehörten, brauchten wir einen größeren Sitzungssaal. Die nordrhein-westfälische FDP stellte jetzt 20 Bundestagsabgeordnete, mehr als je zuvor. Die Stimmung war euphorisch.

Ich meldete mich in der Aussprache zu Wort und erinnerte daran, welche Anfeindungen Guido Westerwelle in den Jahren seit Übernahme des Parteivorsitzes habe ertragen müssen. Auch andere hätten zu dem Wahlerfolg beigetragen. Aber niemand verdiene diesen Erfolg mehr als er. Genauso meinte ich es auch. Ich kannte Guido Westerwelle schon seit wir Anfang 20 waren, seit gemeinsamen Tagen bei den Jungen Liberalen. 1983 war er Chef der neuen FDP-Nachwuchsorganisation geworden, die 1980 als Reaktion auf den Linksdrall der Jungdemokraten gegründet worden war. Ich wusste, mit welch unermüdlicher Beharrlichkeit er seinen Weg verfolgt hatte, der keineswegs immer nur steil bergauf führte. Das schien nur in der Rückschau so.

Auch nachdem ich selbst eine politische Laufbahn eingeschlagen hatte, war ich bei Weitem nicht mit allem einverstanden, was Guido Westerwelle politisch anstieß oder verantwortete. Das galt allemal für die Zeit, um die es im Folgenden gehen soll. Die Beteiligung der FDP an der Bundesregierung seit 2009 erwies sich als Desaster. Ihr größter Triumph endete vier Jahre später in ihrer schlimmsten Niederlage. Dafür war auch Guido Westerwelle mitverantwortlich. Er hat diese Verantwortung nie bestritten.

Ab einem bestimmten Zeitpunkt kam es in der FDP in Mode, Westerwelle in Frage zu stellen oder doch zumindest hinter den Kulissen schroffe Kritik an ihm zu streuen. Ich hielt das nicht nur deshalb für falsch und empörend, weil sich daran Leute beteiligten, die ihm ihre eigene Karriere verdankten. Mir fehlte der Optimismus, dass in der Zeit nach ihm schon irgendwie alles besser werden würde. Denn ich hatte durchaus meine Zweifel bezüglich der Führungsqualitäten potenzieller Nachfolger. Westerwelle besaß sie. Er hatte unendlich viel für die FDP erreicht. Sie konnte meiner festen Überzeugung nach nicht auf ihn verzichten. Das habe ich auch dann noch öffentlich zum Ausdruck gebracht, als er längst den Parteivorsitz niedergelegt hatte[1].

Guido Westerwelle war nicht nur ein feiner Mensch, sondern auch ein herausragender Politiker. Damit meine ich gar nicht in erster Linie seine rhetorische Brillanz. Er besaß einen klaren persönlichen Wertekompass, der prägend war für seine politische Agenda. Westerwelle machte sich gerne über den selbstgefälligen linken Zeitgeist in Deutschland lustig und hinterfragte dessen moralische Überheblichkeit. Er bekämpfte die Staatsgläubigkeit in der Wirtschafts- und Sozialpolitik, obwohl er sich dabei mit mächtigen Interessengruppen anlegte. Guido Westerwelle war nicht beliebig, er war mutig.

Natürlich war ihm bewusst, dass er bisweilen provozierte. Jahre später erschien ihm manches in anderem Licht. Aber er verstand pointierten Streit in der Sache eben auch als Lebenselixier demokratischer Debattenkultur. In der deutschen Konsensgesellschaft kam das häufig nicht gut an, vor allem, wenn er gegen die politische Linke polemisierte. Deshalb musste er selber viel aushalten, mehr als alle anderen. Doch er ließ sich nicht unterkriegen. Er machte weiter.

Ich bin ein Anhänger der These, dass politische Führungspersönlichkeiten der ersten Reihe einen persönlichen Reifeprozess durchlaufen haben sollten. Dazu gehören nun einmal Rückschläge, welcher Art auch immer. Erst dann zeigt sich, aus welchem Holz Menschen geschnitzt sind und ob sie die nötige Statur haben. Guido Westerwelle hatte sie. Aber auch er musste in seine neue Rolle in der Bundesregierung natürlich erst hineinwachsen.

Der historische Wahlerfolg der FDP am 27. September 2009 war Westerwelles persönlicher Triumph. Jetzt glaubte er sich nach einem harten Kampf endlich am Ziel. Darin aber lag gleich in zweierlei Hinsicht ein folgenschweres Missverständnis. Er interpretierte erstens den Wahlsieg der FDP als Versöhnung auch mit ihm persönlich, als Akzeptanz seiner selbst und seiner Lebensführung. Und er unterschätzte zweitens bei Weitem, dass von nun an die politischen Gegner ihre Anstrengungen verdoppeln und verdreifachen würden, damit die FDP ihren Erfolg nicht verstetigen konnte. Viele dieser politischen Gegner saßen in den Reihen der Union.

Westerwelle rechnete zumindest mit ihrer gutwilligen Kooperationsbereitschaft. Schließlich hatte er mit seiner Partei eine bürgerlich-liberale Koalition im Deutschen Bundestag ermöglicht, mit der von vielen Wahlforschern in einem stabilen Fünfparteiensystem gar nicht mehr gerechnet worden war. CDU und CSU waren die ungeliebte Koalition mit der SPD losgeworden und konnten erstmals seit 1998 wieder auf ihre »Wunschkonstellation« bauen. Guido Westerwelle glaubte an beste Voraussetzungen für ein konstruktives Miteinander. Dass die Union jede sich bietende

Chance nutzen würde, um die FDP und ihren Parteivorsitzenden zu düpieren, damit hatte er nicht gerechnet. In Wahrheit stand der eigentliche Kampf nach der Bundestagswahl noch bevor. Als ihm das schließlich klar wurde, war es fast schon zu spät, falsche Weichenstellungen zu korrigieren.

Später ist inner- wie außerhalb der FDP viel darüber diskutiert worden, was man hätte anders machen müssen: Dem Koalitionsvertrag habe es an Verbindlichkeit gefehlt und der FDP insgesamt an ausreichender Vorbereitung auf die für sie neue Regierungsrolle. Westerwelle hätte das Finanzministerium übernehmen müssen, um die steuerpolitischen Vorstellungen seiner Partei aktiv voranbringen zu können, oder zumindest das Innenministerium, aber keineswegs das mit weniger Impulskraft versehene Auswärtige Amt. Innerparteilich richtete sich der Zorn vor allem auf Dirk Niebel, der vor der Wahl für die Abschaffung des Entwicklungshilfeministeriums eingetreten war, um es dann nach der Wahl selber zu übernehmen. Dabei wurde allerdings gerne ausgeblendet, dass Niebel durchaus wichtige Projekte durchsetzte, an denen seine Vorgänger gescheitert waren, wie etwa die Zusammenführung staatlicher Entwicklungshilfeorganisationen.

Die Probleme der FDP lagen in Wahrheit tiefer. Die Partei hatte für einen umfassenden Politikwechsel getrommelt, traf aber nun auf einen größeren Regierungspartner, der bereits seit vier Jahren im Amt war und mit ruhiger Hand weitermachen wollte. Die Ausgangslage war in Berlin also eine ganz andere als beim Machtwechsel in Nordrhein-Westfalen im Jahr 2005.

Unser Koalitionsausschuss in Düsseldorf erwies sich zudem als unspektakuläre Plattform zur Vertrauensbildung und Konsensfindung. Der Koalitionsausschuss in Berlin trat zumeist nur bei akuten Problemen zusammen – und dann mit großem Medienauflauf. Die Medien gehen in solchen Situationen gerne der Frage nach, welche Partei bei dem Treffen gewonnen und welche verloren hat. Das ist zwar spannend für die Öffentlichkeit, aber wenig hilfreich für die friedliche Streitbeilegung in einer Koalition.

Wir hatten trotz unseres lange Zeit guten Miteinanders mit der CDU in Nordrhein-Westfalen die Erfahrung gemacht, dass man seine eigenen politischen Ziele in einer Koalition von Beginn an mit großer Entschlossenheit vorantreiben muss. Hat sich beim größeren Partner erst einmal der Eindruck fehlender Durchsetzungsstärke verfestigt, läuft man permanent vor eine Mauer. Die Mauer der Union trug vor allem den Namen Wolfgang Schäuble, der das Finanzministerium übernommen hatte und die Kernanliegen der FDP in der Steuerpolitik – Entlastung der Bürger und Vereinfachung des Steuerrechts – weitgehend an sich abprallen ließ.

Dabei war ohnehin von vornherein klar, dass es für beide Projekte möglicherweise nur begrenzten zeitlichen Spielraum gab. Niemand wusste, wie lange Union und FDP noch über eine eigene Mehrheit im Bundesrat verfügen würden, ohne die in der Steuerpolitik so gut wie gar nichts ging. Ging sie verloren, konnte die Opposition zustimmungspflichtige Gesetze blockieren. Schon bei der Landtagswahl in Nordrhein-Westfalen stand auch die Bundesratsmehrheit auf dem Spiel. Union und FDP mussten also entscheiden, ob sie gemeinsame Reformen schnell und umfassend umsetzen oder lieber auf die Zeit nach der Landtagswahl im Mai 2010 verschieben wollten. Sie entschieden sich für Letzteres.

Leider wurden sie darin aus Düsseldorf eher bestärkt. Pinkwart und Rüttgers waren als stellvertretende Bundesvorsitzende von FDP und CDU an den Koalitionsgesprächen beteiligt. Bereits am ersten Tag dieser Gespräche kritisierte ich, wie sehr sich die CDU in Nordrhein-Westfalen offen gegen eine marktwirtschaftliche Reformpolitik im Bund in Stellung brachte[2]. Zu diesem Zeitpunkt betrieb Rüttgers seinen Imagewechsel zum Johannes-Rau-Nachfolger längst mit großer Leidenschaft. Das ließ für die Reformdynamik der neuen Bundesregierung zumindest bis zur Landtagswahl in Nordrhein-Westfalen nichts Gutes erwarten.

Danach war die schwarz-gelbe Bundesratsmehrheit in der Tat bereits Geschichte. Die Bundeskanzlerin sagte die große Steuerreform kurzerhand ab, die FDP stand völlig düpiert daneben. Was an steuerpolitischen Initiativen überhaupt noch vom Bundestag verabschiedet wurde, wie die Dämpfung der kalten Progression als heimliche Steuererhöhung, scheiterte anschließend im rot-grün dominierten Bundesrat.

Die Debatte um den drohenden Staatsbankrott Griechenlands und die Stabilität des Euro drängte die Steuerpolitik aus Sicht der Bürger zu dieser Zeit ohnehin in den Hintergrund. Aber die FDP tat sich ausgesprochen schwer damit, sich auf die neue finanzpolitische Agenda einzustellen. Der FDP-Wahlkampfschlager »Mehr Netto vom Brutto« wirkte plötzlich wie aus der Zeit gefallen. Jetzt ging es um Stabilität und Haushaltskonsolidierung. Dafür bot die FDP durchaus kluge Lösungsansätze. Sie schaffte es jedoch nicht im Ansatz in eine öffentliche Meinungsführerschaft, weil sie in der Regierung zu wenig Gestaltungskraft entwickelte.

Stattdessen wurde bei ihr die versammelte Kritik an schlecht gemanagten Regierungsprojekten abgeladen. Reduzierte Mehrwertsteuersätze für das Hotel- und Gaststättengewerbe waren seit Längerem in der wirtschaftspolitischen Diskussion. In europäischen Nachbarstaaten waren sie gang und gäbe. Das führte zu gravierenden Wettbewerbsnachteilen in den deutschen Grenzregionen. Nicht nur die FDP, auch die CSU drängte deshalb auf Steuersenkungen. Aber eine Großspende für die FDP, die damit tatsächlich in keinerlei Zusammenhang stand, heftete allein ihr das Etikett der »Mövenpick-Partei« an. SPD und Grüne spielten das Thema genüsslich bei jeder Gelegenheit. Der Imageverlust der Bundes-FDP war gewaltig. Das war auch im heraufziehenden nordrhein-westfälischen Landtagswahlkampf bei vielen Veranstaltungen spürbar.

Die überraschende Initiative von Andreas Pinkwart Anfang Februar 2010, die Steuersenkung für Hotelübernachtungen wieder einzukassieren, machte alles aber nur noch schlimmer. Jetzt wirkten die Sachargumente der FDP, nicht zuletzt seine eigenen, nur noch wie vorgeschoben. Aussicht auf Verwirklichung hatte diese Kehrtwende ohnehin nicht. Sie wirkte eher wie eine Panikreaktion angesichts bröckelnder Umfragewerte. Als Pinkwart in einem

Interview anregte, die FDP müsse »mehr Gesichter in den Vordergrund stellen«, wurde das in den Medien zwangsläufig als Absetzbewegung von Guido Westerwelle interpretiert.[3]

Der versuchte unterdessen, wieder in die Offensive zu kommen. Ein Urteil des Bundesverfassungsgerichts, mit dem die »Hartz IV«-Regelsätze wegen fehlender Transparenz für verfassungswidrig erklärt worden waren, hatte eine politische Debatte über die Neuregelung der Sätze ausgelöst. Westerwelle nahm dies zum Anlass, um vor einem Überbietungswettbewerb der Parteien zu warnen. Die Debatte, so Westerwelle, trage in Teilen »sozialistische Züge«: »Wer dem Volk anstrengungslosen Wohlstand verspricht, lädt zu spätrömischer Dekadenz ein.« Er löste damit einen Sturm der Entrüstung in den anderen Parteien und vielen Medien aus. Sogar die zurückhaltende Bundeskanzlerin distanzierte sich.

Natürlich hatte Westerwelle überspitzt formuliert. Das Bild der spätrömischen Dekadenz war historisch wirklich schief. Es ermöglichte im aktuellen Kontext die Unterstellung, Arbeitslosenhilfe für dekadent zu halten. Das hatte Westerwelle zwar weder gesagt noch gemeint. Dennoch lief die Empörungsmaschinerie der Republik auf vollen Touren. Jetzt galt es erst recht dagegenzuhalten. Die Reihen der nordrhein-westfälischen FDP waren in dieser Frage eng geschlossen. Auch Pinkwart ließ als Landesvorsitzender daran keinen Zweifel. Ich kündigte Mitte Februar an, die FDP werde die Thesen Westerwelles im Landtagswahlkampf mit Nachdruck vertreten und im Düsseldorfer Landtag zur Debatte stellen. Westerwelle habe »eine längst überfällige Debatte über den Sozialstaat« ausgelöst: »Die Politik muss sich nicht nur um die Menschen kümmern, die ›Hartz IV‹ beziehen, sondern auch um jene, die ›Hartz IV‹ bezahlen.« Soziale Leistungen fielen »nicht wie Manna vom Himmel, sondern müssen erarbeitet werden«. Die FDP werde »den Versuch der politischen Linken, Westerwelle zu diffamieren und mundtot zu machen, entschieden zurückweisen«.[4]

Der FDP-Landesparteitag in Siegen am 14. März wurde zu einem echten Heimspiel für Westerwelle, der von den Delegierten demonstrativ gefeiert wurde. Westerwelle bekräftigte seine Thesen (»Wenn Leistungsgerechtigkeit in Deutschland rechts ist, dann ist die Debatte in Deutschland zu weit links.«) und wies darauf hin, dass die Kampagne gegen ihn vor allem von denjenigen betrieben werde, die ein rot-rot-grünes Bündnis in Nordrhein-Westfalen wollten. In der Tat warnten wir alle in diesen Wochen sehr nachdrücklich vor einer solchen Konstellation nach der bevorstehenden Landtagswahl. Wenige Tage zuvor hatte ein Abgeordneter der Grünen die FDP in einer Landtagsdebatte unter Applaus von SPD und Grünen als »extremen marktradikalen Rand« beschimpft[5].

Die inhaltlich und strategisch klare Haltung der NRW-FDP, ihr Bekenntnis zur Fortsetzung der christlich-liberalen Koalition und ihre Absage an ein Bündnis mit SPD und Grünen, zahlte sich trotz der äußerst schwierigen Rahmenbedingungen aus. Bei der Landtagswahl am 9. Mai 2010 kam die FDP auf 6,7 Prozent und gewann 0,5 Prozent sowie ein Mandat hinzu. Auf Bundesebene befand sich die FDP zu diesem Zeitpunkt in den Meinungsumfragen bereits im Sturzflug. Das war uns in Düsseldorf allerdings ein schwacher Trost, denn unsere landespolitische Bilanz war durch das Stimmungstief der Bundespartei natürlich stark überlagert worden. In den folgenden Monaten sollte sich immerhin bestätigen, wie ordentlich die FDP in Nordrhein-Westfalen angesichts der obwaltenden Umstände noch abgeschnitten hatte. Die CDU hingegen verzeichnete erdrutschartige Verluste und verlor zweistellig. Unsere gemeinsame Regierungsmehrheit war verloren.

Die bundespolitische Auswirkung der NRW-Wahl war, wie in der Vergangenheit so häufig, beträchtlich. Ein Dreivierteljahr nach ihrem Wahlsieg machte sich in der Berliner Regierungskoalition endgültig Ernüchterung breit. Von einem gemeinsamen Ruck war nichts zu spüren. Über den Bundesrat saß die Opposition von nun an mit am Tisch.

Nachdem ich im Düsseldorfer Landtag erneut zum Fraktionsvorsitzenden gewählt worden war, wandte ich mich strikt dagegen, dem Bundesvorsitzenden die Schuld in die Schuhe zu schie-
ben[6]. Erste Rückzugsforderungen an Westerwelle, wie sie aus der
FDP in Hessen, Berlin und dem Saarland erhoben wurden, wies
ich als »ungerecht und unfair« zurück. Die FDP müsse allerdings
künftig ihr Profil als »einzige Marktwirtschaftspartei stärker zur
Geltung bringen«. Sie habe »nur mit einem klaren Profil von Leis-
tungsbereitschaft, Unternehmertum und Wettbewerb eine dauerhafte Mission in Deutschland«[7]. Mir war schon klar, dass dies angesichts der verfahrenen Lage leichter gesagt als getan war. Als
positives Beispiel verwies ich auf die Haltung der FDP zu einer
Staatsbürgschaft für Opel, die Bundeswirtschaftsminister Rainer Brüderle der Bundeskanzlerin verweigert hatte. Solchen Mut
brauchte es in Zukunft häufiger.

Nachdem eine mögliche Beteiligung der FDP an einer gemeinsamen Regierung mit SPD und Grünen gescheitert war, erklärte
Pinkwart im Oktober 2010 seinen Rückzug aus der Landespolitik und legte sein Landtagsmandat nieder. Er wechselte als Hoch-
schulrektor nach Leipzig. Auf dem nächsten Bundesparteitag
wollte er nicht mehr als stellvertretender Bundesvorsitzender antreten.[8] Auch für Christian Lindner markierte die Wahl in Nordrhein-Westfalen einen Einschnitt, wenngleich nicht von ähnlicher
Tragweite. Seit seinem Wechsel in den Bundestag im September
2009 hatte er einen kometenhaften Aufstieg hingelegt. Bereits im
Dezember war er von Westerwelle als Nachfolger von Dirk Niebel
zum Generalsekretär der Bundespartei berufen worden. Mit einem perfekten Auftritt auf dem Stuttgarter Dreikönigstreffen war
er zum umjubelten Jungstar der FDP avanciert. Und jetzt, nicht
einmal ein halbes Jahr später, stand die Parteiführung schwer unter Druck. Die Schönwetterperiode war auch für ihn vorbei.

Als Lindner mir seinerzeit bei einem gemeinsamen Mittages-
sen von seinen Wechselplänen in den Bundestag berichtet hatte,
war ich nicht überrascht gewesen. Schließlich kannte ich seine
Begabung und seinen Ehrgeiz. Für ihn gab es in Düsseldorf nicht

mehr genug zu tun. Sein Wechsel nach Berlin war der sinnvolle nächste Karriereschritt. Noch deutlich vor der Bundestagswahl erzählte ich ihm zu seinem großen Erstaunen, dass ich seine Berufung zum nächsten Generalsekretär der Bundespartei für nicht unwahrscheinlich hielt.

Ich hatte mit Westerwelle nicht etwa darüber gesprochen. Er hätte sich ohnehin von niemandem in die Karten schauen lassen. Aber mir war sehr wohl aufgefallen, dass er Lindner sehr schätzte. Sollte die FDP in die Bundesregierung kommen, würde Niebel als Westerwelle-Vertrauter bestimmt ein Regierungsamt übernehmen. Dann war Christian Lindner der ideale Nachfolgekandidat. Wir beide haben uns über meine frühzeitige Karrierespekulation später noch manches Mal amüsiert.

Selbstverständlich sahen wir uns nach seinem Wechsel in den Bundestag und in das Berliner Thomas-Dehler-Haus nicht mehr so häufig wie in all den Jahren zuvor, aber unser Austausch blieb eng und intensiv. Bis kurz vor der Landtagswahl in Nordrhein-Westfalen behielt er auch noch den Posten des Generalsekretärs auf Landesebene. Er bat mich, in der von ihm geleiteten Kommission der Bundes-FDP für ein neues Grundsatzprogramm mitzuarbeiten, was ich ihm zuliebe auch zusagte, obwohl ich mich ansonsten eher mit meinen Aufgaben in Düsseldorf befassen wollte.

Lindner hielt mich über vieles in Berlin auf dem Laufenden, und ich fühlte mich auch durch andere langjährige Kontakte, wie etwa zu Rainer Brüderle, immer gut informiert. Meine Landtagsfraktion war mit der NRW-Landesgruppe im Bundestag eng vernetzt. Ich nutzte Termine in Berlin regelmäßig zu persönlichen Gesprächen im Bundestag. Da ich nicht im Verdacht stand, dort eigene Karriereinteressen zu verfolgen, war diese Form des Austausches meistens sehr entspannt und aufschlussreich.

Die Erarbeitung eines neuen FDP-Grundsatzprogramms schien Christian Lindner zunächst eine sehr reizvolle Aufgabe zu sein. Schließlich bot sich ihm dabei die Chance, eigene »Duftnoten« zu setzen. Schon vor seiner Wahl in den Bundestag hatte er 2009, gemeinsam mit Philipp Rösler, aber maßgeblich von ihm selbst betrieben, einen programmatischen Sammelband herausgegeben[9]. Sie machten sich dort auf die Suche nach einem »qualitativen Freiheitsbegriff« und versuchten, dessen soziale Dimension herauszuarbeiten. Als Generalsekretär zitierte Lindner gelegentlich seinen frühen Amtsvorgänger Karl-Hermann Flach, der in den siebziger Jahren mit den »Freiburger Thesen« die programmatische Fundierung für die zu diesem Zeitpunkt allerdings längst amtierende SPD/FDP-Koalition geliefert hatte.

Auf dem linken Flügel der FDP, der sich innenpolitisch SPD und Grünen von jeher näher fühlte als der Union, kamen solche Töne ausgesprochen gut an. Sie boten zugleich Anknüpfungspunkte für die Fehlersuche, wenn die FDP bei künftigen Wahlen schlecht abschneiden würde. Dann konnte man gut auf die nötige »thematische Verbreiterung« und die daran anschließende »thematische Erneuerung« verweisen, was auch immer das konkret bedeuten würde. Einen programmatischen Kurswechsel, etwa in der Sozialpolitik, empfahl Lindner der FDP keineswegs. Aber er schuf in seinen klugen Reden und Interviews als Generalsekretär viel Raum für Phantasie in unterschiedliche Richtungen.

Solange Guido Westerwelle Parteivorsitzender blieb, verhielt sich Lindner als sein Generalsekretär loyal. Er verteidigte ihn mit Nachdruck, auch als der schleswig-holsteinische FDP-Vorsitzende Wolfgang Kubicki im Dezember 2010 den Startschuss für eine verschärfte Führungsdebatte gab[10]. Doch je stärker Zweifel an Westerwelle thematisiert wurden, desto interessierter richteten sich die Blicke naturgemäß auf diejenigen, die ihn beerben könnten.

So war es kein Wunder, dass ein Gastbeitrag große Beachtung fand, den Christian Lindner, Philipp Rösler und Daniel Bahr Anfang Januar 2011 in der *Frankfurter Allgemeinen Zeitung* veröffentlichten, unmittelbar vor dem Dreikönigstreffen der FDP in Stuttgart[11]. Sie erteilten darin Personaldebatten eine Absage, warnten aber zugleich vor Entwicklungen (»thematische Verengung, die Parteinahme für einzelne Wählergruppen, die exklusive und dauerhafte Bindung an nur einen Koalitionspartner, die Radikalisierung von Programm und Rhetorik«), die unschwer als Distanzierung von Westerwelle erkennbar waren.

Damit wurde das »Talente-Triumvirat«[12] der FDP schlagartig zur Projektionsfläche all derjenigen, die auf eine Ablösung Westerwelles hinarbeiteten. Dass sie als Mannschaft auftraten, machte sie für die Medien umso wertvoller. Die Artikel, die über die drei erschienen, wurden in den nächsten Monaten immer ausführlicher und immer euphorischer. Sie verfehlten ihre Wirkung nicht. Die Zeit der »Boygroup« zog herauf.

Zu diesem Zeitpunkt war Daniel Bahr, der dritte im Bunde, seit gut einem Monat neuer Landesvorsitzender der FDP in Nordrhein-Westfalen. Er stammte aus Münster, war 2002 mit gerade einmal 25 Jahren erstmals in den Bundestag gewählt worden und amtierte seit dem Regierungswechsel 2009 als parlamentarischer Staatssekretär im Bundesgesundheitsministerium. Er galt dort als der eigentliche politische Stratege. Wie Westerwelle, mit dem er eng zusammenwirkte, war Bahr früher einmal Bundesvorsitzender der Jungen Liberalen gewesen. Er gehörte wie Lindner zu den Hoffnungsträgern der FDP.

Nachdem Andreas Pinkwart überraschend seinen Rückzug aus der Politik erklärt hatte, schien es ratsam, keine lange Nachfolgedebatte zu eröffnen. Die Lage in Berlin war schon schwierig genug. Wir konnten nicht auch noch Unruhe in der nordrhein-westfälischen FDP gebrauchen. Deshalb verabredeten Lindner, Bahr und ich uns kurzfristig gemeinsam mit der stellvertretenden FDP-Landesvorsitzenden Gisela Piltz, die auch die Landesgruppe führte, in einer Düsseldorfer Kneipe, um uns über die Kandidatenfrage zu unterhalten. Abends traf sich der Landesvorstand. Lindner hatte bereits am selben Morgen in der *Rheinischen Post* erklärt, nicht für den Landesvorsitz zu kandidieren. Vormittags trat ich vor die Landespressekonferenz, um für mich das Gleiche zu verkünden.[13] Ich betonte dabei, die FDP in Nordrhein-Westfalen sei bisher mit einer Teamlösung gut gefahren. Außerdem hatte ich mit der Oppositionsarbeit gegen die inzwischen amtierende rot-grüne Minderheitsregierung genug zu tun.

Daniel Bahr war nicht erbaut über unsere prophylaktische Medienarbeit, ließ sich aber doch überzeugen, seine Kandidatur anzumelden. Ich erlebte ihn auch nach seiner Wahl im November als kollegialen, verlässlichen Partner, mit dem man sehr gut zusammenarbeiten konnte. Natürlich war es von Vorteil, dass wir uns aufgrund unserer unterschiedlichen Wirkungskreise ergänzten und nicht allzu schnell ins Gehege kamen.

Dass die FDP bei der Hamburger Bürgerschaftswahl im Februar 2011 1,9 Prozent zulegte und mit 6,7 Prozent wieder in die Bürgerschaft einzog, entspannte die Lage für Westerwelle nur vorübergehend. Einen Monat später flog die FDP in Rheinland-Pfalz aus dem Landtag und konnte sogar in Baden-Württemberg nur knapp die Fünfprozenthürde überwinden. Zwei weitere FDP-Regierungsbeteiligungen gingen verloren. Beide Landtagswahlen waren extrem durch die Stimmungslage nach dem Tsunami in Japan und der daraus resultierenden Reaktorkatastrophe im Kernkraftwerk Fukushima beeinflusst worden. Weil FDP und Union wenige Monate zuvor die Verlängerung der Restlaufzeiten deutscher Kernkraftwerke beschlossen hatten, blies ihnen der Wind ins Gesicht. Die Kanzlerin vollzog noch vor den Landtagswahlen einen erneuten Kurswechsel. Acht deutsche Kernkraftwerke wurden erst vorläufig, später endgültig abgeschaltet. Die FDP machte mit. Dennoch triumphierten Grüne und SPD.

Für die FDP war die Verlängerung der Restlaufzeiten deutscher Kernkraftwerke immer eine Frage energiepolitischer und ökologischer Vernunft gewesen. Zudem dachte der Rest der Welt nicht daran, auf Kernkraftwerke zu verzichten. Allein unser französischer Nachbar betrieb mehr als 50 davon. Daher war die Frage naheliegend, ob das Leben in Deutschland wirklich sicherer würde, wenn man die mutmaßlich sichersten Kernkraftwerke abschaltete, um von weniger sicheren umringt zu bleiben. Auf der anderen Seite konnte die Politik kaum ignorieren, dass die Akzeptanz für Kernenergie in Deutschland nach Fukushima dramatisch eingebrochen war. In diesem Dilemma steckte besonders die FDP. Es gab dafür keine einfache Lösung.

Die Verunsicherung in der Partei war dementsprechend groß, und die Anti-Westerwelle-Berichterstattung in den Medien erreichte einen neuen Höhepunkt. Der frühere Bundesinnenminister Gerhart Baum meldete sich als einer der Ersten zu Wort und forderte Lindner, Bahr und Rösler zum Vorgehen gegen Westerwelle auf[14]. Andere zogen nach. Auch Andreas Pinkwart melde sich noch einmal[15]. Doch die »Boygroup« zögerte. Schließlich hatten alle drei Westerwelle ihren Aufstieg zu verdanken. Keiner wollte als Brutus dastehen.

Am 3. April 2011 erklärte Guido Westerwelle dann, auf dem bevorstehenden Bundesparteitag nicht wieder für den Bundesvorsitz zu kandidieren. Außenminister wollte er selbstverständlich bleiben. Er war, dass zeigte sich auch bei der Staffelübergabe auf dem Parteitag, bei seinem Amtsverzicht durchaus mit sich im Reinen. Zehn Jahre als FDP-Vorsitzender sind eine überaus lange Zeit.

Und sein Blick richtete sich sicherlich wieder einmal auf das Vorbild des FDP-Übervaters Hans-Dietrich Genscher. Auch der war Mitte der achtziger Jahre unter dem Eindruck schwerer Wahlniederlagen als Bundesvorsitzender unter Druck geraten und hatte das Parteiamt aufgegeben. Erst danach entwickelte er sich zum weltweit gefeierten Staatsmann, natürlich nicht zuletzt dank seiner herausragenden Rolle bei der Beendigung des Ost-West-Konflikts und der Rückgewinnung der deutschen Einheit. Kaum jemand erinnerte sich später noch, wie umstritten Genscher als FDP-Vorsitzender zuletzt gewesen war. Für Guido Westerwelle war jedenfalls klar, dass er auch nach Abgabe des Parteivorsitzes gute Möglichkeiten besaß, in einer veränderten Rolle erfolgreich zu arbeiten.

Lindner, Bahr und Rösler verständigten sich darauf, dass Rösler als Parteivorsitzender kandidieren sollte. Christian Lindner wollte Generalsekretär bleiben. Ich sagte ihm, dass ich eine solche Lösung nicht für ratsam hielt. Zwei derart junge Politiker an der

Spitze einer Regierungspartei würden zu Akzeptanzproblemen führen. In Kombination mit Westerwelle war das Amt des Generalsekretärs für Christian Lindner ideal. In Kombination mit Philipp Rösler wurde es nach meiner Einschätzung zu einem hohen Risiko.

Die FDP vollzog den Wechsel zu Philipp Rösler auf ihrem Bundesparteitag in Rostock in strahlender Euphorie. Alles sollte von nun an besser werden. Mein eher von westfälischer Nüchternheit geprägtes Naturell vermittelte mir schon bei seiner Parteitagsrede einen deutlich skeptischeren Eindruck. Keine Frage: Rösler war ein kluger und sehr gewinnender junger Mann. Aber seine fröhlichen Ankündigungen als neuer Parteivorsitzender gipfelten in dem Schlüsselsatz: »Ab heute wird die FDP liefern«. Als ich ihn das sagen hörte und wie alle anderen Delegierten natürlich kräftig Beifall klatschte, wurde mir innerlich ziemlich mulmig. Es war auch meine Überzeugung, dass das Hauptproblem der FDP in ihrer mangelnden Durchsetzungsstärke lag. Das musste sich ändern. Aber Rösler legte die Latte gleich zu Beginn auf Rekordhöhe. Und er lud politische Wettbewerber wie Kommentatoren gleichermaßen ein, ihn genau daran zu messen.

Tatsächlich zeigte sich schnell, dass die Dinge nach Westerwelle nicht besser, sondern eher schlechter wurden. Öffentlichkeit und Wähler blieben von der innerparteilichen Aufbruchstimmung völlig unbeeindruckt. Bis Ende September flog die FDP in Bremen, Mecklenburg-Vorpommern und Berlin aus den Parlamenten. Nun waren zwar alle drei Länder wahrlich keine Hochburgen der Partei, die Ergebnisse zwischen 2,8 und zuletzt in Berlin 1,8 Prozent der Stimmen aber derart desaströs, dass der Neustart der Parteiführung kaum als gelungen gelten konnte.

Auch die Personalrochade der FDP im Bundeskabinett blieb einstweilen ohne erkennbar positive Wirkung. Rösler übernahm das Bundeswirtschaftsministerium, obwohl der bisherige Amtsinhaber Rainer Brüderle mit seiner Absage an eine Staatshilfe für Opel mit ordnungspolitischer Klarheit und Courage gepunktet hatte. Brüderle war überaus erfahren und in der deutschen Wirtschaft bestens vernetzt. Er hatte das für die Kernkompetenz der FDP wichtigste Ministerium bisher ausgezeichnet geführt.

Es ging jetzt an Rösler, weil der sich davon einen stärkeren persönlichen Resonanzboden erhoffte als im politisch höchst schwierigen Gesundheitsministerium. Dort wiederum konnte Daniel Bahr an die Hausspitze nachrücken. Brüderle übernahm die Führung der Bundestagsfraktion und schon bald eine stabilisierende Rolle im diffusen Machtgefüge der FDP. Er machte intern keinen Hehl daraus, wie ungern er aus dem Wirtschaftsministerium ausschied. Aber er konnte sich dem von der neuen Führung in Gang gesetzten Verschiebebahnhof nicht entziehen.

Auch Guido Westerwelle war jetzt keineswegs als Außenminister aus dem Schneider. Schon unmittelbar vor dem Parteitag im Mai ging die Wühlarbeit gegen ihn munter weiter. Der stellvertretende Vorsitzende der FDP-Bundestagsfraktion, Martin Lindner, forderte, der Bundesparteitag müsse über den Verbleib Westerwelles im Außenamt abstimmen. Ich nahm mir die Freiheit, diesen Vorschlag in der *Welt* als »durchgeknallt« zu bezeichnen. (»Seit wann werden amtierende Minister durch Beschlüsse auf Parteitagen bestätigt?«)[16]

Auch für die »Boygroup« war die Ablösung Guido Westerwelles eine sehr ernsthafte Option. Sie wurde konkret, als sich Westerwelle in der Libyen-Politik zusehends verrannte. Schon die Entscheidung der Bundesregierung, bei der Frage einer militärischen Intervention im libyschen Bürgerkrieg im UN-Sicherheitsrat nicht mit den westlichen Alliierten zu stimmen, war hochumstritten gewesen. Auch ich hielt sie für einen Fehler. Als sich Westerwelle aber auch noch darin verstieg, den militärischen Beitrag der Nato zum Sturz Gaddafis in Frage zu stellen, wirkte das wie weltfremde Rechthaberei. Aber anstatt diese Geschichte intern mit Westerwelle zu klären und von ihm dann professionell bereinigen zu lassen, korrigierte Rösler den Außenminister vor laufenden Fernsehkameras. Er demütigte ihn öffentlich. Das geschah unmittelbar vor einer mehrtägigen Klausurtagung der Bundestagsfraktion in Bergisch Gladbach Ende August 2011. Brüderle sprach dort ein

Machtwort und stoppte den Versuch, Westerwelle endgültig zu demontieren. Er hatte mich als NRW-Fraktionschef und andere Gäste zum gemeinsamen Abendessen und gemütlichen Beisammensein nach Bergisch Gladbach eingeladen. Der Abend ist mir noch bestens erinnerlich. Das gemütliche Beisammensein war von einer ganz besonderen Art.

In der Politik geht es nicht so nett zu wie im Streichelzoo. Auch Westerwelle hatte seine Machtinteressen gelegentlich mit harten Bandagen verfolgt. Aber jetzt schien mir ein neues, überwiegend taktisch geprägtes Politikverständnis in die FDP-Parteizentrale einzuziehen. Persönliche Positionskämpfe und kurzfristige Geländegewinne rückten in den Vordergrund. Manchmal kam es mir so vor, als betrieben einige Politik wie ein Computerspiel. Westerwelle selbst verweist in seinem Buch »Zwischen zwei Leben« auf einen Bericht in der *Rheinischen Post*, demzufolge sich am Vorabend der Klausurtagung »einige Mitglieder der neuen Parteispitze« an der Hotelbar getroffen hatten, um sein politisches Schicksal zu diskutieren[17]. Es war wirklich unglaublich.

Rösler brachte zwar im September 2011 mit Blick auf Griechenland die Möglichkeit einer geordneten Staateninsolvenz ins Spiel. Gewinnen konnte die FDP-Führung damit aber nichts. Sie steckte fest im Dilemma zwischen der eigenen Regierungsbeteiligung sowie der Tradition einer integrationsfreundlichen Europapolitik einerseits und der Sorge der Bevölkerung um die Stabilität der Währung andererseits. Weiter verschärft wurde dieser Konflikt durch einen FDP-Mitgliederentscheid über Rettungsmaßnahmen für überschuldete Staaten und insbesondere den dafür vorgesehenen »Europäischen Stabilitätsmechanismus« (ESM), der im Bundestag zur Abstimmung anstand. Die mögliche Sprengkraft dieses Mitgliederentscheids für die Koalition war erheblich.

Initiiert worden war er vom nordrhein-westfälischen Bundestagsabgeordneten Frank Schäffler, einem ausgewiesenen Euroskeptiker, sowie dem früheren NRW-Innenminister und späteren Bundestagsvizepräsidenten Burkhard Hirsch. Hirsch und der bereits zitierte Gerhart Baum hatten ihre Regierungsämter in den siebziger Jahren jeweils in SPD/FDP-Regierungen ausgeübt und fungierten trotz ihres fortgeschrittenen Lebensalters mehr denn je als Gallionsfiguren des linken Parteiflügels. Die Autorenschaft von Hirsch am Mitgliederentscheid tat später seiner durch die Parteiführung gepflegten innerparteilichen Popularität keinen Abbruch. Niemand erinnerte mehr daran. Frank Schäffler hingegen wurde für Christian Lindner zur Persona non grata.

Die interne Diskussion des Mitgliederentscheids band über Monate hinweg viel Kraft der FDP und trug zur weiteren Chaotisierung ihres Erscheinungsbildes bei. Inhaltlich teilte ich die Skepsis gegenüber einer auf Dauer angelegten Finanzierung instabiler Euroländer voll und ganz. Wenn man sich darauf nicht einlassen wollte, musste man konsequenterweise aus der Bundesregierung ausscheiden. Doch der Versuch, die Parteibasis gegen die gewählte Führung zu mobilisieren, konnte nur einen Scherbenhaufen hinterlassen, egal, wie die Sache ausging. Auch wenn der Mitgliederentscheid formal zulässig war und dementsprechend sorgfältig durchgeführt werden musste, stärkte er in der aktuellen Lage nicht die Handlungsfähigkeit der FDP, sondern schwächte sie weiter. Der Parteiführung gelang es nicht, den Negativtrend zu wenden.

Als Christian Lindner am 14. Dezember 2011 in Berlin vor die Presse trat und seinen Rücktritt vom Amt des Generalsekretärs verkündete, schlug diese Nachricht ein wie eine Bombe. Ich kannte den Text seiner Erklärung. Er hatte mich in den Wochen zuvor wiederholt über seine Gefühlslage und seine Überlegungen informiert. Sie bleiben vertraulich. Ich bedauerte seinen Rücktritt als »substanzielle Schwächung in der Führung der FDP«. Lindner habe als Generalsekretär großartige Arbeit geleistet. »Er scheidet hocherhobenen Hauptes aus dem Amt. Die FDP wird auch in Zukunft auf seine außergewöhnlichen Fähigkeiten nicht verzichten können.«[18] Christian Lindners Ruf in der FDP litt zunächst dennoch. Gerade in Berlin wurde ihm vorgeworfen, sich in einer ganz schwierigen Lage der Partei einfach davongemacht zu haben. Rösler war als Parteivorsitzender weiter geschwächt.

Wenige Tage nach seinem Rücktritt nahm Lindner, wie jedes Jahr, in Düsseldorf an der traditionellen Weihnachtsfeier der FDP-Landtagsfraktion mit den Abgeordneten und sämtlichen Mitarbeitern teil. Zwei Jahre zuvor, nach seinem Wechsel in den Bundestag, hatte ich ihn bei dieser Gelegenheit in meiner Rede mit dem Hinweis verabschiedet: »Wenn es dir in Berlin eines Tages keinen Spaß mehr macht, dann bist du uns in Düsseldorf immer willkommen.« Jetzt, bei der Weihnachtsfeier 2011, erinnerte ich an meine damalige Bemerkung: »Und da ist er wieder, Herzlich willkommen zurück, Christian!« Der Beifall war gewaltig. Ich konnte nicht ahnen, welche Konstellation sich daraus nur ein Vierteljahr später ergeben würde.

KAPITEL ACHT

AUSWEG AMPEL? DIE LANDTAGSWAHL 2010 UND DIE HALTUNG DER FDP

Bei der nordrhein-westfälischen Landtagswahl am 9. Mai 2010 büßten CDU und FDP ihre gemeinsame Mehrheit ein. CDU und SPD verfügten nun jeweils über 67 Mandate, die Grünen über 23, die FDP über 13 und die neu ins Parlament gelangte Linkspartei über 11. Auch für Rot-Grün reichte es also nicht. SPD und Grüne benötigten für eine parlamentarische Mehrheit die Linkspartei oder die FDP. Eine Große Koalition oder ein sogenanntes Jamaika-Bündnis aus CDU, FDP und Grünen waren ebenfalls rechnerisch möglich. Die Regierungsbildung würde schwierig. Die Wahl war der Auftakt zu einem fünf Wochen dauernden Ringen um eine mögliche Koalition der FDP mit SPD und Grünen. Aber es nahm ein gutes Ende. Zumindest aus meiner persönlichen Sicht.

Während wir uns vom negativen Bundestrend zumindest einigermaßen abkoppeln und ein Mandat hinzugewinnen konnten, verlor die CDU zweistellig und büßte 22 Parlamentssitze ein. Ministerpräsident Rüttgers war in den Monaten zuvor ins Zentrum einer zutiefst negativen Berichterstattung geraten. Informationen aus seinem Umfeld und dem Parteiapparat der CDU waren immer wieder an die Öffentlichkeit lanciert und von der Opposition dankbar genutzt worden. Angesichts einbrechender Umfragewerte hatte die Union immer heftiger mit den Grünen geflirtet, Rüttgers hatte offensichtlich nicht mehr an eine Fortsetzung der Koalition geglaubt und sich von unserem gemeinsamen Programm gelöst. Unsere Warnungen waren ungehört verhallt[1]. Gut angekommen war das Taktieren der Union bei den Wählern am Ende offenbar nicht.

Auch wir hatten die Umfragen gelesen, warben aber dennoch unverdrossen für eine Fortsetzung der Koalition mit der CDU. Ich verteidigte den Ministerpräsidenten ausdrücklich vor ehrabschneidenden Vorwürfen. (»Jürgen Rüttgers ist nicht käuflich. Er ist ein Ehrenmann.«[2]) Und wir warnten eindringlich vor einem Linksbündnis aus SPD, Grünen und Linkspartei. Eine solche Konstellation wurde im nordrhein-westfälischen Landtag schon seit Gründung der Linkspartei Mitte 2007 von uns thematisiert. Das galt erst recht, nachdem im Jahr darauf Andrea Ypsilanti (SPD) versuchte, entgegen ihrem Wahlversprechen die hessische Landesregierung mit Hilfe von Linksextremisten zu übernehmen[3].

Aus meiner Sicht ging es dabei nicht etwa nur um Machttaktik. Ich warnte vor dem Treppenwitz der Geschichte, dass eine Partei von SED-Kadern und westdeutschen Altmarxisten durch die Hintertür an die Machthebel in Deutschland gelangen könnte. Als der DGB den von den Grünen zur Linkspartei konvertierten Landtagsabgeordneten Rüdiger Sagel zu einer Personalrätekonferenz ausgerechnet am 9. November 2009 einlud, sagte ich die Podiumsdiskussion aus Protest ab[4]. Doch was wir auch vortrugen, SPD und Grüne in Nordrhein-Westfalen wollten eine Zusammenarbeit mit der Linkspartei nach der Landtagswahl partout nicht ausschließen.

Mir war bewusst, dass der schulpolitische Vorstoß von Andreas Pinkwart zur Aufweichung des gegliederten Schulsystems auch als Lockerungsübung in Richtung der Opposition diente. So war er bei SPD und Grünen auch angekommen. Umso wichtiger schien mir eine glasklare Koalitionsaussage vor der Wahl. Die Situation war für die FDP schwierig genug. Jetzt mussten wir erst recht inhaltlich erkennbar und strategisch verlässlich bleiben. Mit der Koalitionsaussage, die wir auf einem Landesparteitag am 2. Mai, genau eine Woche vor der Wahl, in Aachen verabschiedeten, schien das gelungen zu sein. Sie lautete: »Die nordrhein-westfälische FDP will die erfolgreiche Koalition aus FDP und CDU weiter fortsetzen. Wir werden keine Koalition mit Parteien eingehen, die Bündnisse mit rechtsextremen oder linksextremen Parteien nicht eindeutig ausschließen. Daher kommen für uns Koalitionen mit Grünen oder SPD nicht in Frage.«

Solange Sprache über irgendeinen Sinngehalt verfügt, war diese Festlegung eindeutig. Nicht ein einziger Journalist, der über den Parteitag berichtete, kam zu einer anderen Einschätzung, wie schon die Überschriften in den Zeitungen zeigten: »FDP setzt alles auf die Karte CDU. Bündnisse mit SPD und Grünen ausgeschlossen« (*Neue Westfälische*), »Liberale wollen nur mit der CDU« (*Rheinische Post*), »Liberale warnen vor ›Linksblock‹. Auf Landesparteitag legt sich FDP auf Koalition mit CDU fest« (*Kölner Stadt-Anzeiger*), »FDP: Entweder mit der CDU oder gar nicht« (*Westfalenpost*). Auch Andreas Pinkwart gab weder auf dem Parteitag noch in den folgenden Tagen bis zur Wahl einen Hinweis darauf, dass der FDP-Beschluss in Wahrheit interpretationsbedürftig sei.

Es war schon vor der Wahl kein Geheimnis, dass ich einer Koalition mit SPD und Grünen sehr skeptisch gegenüberstand. Dafür gab es Gründe. SPD und FDP hatten in Nordrhein-Westfalen von 1966 bis 1980 gemeinsam regiert. Aber seitdem war viel passiert. Unter dem Einfluss der Grünen hatte die SPD sogar in Nordrhein-Westfalen langsam ihren traditionell industriefreundlichen Kurs korrigiert. Großkonflikte zwischen SPD und Grünen, wie über den Braunkohletagebau Garzweiler in den neunziger Jahren, gehörten längst der Vergangenheit an. Solche Differenzen wurden im Zweifel zugunsten der Grünen ausgeräumt. Auch innenpolitisch, etwa in der Bildungspolitik, näherte sich die SPD einem Egalitarismus an, der ihre traditionelle Haltung von Aufstiegschancen durch Leistung zusehends verwässerte. SPD und Grüne regieren auch deshalb so gerne zusammen, weil sie sich in vielen politischen Grundfragen einig sind. Es war pure Illusion zu meinen, an dieser Richtung in einer Ampel-Koalition etwas ändern zu können. Man konnte das Tempo vielleicht etwas bremsen. Aber im Grunde genommen würde die FDP reiner Mehrheitsbeschaffer sein.

Grüne und FDP hatten aus ihrem unterschiedlichen politischen Weltbild gerade in Nordrhein-Westfalen nie einen Hehl gemacht. Daran war ich selber nicht unbeteiligt, nicht nur seit meinem Einsatz gegen überdimensionierte Windparks und virtuelle Feldhamster. Wenn ich auf Veranstaltungen zum Besten gab, für welche grünen Programme Steuermittel verwendet wurden, kam immer ordentlich Bewegung ins Publikum[5]. Dafür wurde ich von den Grünen als »Marktradikaler« beschimpft. Sylvia Löhrmann, die Grünen-Fraktionsvorsitzende im Landtag, schreckte im Februar 2008 sogar nicht davor zurück, die FDP als »Staatsfeinde« zu diffamieren.[6] Ich meinerseits hätte niemals die demokratische Lauterkeit der Grünen in Frage gestellt und eine Koalition mit ihnen aus Prinzip ausgeschlossen. Aber es gab zwischen uns derart wenige gemeinsame Überzeugungen, dass ich nicht gewusst hätte, wie man daraus ein ernsthaftes Regierungsprogramm formen sollte, das nicht nur nach reinem Machterhalt roch.

Mit dem Ergebnis der Wahl war überdies möglich, wovor wir als FDP eindringlich gewarnt hatten: ein rot-rot-grünes Bündnis im Landtag Nordrhein-Westfalen. Selbst wenn es nicht zustande kam, blieb es rechnerisch denkbar und somit potenzielle Alternative zu einer Ampel-Koalition. Bei jeder umstrittenen Sachentscheidung konnten die Grünen darüber Druck ausüben. Diese Konstellation machte Gedankenspiele über eine Regierung aus SPD, Grünen und FDP vollends zur Traumtänzerei.

Am Wahlabend und auch am darauffolgenden Montag erklärten Andreas Pinkwart und ich in unseren jeweiligen Interviews in großer Übereinstimmung, eine Ampel-Koalition käme für die FDP nicht in Frage[7]. Wir gingen in die Opposition. Als Pinkwart am nächsten Tag zur Wahlanalyse vor die Landespressekonferenz trat, hörte sich das plötzlich gänzlich anders an. Der Landesvorsitzende erklärte den erstaunten Journalisten, die FDP sei aus »staatspolitischer Verantwortung« zu einer Koalition mit SPD und Grünen bereit, um ein Linksbündnis zu verhindern. Bedingung sei allerdings, dass sich beide Parteien jetzt klar von der Linken distanzierten. Selbst die erfahrensten Berichterstatter rieben sich angesichts dieser Volte verwundert die Augen. Der eigenen Partei erging es nicht anders.[8]

Wir waren uns noch im Landesvorstand am Montagabend einig gewesen, die Oppositionsrolle anzunehmen. Das hieß nicht, sich trotz unserer klaren Haltung zur Ampel-Koalition jedem Gespräch mit SPD und Grünen radikal zu verweigern. Gesprächsverweigerung gehört sich unter Demokraten nicht. Das hätte man so auch niedrigschwellig und weniger aufsehenerregend vermitteln können. Der Ball lag gar nicht in unserem Spielfeld. Aber genau das wollte Andreas Pinkwart ändern. Er gab SPD und Grünen ein kräftiges Signal, dass wir bereit seien. Einige Abgeordnete der Landtagsfraktion hatten größte Mühe, ihre Empörung zu verbergen. Nicht allen gelang es. Die Presseresonanz am nächsten Morgen war schlichtweg verheerend. Wir standen wie dummdreiste Umfaller da.

Um den Laden zusammenzuhalten, hatte ich noch am Dienstag Pinkwarts Äußerungen als »Gesprächsbereitschaft« interpretiert und als solche unterstützt, zugleich aber eine Ampel für praktisch ausgeschlossen erklärt[9]. Die Situation war ähnlich schwierig wie nach Pinkwarts überraschendem Alleingang in der Schulpolitik. Es erwies sich als hilfreich, dass ich schon am Dienstagmorgen mit 11 Ja-Stimmen bei jeweils einer Gegenstimme und einer Enthaltung erneut zum Fraktionsvorsitzenden gewählt worden war. Die Grünen betrachteten meine Wahl als unfreundlichen Akt. In den Medien war richtigerweise von einem Signal gegen eine Ampel-Koalition die Rede. Die neue Landtagsfraktion, der neben Pinkwart nur zwei neue Abgeordnete angehörten, arbeitete wie die vorherige in großer Geschlossenheit. Wir hatten vor, glaubwürdig zu bleiben. Aber vor uns lag eine atemberaubende Berg- und Talfahrt.

Wie erwartet dachten SPD und Grüne nicht im Traum daran, ihre geplanten Gespräche mit der Linkspartei auf Eis zu legen. Als sie beschlossen, gleichermaßen Einladungen an FDP und Linkspartei zu versenden, zog ich am 13. Mai, einem Feiertag (Christi Himmelfahrt), per Presseerklärung die Reißleine (»keine Gespräche über Ampel«)[10]. Pinkwart widersprach, obwohl die von ihm selbst formulierten Voraussetzungen für Gespräche erneut ignoriert worden waren. Unsere widersprüchlichen Stellungnahmen beschäftigten den ganzen Tag bundesweit die Medien. Pinkwart appellierte an SPD und Grüne und funkte weiter unermüdlich Gesprächsbereitschaft. Erst als SPD und Grüne am 14. Mai ihre Einladungsschreiben zur Post gebracht hatten, sah sich auch der Landesvorsitzende genötigt, Sondierungsgesprächen eine Absage zu erteilen.

Der Flurschaden für die FDP hatte sich ausgeweitet. In allen Zeitungen war jetzt von einem Machtkampf zwischen Pinkwart und Papke die Rede. Der Chefredakteur der *Rheinischen Post*, Sven Gösmann, kommentierte, die FDP habe vor der Wahl werbewirksam ihre Ablehnung einer Ampel-Koalition herausgestellt, »um nach der Wahl auf das Kleingedruckte zu verweisen«. Das sei das »Politikverständnis von Winkeladvokaten«.[11]

Pinkwarts neuer Generalsekretär Joachim Stamp erklärte laut Protokoll in der Landesvorstandssitzung am 31. Mai, die Koalitionsaussage vor der Wahl 2010 sei im Gegensatz zur Koalitionsaussage vor der Wahl 2005 als »konditionierter Ausschluss« formuliert worden. Das sollte heißen, eine Koalition der FDP mit SPD und Grünen würde möglich, sobald sie nicht mehr mit der Linkspartei im Geschäft waren, wann auch immer. So leicht gab Andreas Pinkwart nicht auf. Als bei SPD und Grünen nach einem Gespräch mit der Linkspartei Ernüchterung einkehrte, unternahm er den nächsten Anlauf. Der FDP-Landesvorstand begrüßte am 31. Mai den Abbruch der Sondierungen mit der Linkspartei und stellte fest, CDU, SPD und Grüne seien für die FDP »Gesprächspartner im demokratischen Parteienspektrum«. Wir bekräftigten unsere Haltung, die laufenden Sondierungsgespräche zwischen CDU und SPD abzuwarten. Sollten sie scheitern, war auch die FDP zu Gesprächen bereit. Der Beschluss wurde fast einstimmig gefasst. Auch ich war dafür.

Denn auch ich wollte keine Legendenbildung, dass sich die FDP in einer zugegebenermaßen schwierigen Situation jedweden Sondierungen verweigert hätte. Damit wäre es leichtgefallen, mir persönlich den Schwarzen Peter zuzuschieben. Ich betonte im Landesvorstand noch einmal die Verbindlichkeit unserer Koalitionsaussage vor der Wahl. Wir beschlossen, dass mögliche Koalitionsverhandlungen mit SPD und Grünen erst durch einen Parteitag legitimiert werden müssten. Gegen die Haltung der eigenen Landtagsfraktion war das kaum denkbar. Außerdem war ich mir sicher, dass wir mit SPD und Grünen inhaltlich nicht zueinanderkommen würden. Die Gespräche würden bestimmt interessant werden.

Die unterschiedliche Haltung von Andreas Pinkwart und mir war jeden Tag in den Zeitungen nachzulesen[12]. Er wollte eine Ampel-Koalition. Ich wollte sie nicht. Wir hatten schon einige Schwierigkeiten, uns auf eine gemeinsame Delegation zu verständigen[13]. Ich legte Wert darauf, dass auch mein parlamentarischer Geschäftsführer Ralf Witzel dabei sein würde. Er war früher bildungspolitischer Sprecher der Landtagsfraktion gewesen und wie ich ausgesprochen skeptisch, wohin die Reise mit SPD und Grünen gehen sollte. Auf Ralf Witzel konnte man verlässlich zählen. Wenn er von einer Sache überzeugt war, zog er völlig unbeirrbar seine Bahnen.

Es war vielleicht allenfalls für die CDU überraschend, dass die SPD ihre gemeinsamen Sondierungsgespräche für gescheitert erklärte. Die Sozialdemokraten wollten die Union unbedingt aus der Regierung entfernen. Damit war also nun die FDP an der Reihe. Wir trafen uns am 8. und am 10. Juni zu mehrstündigen Unterredungen mit SPD und Grünen in Räumen der Düsseldorfer Messe, um die wesentlichen inhaltlichen Fragen durchzugehen.

In den meisten Themen standen wir uns konträr gegenüber. Die wirtschaftspolitischen Vorstellungen von SPD und Grünen liefen wie befürchtet auf eine Revision unserer marktwirtschaftlichen Reformen hinaus. Nicht minder gravierend waren die Differenzen in der Schulpolitik. SPD und Grünen warben für eine Gemeinschaftsschule, die alle Schulformen vereinen sollte. Diese Pläne hatten wir im Wahlkampf als drohende »Einheitsschule« und Attacke auf die Gymnasien massiv bekämpft. Wir wollten das gegliederte, begabungsgerechte Schulwesen erhalten, auch wenn Kooperationsformen natürlich denkbar waren.

Dass Hannelore Kraft nach Abschluss der Gespräche feststellte, es habe »an dem Punkt, an dem gesprungen werde muss«, bei der FDP keine einheitliche Linie gegeben, war nicht ganz falsch[14]. Natürlich waren die unterschiedlichen Perspektiven von Pinkwart und mir spürbar. In einer Verhandlungspause warb ich Kraft gegenüber dafür um Verständnis, dass ich eine Ampel-Koalition unter den gegebenen Umständen für unvereinbar mit unserer Glaubwürdigkeit hielt. Sie selbst war durchaus an einer Zusammenarbeit interessiert. Die Gespräche verliefen insgesamt in einer erheblich entspannteren Atmosphäre, als man das vorher hätte vermuten können. Aber die Inhalte passten nun einmal nicht zusammen. Auch die Grünen waren erkennbar dieser Auffassung.

In den Pausen unseres bis in die tiefe Nacht dauernden Verhandlungsmarathons machte sich angesichts dieser übereinstimmenden Bewertung zusehends entspannte Fröhlichkeit breit. Gerade Freie Demokraten und Grüne scherzten gemeinsam, dass sich mancher SPD-Kollege verwundert die Augen rieb. Einer von ihnen sprach hinterher von der »fröhlichsten Beerdigung«, die er je erlebt habe. Auch ich betonte den persönlich angenehmen Umgang, der das Verhältnis von FDP und Grünen in Zukunft hoffentlich entkrampfen werde. (»Die Grünen haben jetzt endlich mal gesehen, dass auch Marktradikale Menschen sind.«)[15]

Pinkwart kämpfte bis zum Schluss unermüdlich um die Ampel. Aber auch ein abschließendes Sechs-Augen-Gespräch mit

Hannelore Kraft und Sylvia Löhrmann konnte am Scheitern der Gespräche nichts mehr ändern. Nach Mitternacht erklärten die Delegationen den wartenden Journalisten, dass es zu keinen Koalitionsverhandlungen kommen werde.

Auch wenn die dpa-Korrespondentin Bettina Grönewald kommentierte, »nach fünf Jahren Koalitionsdisziplin darf Papke eine gewisse Lust an ungehemmter Oppositionsarbeit durchaus unterstellt werden«[16], so verließ auch ich den Beratungsort nicht in heiterer Stimmung. Regierungsverantwortung macht die parlamentarische Arbeit erheblich interessanter als Opposition. Und vor allem brauchte Nordrhein-Westfalen eine handlungsfähige Regierung. In dieser Verantwortung standen aber auch die anderen Parteien. Kein einziges Mal war etwa über eine Koalition aus CDU, FDP und Grünen gesprochen worden. Die Grünen lehnten sie rundweg ab. Ich war mir sicher, dass schon die Aufnahme von Koalitionsgesprächen mit SPD und Grünen die FDP beim geschilderten Vorlauf und den fehlenden Gemeinsamkeiten in eine tiefe Glaubwürdigkeitskrise geführt hätte. Deshalb war es besser, auf den Oppositionsbänken Platz zu nehmen.

FDP-Landesparteitag NRW in Siegen, März 2010

Im Gespräch mit Guido Westerwelle

FDP-Bundesparteitag in Rostock, Mai 2011

April 2012

(Auf dem Weg zur) Pressekonferenz mit Christian Lindner

September 2010

im Gespräch mit Hans-Dietrich Genscher, 2009

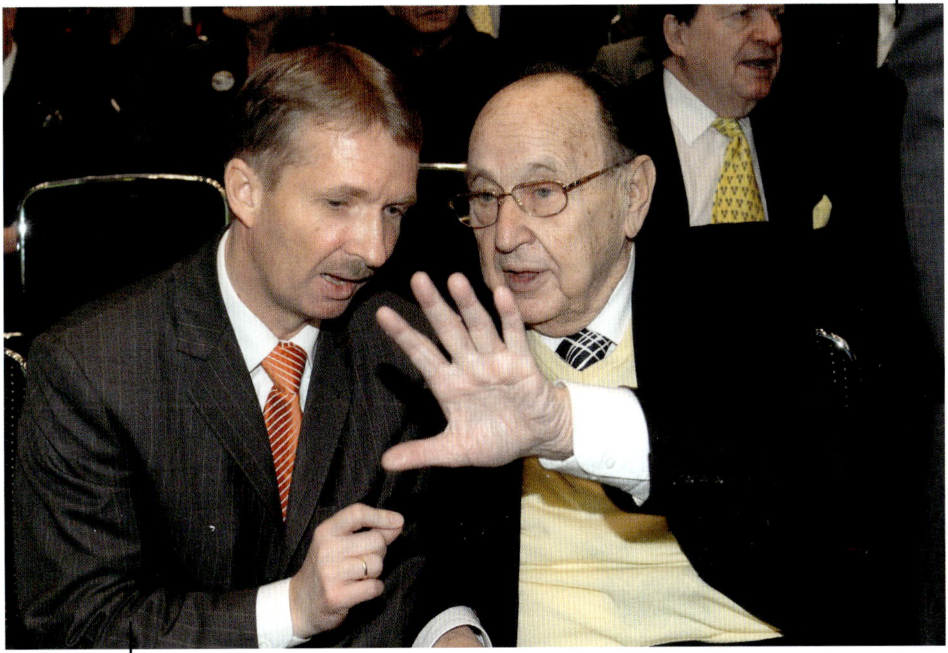

Neujahrsempfänge der FDP in Nordrhein-Westfalen

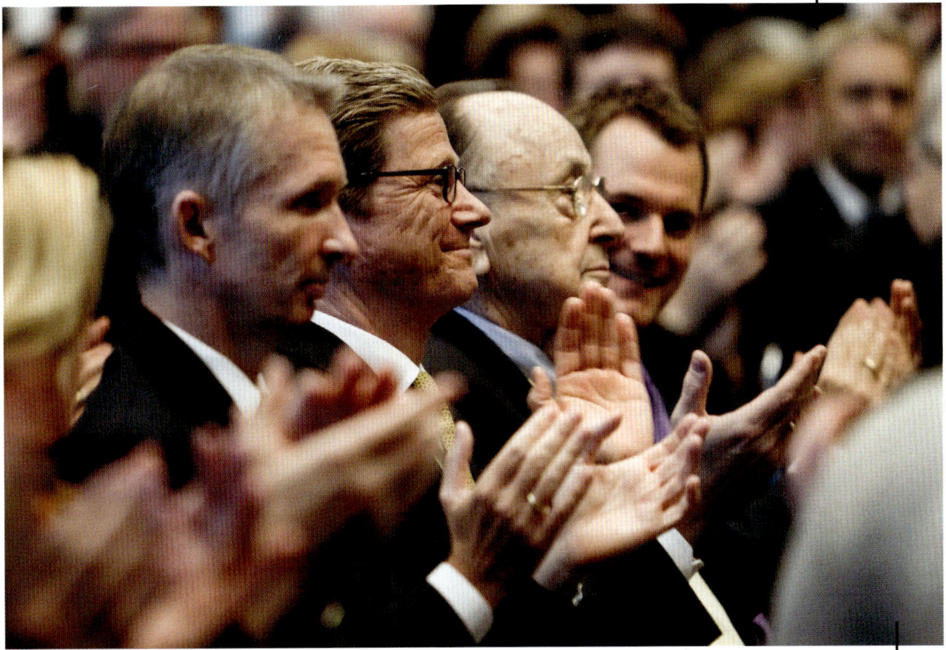

Papke, Westerwelle, Genscher, Bahr, 2012

mit Ministerpräsident Jürgen Rüttgers und dem FDP-Landesvorsitzenden
Andreas Pinkwart, Dezember 2009

Statements

mit CDU-Fraktionschef Karl-Josef Laumann beim Verfassungsgerichtshof
Nordrhein-Westfalen, März 2011

im Gespräch mit Ministerpräsidentin Hannelore Kraft, Dezember 2010

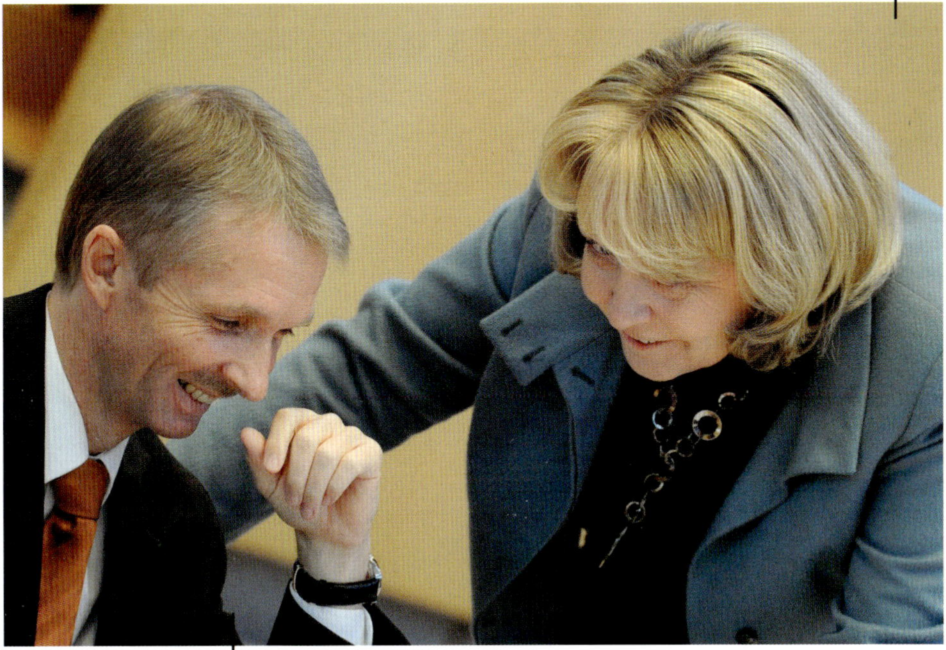

Im Landtag Nordrhein-Westfalen

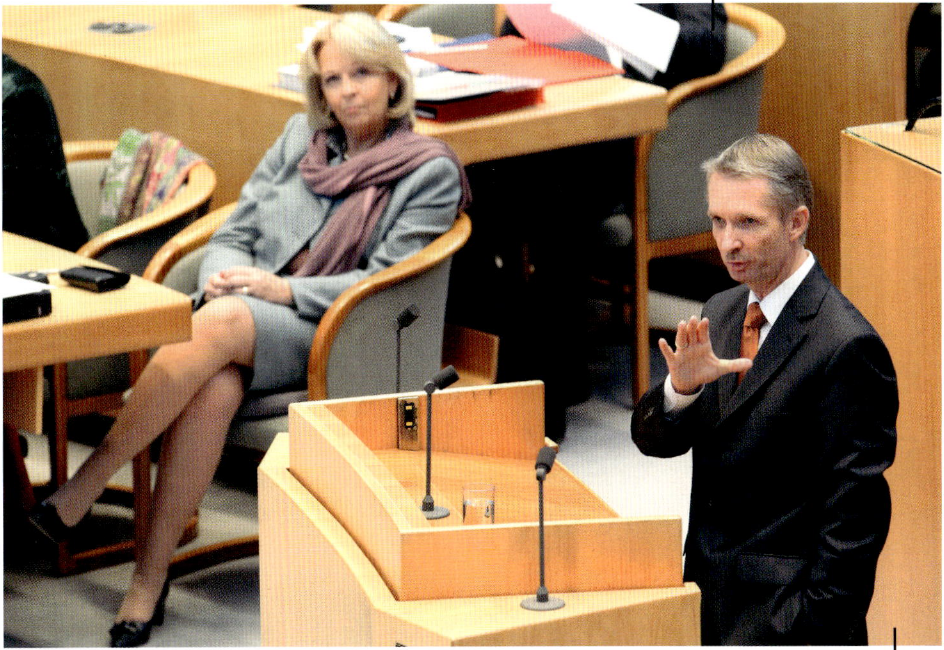

Debatte über den Landeshaushalt, Dezember 2011

Rede beim Neujahrsempfang der FDP Nordrhein-Westfalen in Düsseldorf, 2011

Opposition gegen Rot-Grün

Pressekonferenz im Landtag, Oktober 2010

Bahr, Lindner, Papke, auf dem Weg in den FDP-Landesvorstand nach der Verabredung der Spitzenkandidatur von Christian Lindner, März 2012

Vor der Landtagswahl 2012

Westerwelle, Papke, Rösler, Lindner, Wahlkampfkundgebung in Bonn, April 2012

Als sitzungsleitender Präsident während einer Plenarsitzung des Landtags Nordrhein-Westfalen, November 2012.

KAPITEL NEUN

LINKSBÜNDNIS AUF ABRUF

Nach dem Scheitern der Sondierungsgespräche von SPD, Grünen und FDP hoffte die CDU, doch noch ins Geschäft zu kommen. Aber die SPD lehnte die Aufnahme von Koalitionsverhandlungen ab. Hannelore Kraft erklärte, »aus dem Parlament heraus« einen Politikwechsel betreiben zu wollen. Damit wäre die Regierung Rüttgers zunächst geschäftsführend im Amt geblieben. Dann änderte die SPD innerhalb weniger Tage ihre Meinung. Unter dem Druck der Grünen erklärte sie sich zur Bildung einer rot-grünen Minderheitsregierung bereit. Am 14. Juli 2010 wurde Hannelore Kraft zur Ministerpräsidentin gewählt. Sie erhielt offenbar sämtliche 90 Stimmen von SPD und Grünen, während CDU und FDP mit ihren 80 Abgeordneten geschlossen mit »Nein« votierten. Die elf Enthaltungen der Linkspartei verhalfen ihr ins Amt.

Obwohl SPD und Grüne von einer »Koalition der Einladung« sprachen, die mit wechselnden Mehrheiten operieren sollte, hatte schon die Wahl der Ministerpräsidentin gezeigt, wohin die Reise in Wahrheit gehen würde. Ohne Tolerierungssignale der Linkspartei wäre Hannelore Kraft das Risiko einer Minderheitsregierung kaum eingegangen. Deshalb stellten wir als FDP klar, dass sie nicht auf unsere Unterstützung rechnen konnte. Ich fühlte mich in meinen Vorbehalten gegen eine Ampel-Koalition bestätigt. Es dauerte nicht lange, bis die rot-rot-grüne Zusammenarbeit in Gestalt einer verdeckten Koalition daherkam. Die neue Regierung kündigte bereits für die nächsten Landtagssitzungen Anträge zur Abschaffung der Studienbeiträge und zur Ausweitung kommunaler Staatswirtschaft an.

Ich hielt meinen Vorwurf an die Adresse von SPD und Grünen, sie machten mit marxistischen Verfassungsgegnern gemeinsame Sache, keineswegs für übertrieben. Recherchen des ARD-Magazins »Report« hatten ergeben, dass sieben der elf Linkspartei-Abgeordneten Organisationen angehörten, die Verfassungsschützer als extremistisch einstuften. Weitere drei seien in verfassungsfeindlichen Gruppierungen oder deren Umfeld aktiv gewesen. Die politische Sozialisation der Linkspartei bekam das Parlament besonders anschaulich vermittelt, wenn ihre Landtagsvizepräsidentin Gunhild Böth Plenarsitzungen leitete. Als der FDP-Abgeordnete Horst Engel bei einer Landtagsdebatte die Vorlieben von Linkspartei-Bundespolitikern für teure Sportwagen und Luxusessen aufs Korn nahm, entzog sie ihm praktisch das Wort. Daraufhin forderte ich Konsequenzen. (»Wenn Frau Böth nicht schnellstens den Unterschied zwischen dem Zentralkomitee der SED und einem frei gewählten Parlament verinnerlicht, muss sie ihr Amt aufgeben.«) Böth entschuldigte sich, hatte aber auch danach immer wieder erkennbar Probleme mit den parlamentarischen Verfahrensregeln, die Transparenz und Meinungspluralismus garantieren.

Wir richteten uns als FDP-Landtagsfraktion schon nach den ersten Wochen auf eine längere Oppositionszeit ein. Hinter den Kulissen wurden Anträge und Gesetzentwürfe der rot-grünen Landesregierung offenkundig systematisch mit der Linkspartei abgestimmt, die ihnen dann durch Zustimmung oder Enthaltung zur Mehrheit verhalf. Dieses Verfahren sprach dem von Rot-Grün angekündigten offenen Willensbildungsprozess im Parlament Hohn.

Dementsprechend gab es auch in der Sache zunächst keinerlei positive Signale an CDU oder FDP. Die für die Jahre 2010 und 2011 geplante Schuldenaufnahme von insgesamt 17 Milliarden

Euro im Landeshaushalt war ein regelrechter Dammbruch. Wir waren überzeugt, dass der für 2010 vorgelegte Nachtragshaushalt verfassungswidrig war. Wir befürchteten neue Versuche der Grünen, industrielle Großprojekte wie das neue Steinkohlekraftwerk in Datteln mit einem privatwirtschaftlichen Investitionsvolumen von 1,2 Milliarden Euro zu hintertreiben. Und wir warnten vor der beabsichtigten Einführung sogenannter Gemeinschaftsschulen, die auf Einheitsschulen hinausliefen. Mit Hilfe der Linkspartei machte sich die neue Regierung zudem zügig daran, die Reformen der Vorgängerregierung zurückzudrehen. Sie orientierte sich nach links, nicht an der politischen Mitte.

Niemand konnte erwarten, dass wir Hannelore Kraft dafür die Hand reichten. Aber bei aller scharfen Kritik, die ich auch bei den wichtigen Landtagsdebatten an der Landesregierung übte, betonte ich dennoch unseren konstruktiven Zugang. Ich unterstrich, die FDP-Fraktion werde ihrer Linie treu bleiben, aber »keine Totalopposition betreiben«[1]. Kraft gab sich uns gegenüber eher konziliant. Die Detmolder Regierungspräsidentin und frühere FDP-Landtagsabgeordnete Thomann-Stahl blieb im Amt.

Es war ein offenes Geheimnis, dass die SPD darauf setzte, die FDP werde sich vielleicht doch noch zur Regierungsbeteiligung bereitfinden. Auch die Zusammensetzung des Kabinetts ließ solche Deutungen zu[2]. Es fehlte nicht an öffentlichen Ratschlägen aus Berlin, allen voran von Bundesjustizministerin Leutheusser-Schnarrenberger, sich darauf einzulassen. Die FDP-Landtagsfraktion blieb davon allerdings unbeeindruckt. Es ist nicht klug, sich mit Kabinettsesseln ködern zu lassen. Ich warnte die »geschätzte Kollegin Leutheusser« vor dem »Irrglauben, es gebe im linken Spektrum noch ein kuscheliges Eckchen für die FDP. Diesen Raum teilen sich bereits dreieinhalb Parteien. Für uns ist da kein Platz.«[3]

Die Auseinandersetzung der FDP mit der Regierung war insgesamt deutlich pointierter als die der CDU. In der CDU-Fraktion hatte sich bei der Wahl des Fraktionsvorsitzenden Karl-Josef Laumann knapp gegen Armin Laschet durchgesetzt, der auch mit seiner Kandidatur für den CDU-Landesvorsitz unterlag, diesmal gegen Bundesumweltminister Nobert Röttgen. Die personelle Aufstellung der Union blieb etwas unübersichtlich. Hinzu kam, dass Laumann im Grunde seines Herzens der SPD näherstand als der FDP und mit marktwirtschaftlicher Wirtschaftspolitik nicht viel am Hut hatte. Er sprach im Landtag gerne zu Fragen der Sozial- und der Gesundheitspolitik. Andere Themen waren für ihn neu. Und sie machten ihm erkennbar weniger Freude.

Bei der FDP konnte wirklich kein Beobachter auf die Idee kommen, dass wir unsere Aufgabe als Opposition nicht angenommen hätten. Vor allem die völlige Preisgabe der Haushaltskonsolidierung, die Kraft verkündete, empörte uns. Zur Wahrheit gehört aber auch, dass ich sie bei allen politischen Differenzen persönlich als angenehme Gesprächspartnerin erlebt habe. Hannelore Kraft betrachtet Politik nicht als Schauspielerei. Auch wenn ich ihre Regierungsbilanz für verheerend halte: Der Umgang von Hannelore Kraft mit Menschen ist ehrlich und unverstellt. Das konnte man gerade dann erleben, als Nordrhein-Westfalen von fürchterlichen Tragödien heimgesucht wurde, wie bei der Love-Parade in Duisburg 2010 oder dem Absturz der Germanwings-Maschine 2015.

Politisch marschierten SPD und Grüne genau in die Richtung, die ihr Juniorpartner, die Linkspartei, von ihnen erwartete. Die Ausweitung der Mitbestimmung im öffentlichen Dienst führte allein im Schulbereich zur zusätzlichen Freistellung von 160 Lehrern vom Unterricht. Die Grunderwerbsteuer wurde von 3,5 Prozent auf 5 Prozent (2015 sogar auf 6,5 Prozent) erhöht. Bürokratische Regelungen wie das Tariftreue- und Vergabegesetz wurden erneuert und verschärft, der wirtschaftliche Betätigungsbereich der öffentlichen Hand ausgeweitet, die Studienbeiträge abgeschafft und die Autonomie der Hochschulen beschnitten. Die Grünen trieben mit Rückendeckung von SPD und Linkspartei ihre Pläne für einen Alleingang Nordrhein-Westfalens in der Klimaschutzpolitik voran, der die Investitionsbedingungen ausgerechnet im Stammland der wichtigsten deutschen Energieversorger deutlich beeinträchtigen würde.

Die Schulpolitik der Landesregierung scheiterte zunächst an den Gerichten. In ihrem Koalitionsvertrag hatten SPD und Grüne verabredet, bis zum Ende der Wahlperiode mindestens ein Drittel der weiterführenden Schulen in Nordrhein-Westfalen in Gemeinschaftsschulen umzuwandeln und auf diesem Wege Gymnasien, Realschulen und Hauptschulen zu ersetzen. Als die Schulministerin die ersten dieser Schulen ohne gesetzliche Grundlage genehmigte, schritten das Verwaltungsgericht Arnsberg und in der nächsten Instanz das Oberverwaltungsgericht Münster ein. Weil die Hauptschulen in der Landesverfassung verankert waren, reichten SPD und Grünen die Stimmen der Linkspartei für einen Systemwechsel nicht aus. Sie luden CDU und FDP zu Gesprächen ein.

Daniel Bahr als FDP-Landesvorsitzender und ich folgten der Einladung und nahmen am 24. Juni 2011 an einem Treffen mit der Regierung in der Staatskanzlei teil. Einmal mehr hatten wir nicht den Eindruck, dass SPD und Grüne wirklich kompromissbereit wären. Die Notwendigkeit, mit Blick auf die demografische Entwicklung im ländlichen Raum Formen schulformübergreifender Zusammenarbeit zu ermöglichen, war auch für uns als FDP völlig unstrittig. (»Es kann, gerade mit Blick auf die Hauptschulen, nicht alles so bleiben, wie es ist in NRW.«)[4] Zu einem aufstiegsoffenen Bildungssystem gehören ohnehin zwingend flexible Übergangsmöglichkeiten zwischen den Schulformen. Aber wir erkannten in den Plänen von SPD und Grünen die Absicht, Realschulen und Gymnasien systematisch zu verdrängen. Und wir bezweifelten die pädagogische Sinnhaftigkeit des geplanten gemeinsamen Unterrichts, der mindestens bis zur siebten Klasse oder auch darüber hinaus dauern sollte.

Genau an diesem Punkt ging es um eine wirkliche Richtungsfrage. Die Parteien des linken Spektrums wollten möglichst bis zum Schulabschluss einen integrativen Unterricht für alle Kinder. Die FDP stand für ein differenziertes Schulwesen, weil wir es für die beste Grundlage hielten, um Kinder aller Begabungsformen optimal zu fördern, aber eben auch zu fordern. In den Schulen sollte das Leistungsprinzip nicht immer weiter ausgehebelt, sondern pädagogisch angemessen berücksichtigt werden. Wir wiesen darauf hin, dass unter einer Qualitätsnivellierung nicht primär die Kinder einkommensstarker Eltern litten, sondern diejenigen, die zwingend auf beste öffentliche Schulen angewiesen sind. Vermögende Eltern können Unterrichtsmängel durch teure Nachhilfe wettmachen oder ihr Kind auf eine Privatschule schicken. Andere können das nicht.

In ähnlicher Form erlebten wir diese in Teilen ideologische Auseinandersetzung bei den Landtagsdebatten über Inklusion. Alle Parteien wollten eine weitgehende Integration gehandicapter Kinder in den regulären Unterricht. Allein die FDP-Landtagsfraktion verweigerte sich 2010 einem uneingeschränkten Rechtsanspruch auf einen Platz in der Regelschule. Wir wiesen darauf hin, dass es Kinder gibt, die an Förderschulen gezielter und erfolgreicher unterrichtet werden können. Dafür handelten wir uns gerade von den Grünen massive Kritik ein. Inzwischen, sieben Jahre später, werden in Nordrhein-Westfalen reihenweise fachlich hochkompetente Förderschulen geschlossen, weil sie nicht in das Weltbild rot-grüner Bildungspolitik passen. Jeder, der sich näher damit befasst, weiß um die Unzulänglichkeiten der Inklusion an vielen Regelschulen. Schüler und Lehrer müssen gleichermaßen darunter leiden.

Die CDU unterstützte im Gegensatz zur FDP die Inklusionspolitik der Landesregierung. Sie verabredete mit SPD und Grünen auch einen sogenannten Schulkonsens. Die drei Parteien verständigten sich darauf, die Gemeinschaftsschule unter dem Namen »Sekundarschule« für die Klassen fünf bis zehn einzuführen. In der Landesverfassung wurde ein öffentliches Schulwesen festgeschrieben, »das ein gegliedertes Schulsystem, integrierte Schulformen sowie weitere andere Schulformen ermöglicht«.

Uns war das zu unverbindlich. Wir beantragten im Parlament vergeblich, eine Bestandsgarantie für ein flächendeckendes differenziertes Schulwesen in die Verfassung aufzunehmen. Und wir wollten keine Privilegierung der neuen Sekundarschulen, etwa bei den Klassengrößen. Ich warnte die CDU davor, mit ihrer Schulpolitik ihre Identität als bürgerliche Partei aufzugeben[5]. Aber auch in der FDP meldete sich der frühere Landesvorsitzende Pinkwart mit einem Interview zu Wort und begrüßte den Schulkonsens von Rot-Grün und CDU mit warmen Worten[6]. Sein Versuch, unsere Landtagsfraktion durch einen Parteibeschluss unter Druck zu setzen, misslang. Daniel Bahr blieb bei unserer gemeinsamen Linie.

Die Schulreform wurde im Oktober 2011 vom Landtag mit den Stimmen von SPD, CDU und Grünen beschlossen. Die FDP lehnte sie ab. Schon ein halbes Jahr später, nach der vorzeitigen Parlamentsauflösung, zeigten sich die ersten politischen Konsequenzen dieser Entscheidung. Die CDU war in der Schulpolitik gegenüber der rot-grünen Regierung fast zur Sprachlosigkeit verdammt. Die FDP konnte ihre abweichende Haltung vortragen und zur Wahl stellen.

Vollkommen einig waren wir uns mit der CDU hingegen in unserer Kritik an der ausufernden Staatsverschuldung. Als die rot-grüne Landesregierung im September 2010 einen Nachtragshaushalt vorlegte, der die Kreditaufnahme noch für das laufende Jahr um 2,3 Milliarden Euro erhöhen sollte, kündigten wir an, mit einer gemeinsamen Verfassungsklage dagegen vorzugehen. Die Landtagsfraktionen von CDU und FDP beantragten unmittelbar nach Verabschiedung des Haushalts im Dezember 2010 per Eilantrag beim nordrhein-westfälischen Verfassungsgerichtshof in Münster, der Regierung die geplante Kreditaufnahme zu untersagen.

Das Gericht folgte unserem Antrag mit einer einstweiligen Anordnung Mitte Januar 2011. Das war ein in der bundesdeutschen Parlamentsgeschichte einmaliger Vorgang und eine schwere Schlappe für die Regierung Kraft. Sie wurde zur Gewissheit, als der Verfassungsgerichtshof am 15. März den Haushalt auch in der Sache für rechtswidrig erklärte. Finanzminister Norbert Walter-Borjans für die Landesregierung sowie Karl-Josef Laumann und ich als Fraktionsvorsitzende von CDU und FDP waren bei der Urteilsverkündung selbstverständlich zugegen. Unsere Klage hatte dem Land auf einen Schlag 2,3 Milliarden Euro neue Schulden erspart. Nur höchst selten bekommt man als Politiker die Chance zu einem derart positiven Tätigkeitsnachweis.

Mit dem Desaster der Landesregierung in der Haushaltspolitik stellte sich aber automatisch die Frage nach ihrer Handlungsfähigkeit. Schließlich durfte sie ohne durch das Parlament genehmigte Haushaltsgesetze keine Ausgaben tätigen. Auch wenn SPD und Grüne umgehend versicherten, einen verfassungskonformen Haushalt 2011 vorzulegen, befand sich ihre Regierung offenkundig in einer schweren Krise. Auch die FDP hatte an instabilen politischen Verhältnissen in Nordrhein-Westfalen kein Interesse. Deshalb regte ich nach der Eilentscheidung des Verfassungsgerichts Mitte Januar 2011 in mehreren Interviews an, dass die staatstragenden Parteien Gespräche über die Bildung einer handlungsfähigen Regierung mit breiter parlamentarischer Mehrheit führen sollten.

Meine Äußerungen sorgten für einiges Aufsehen, weil sie als überraschender Schwenk in Richtung Ampel-Koalition interpretiert wurden, zu deren Fans ich bekanntermaßen nicht gehörte. Diese Interpretation war allerdings sehr gewagt. Denn ich hatte ausdrücklich kein Ampel-Bündnis angeboten, sondern Gespräche aller Parteien angeregt, die ich zudem für die FDP-Fraktion an die Bereitschaft von SPD und Grünen zu einer »völligen Kurskorrektur etwa in der Haushalts- und Wirtschaftspolitik« knüpfte. Beide Parteien müssten sich darüber hinaus »endgültig von den Linksextremisten lossagen«. Ich glaubte nicht ernsthaft, dass sie diese Bedingungen erfüllen würden. Eine Ampel-Koalition war weniger realistisch denn je.[7]

Für die politische Berichterstattung ist es naturgemäß immer besonders spannend, wenn sich Strategiewechsel anzubahnen scheinen. Dass Daniel Bahr und ich an einer Veranstaltung der SPD zum 80. Geburtstag des 2006 verstorbenen früheren Ministerpräsidenten und Bundespräsidenten Johannes Rau teilnahmen, regte die Phantasie weiter an. Das kam uns durchaus zupass. Wir wollten unbedingt den Eindruck vermeiden, dass sich die FDP in einer Regierungskrise vollständig auf die Rolle des kritischen Zuschauers zurückzog.

Sollte sich die Krise weiter zuspitzen, konnte es jederzeit zu vorgezogenen Neuwahlen kommen. Das war allen Parteien völlig klar. Angesichts des Ansehensverlustes der Bundes-FDP und daraus resultierender schlechter Umfragewerte hatten wir daran kein Interesse. Bis auf die Grünen, die sich nach den Ereignissen in Fukushima im Stimmungshoch befanden, ging das CDU und SPD allerdings kaum anders[8]. Hinzu kam aber noch, dass sich alle demokratischen Parteien gut überlegen mussten, ob sie den Wählern nur ein Jahr nach der Landtagswahl schon wieder Neuwahlen zumuten wollten. Schließlich sei, so gab ich zu bedenken, bei einem Scheitern von Rot-Grün nicht das Parlament, sondern die Regierung am Ende. Sollte es trotz neuer Gespräche aller Parteien, mit Ausschluss der Linkspartei, nicht zu einer handlungsfähigen Regierung kommen, konnte man immer noch vor die Wähler treten. Ob und wann das geschehen würde, war nicht absehbar. Mein Bestreben war, die FDP in Nordrhein-Westfalen für eine solche Situation bestmöglich gerüstet zu sehen: als gesprächsbereite, sich der eigenen Verantwortung bewusste Partei, die sich aber nicht verbogen hatte und deshalb aufrecht stand.

Sollte es anstatt zu einer vorgezogenen Neuwahl zu einer neuen Koalitionsbildung kommen, so hielt ich eine Große Koalition für wahrscheinlich. Hatte die CDU 2010 noch Rücksicht auf ihren Ministerpräsidenten Rüttgers nehmen müssen, der im Amt bleiben wollte, so war Hannelore Kraft inzwischen als Regierungschefin gesetzt. In der Schulpolitik, dem wichtigsten landespolitischen Handlungsfeld, fanden SPD und CDU wie geschildert im Sommer 2011 zueinander. Und auch in einer weiteren akuten Krise der Regierung half die Union in diesen Wochen Rot-Grün aus der Bredouille.

Dabei ging es einmal mehr um die WestLB. Unter dem Druck der Europäischen Kommission hatten sich die verbliebenen Eigentümer der Bank, das Land Nordrhein-Westfalen und die beiden Sparkassenverbände Rheinland und Westfalen-Lippe, mit dem Bund auf die Zerschlagung des Instituts verständigt. Die Sparkassenorganisationen sollten eine kleine Serviceeinheit mit 400 Mitarbeitern übernehmen, das Land in alleiniger Verantwortung den Rest der Bank mit 4.000 Beschäftigten und sämtlichen Risiken. Nordrhein-Westfalen würde kurzfristig eine Milliarde Euro bereitstellen. Der weitere Finanzbedarf der Bank blieb allerdings völlig offen. Die bisherigen Mehrheitseigner der WestLB, die Sparkassenverbände, waren in Zukunft aus dem Schneider. Eine solche einseitige Lastenverteilung hielten wir als FDP aus Sicht der Steuerzahler für nicht verantwortbar und lehnten die Vereinbarung deshalb ab. Auch die Linkspartei war dagegen.

Die CDU teilte unsere Bedenken, unterstützte dann aber doch in letzter Minute die rot-grüne Regierung, die bei der Abstimmung über ihr Konzept am 30. Juni 2011 zunächst sogar eine Niederlage erlitt. Das Regierungsmanagement war dabei völlig aus dem Ruder gelaufen und endete auch nach Auffassung unabhängiger Beobachter im Chaos.[9] Ohne die Hilfe der CDU wäre die Regierung Kraft am Ende gewesen. Seit diesem Tag war ich mir ziemlich sicher, dass die rot-rot-grüne Zusammenarbeit nicht mehr von langer Dauer sein würde.

Umso sinnvoller schien es, auch die konstruktive Gesprächsbereitschaft der FDP unter Beweis zu stellen, solange wir dabei keine wirklichen Abstriche von unseren eigenen Positionen machen mussten. In einer Koalition sind solche Kompromisse unumgänglich. Aber wir waren ja nach wie vor in der Opposition. Was unter diesen Vorzeichen überhaupt möglich war, musste sich erst bei einem Praxistest erweisen. Der kam in Gang, als mich im September 2011 Signale aus der SPD erreichten, ob die FDP an einem Programm für finanziell besonders notleidende Kommunen mitwirken wolle. Die Koalition wollte nun offenbar ausloten, ob man mit uns in einzelnen Sachfragen zusammenarbeiten könnte.

Ich traf mich zunächst zu einem lockeren Plausch mit SPD-Fraktionschef Norbert Römer. Als es um die inhaltliche Ausgestaltung ging, kamen zu weiteren Terminen auch der Grünen-Fraktionsvorsitzende Reiner Priggen und Innenminister Ralf

Jäger dazu. Natürlich kannten wir uns alle aus der langjährigen Begegnung im Parlament, allerdings zumeist als Kontrahenten. Wir betraten also Neuland. Aber bevor wir uns überhaupt fachlich vertieft über das Thema Kommunalfinanzen austauschen konnten, schossen gleich wieder Spekulationen über ein rot-grün-gelbes Bündnis ins Kraut. Mein kurzes Kaffeetrinken mit Römer geriet zum Anlass wildester Spekulationen. Angeblich hätte die FDP bereits ihre Unterstützung für den Landeshaushalt 2012 zugesagt. Tatsächlich hatten wir über den Haushalt gar nicht gesprochen.

Dennoch sah ich mich angesichts der Berichterstattung gezwungen, eigens eine Pressekonferenz einzuberufen, um die Dinge zurechtzurücken. Es gebe vonseiten der FDP weder ein offenes noch ein verdecktes Koalitionsangebot an Rot-Grün, »aber wenn Herr Römer mich auf eine Tasse Kaffee einlädt, nehme ich selbstverständlich an«. Wenn es nicht um Themen gehe, bei denen wir fundamental unterschiedlicher Auffassung seien, könne man durchaus »projektbezogen« zusammenarbeiten: »Das verstehe ich unter konstruktiver Opposition.«[10] Ich wies auf die Ernüchterung der Minderheitsregierung über die Linke hin und zitierte genüsslich Grünen-Fraktionschef Priggen, der der Linkspartei gerade attestiert hatte, auf dem Weg zur »ultraorthodoxen Selbstfindungsgruppe« zu sein. Ein aus Sicht der FDP höchst angenehmer Nebeneffekt unseres Projektversuches mit der Regierung war die offensichtliche Verbitterung der Linkspartei. Sie hatte SPD und Grünen seit der Landtagswahl fast immer zur Mehrheit verholfen und fühlte sich jetzt ausgebootet.

Wir trieben so gezielt einen Keil zwischen Rot-Grün und ihren bisherigen Unterstützer. Bei jeder Gelegenheit rieb ich der Linkspartei auch bei den Parlamentsdebatten unter die Nase, sie würde von der Regierungskoalition nur als willfähriger Mehrheitsbeschaffer benutzt. Langsam regte sich bei der Linken erkennbar Widerstand gegen die bisherige Tolerierungspraxis. Schon die Entscheidung, auch den Landeshaushalt 2011 durch Enthaltung passieren zu lassen, war im Mai 2011 erst nach erheblichen innerparteilichen Kontroversen gefallen. Es war fraglich, wie sie mit dem Haushalt 2012 umgehen würden.

Hätte die FDP also wirklich, wie gerne vermutet wurde, Neuwahlen unter allen Umständen vermeiden wollen, dann wäre es taktisch viel klüger gewesen, Rot-Rot-Grün in möglichst großer Harmonie weiterarbeiten zu lassen. Genau das taten wir eben nicht. Wir taten alles, um ihre Harmonie zu beenden.

Unsere Gespräche mit SPD und Grünen über einen »Stärkungspakt Stadtfinanzen« verliefen zügig und konstruktiv. Die Vereinbarung wurde von den kommunalpolitischen Sprechern der Landtagsfraktionen vorbereitet und dann von den Fraktionsvorsitzenden gemeinsam mit dem Innenminister finalisiert. Wir verständigten uns auf ein mehrjähriges Sonderprogramm für zunächst 34 besonders finanzschwache Kommunen, die aus eigener Kraft kaum noch in der Lage waren, ihre Haushalte auszugleichen. Die Landeshilfen in Höhe von 350 Millionen Euro jährlich waren allerdings an harte Sanierungsauflagen gebunden. Wurden die Zusagen nicht eingehalten, konnte das Land sogar einen Sparkommissar mit weitreichenden Vollmachten entsenden. Das war eine Idee des FDP-Abgeordneten Horst Engel gewesen, dem Kommunalexperten unserer Landtagsfraktion, der die Gespräche mit SPD und Grünen hervorragend vorbereitet hatte.

Der Stärkungspakt entsprach voll und ganz der Politik der FDP. Überlegungen von SPD und Grünen zu einer Sonderumlage finanzstarker Städte hatten wir abgelehnt. Ein schöneres und zugleich unverfänglicheres Beispiel konstruktiver Oppositionsarbeit konnte es aus unserer Sicht kaum geben. Als ich gemeinsam mit Norbert Römer und Reiner Priggen vor die Landespressekonferenz trat, um die Ergebnisse vorzustellen, war die Stimmung gelöst. Möglicherweise trugen diese Bilder dazu bei, den »Stärkungspakt Stadtfinanzen« als Zeichen allgemeiner Annäherung von FDP und Rot-Grün zu missdeuten. Ich hatte bald Gelegenheit, derlei Fehlinterpretationen auszuräumen.

Am 21. Dezember 2011 stand im Landtag in erster Lesung die Generaldebatte über den Landeshaushalt 2012 an. Verabschiedet werden sollte er im März 2012. Trotz Rekordsteuereinnahmen sah der Entwurf der rot-grünen Landesregierung eine Neuverschuldung von vier Milliarden Euro vor. Ernsthafte Sparbemühungen waren beim besten Willen nicht zu erkennen. Ich setzte mich in meiner Rede zunächst noch einmal mit der Blockadementalität der Grünen und der meines Erachtens wirtschaftsfeindlichen Standortpolitik der Regierung auseinander. Dann widmete ich mich ihrem Haushalts- und Finanzgebaren und der »skandalösen Verschuldungspolitik« seit ihrer Amtsübernahme. Mein Fazit an die Adresse der Ministerpräsidentin war eindeutig: »Die Landesregierung hat dem Parlament einen Schuldenhaushalt vorgelegt. Ein Haushalt ohne ernsthafte Sparanstrengungen ist für die FDP weder zustimmungsfähig noch hinnehmbar.«

Am nächsten Tag stand meine Rede im Fokus der Berichterstattung über die Haushaltsdebatte[11]. So mancher Kommentator zeigte sich deutlich überrascht[12]. Umso zufriedener war ich mit der breiten und eindeutigen Resonanz. Wer gemeint hatte, die FDP würde sich aus Angst vor Neuwahlen der Regierung anbiedern, sollte nunmehr zu einer anderen Bewertung kommen können.

Bis zur abschließenden Beratung des Landeshaushalts im März 2012 blieben noch einige Monate Zeit. Nach wie vor gab es keinerlei tatsächliche oder auch nur geplante Haushaltsgespräche zwischen Rot-Grün und der FDP. Der Ball lag im Spielfeld der Regierung. War sie zu einem grundlegenden Richtungswechsel in der Haushaltspolitik bereit, konnte sie entsprechende Signale setzen und auf CDU und FDP zugehen. Falls nicht, würde sie ihren Landeshaushalt 2012 nicht durchs Parlament bekommen. Jedenfalls nicht mit den Stimmen der FDP.

»LIEBER NEUE WAHLEN ALS NEUE SCHUL- DEN.« DIE LANDTAGS- AUFLÖSUNG 2012 UND LINDNERS RÜCKKEHR IN DIE LANDESPOLITIK

Die Ereignisse um die vorzeitige Auflösung des Landtags Nordrhein-Westfalen am 14. März 2012 gehören bestimmt zu den spannendsten Kapiteln der nordrhein-westfälischen Parlamentsgeschichte. Die meisten der 181 Abgeordneten, die sich am Morgen dieses Tages auf den Weg nach Düsseldorf machten, ahnten nicht, dass sie abends keine Abgeordneten mehr sein würden. Für die FDP besaß der Vorgang eine ganz besondere Dimension. Weil wir an unserer politischen Überzeugung festhielten, wurden die Mitglieder der FDP-Landtagsfraktion als Deppen und politische Selbstmörder verlacht. Keine zwei Monate später wurde dann unser Mut gerühmt. Stimmungswechsel in der Politik vollziehen sich manchmal in atemberaubendem Tempo.

Strahlender Held dieser ganzen Geschichte war sehr zu Recht Christian Lindner. Er führte die FDP in einem für die Partei bundespolitisch desaströsen Stimmungsumfeld bei der Landtagswahl am 13. Mai auf 8,6 Prozent der Stimmen. Unsere Gespräche über seine mögliche Spitzenkandidatur am 14. und 15. März gehörten zu den intensivsten, die wir je geführt hatten. Es war ein hartes Stück Arbeit, seine Bedenken auszuräumen. Das ändert nichts daran, dass ich ihm noch heute für seine Bereitschaft dankbar bin, den Job zu übernehmen. Denn er war der ideale Kandidat und seine Performance im Wahlkampf brillant. Wenn ich auch von seiner späteren Politik enttäuscht bin, so weiß ich andererseits doch sehr genau, was die FDP Christian Lindner zu verdanken hat. Ich wäre der Letzte, dies zu leugnen.

Keiner von uns konnte in jenen hektischen Tagen Mitte März 2012 ahnen, welche weitreichenden Auswirkungen seine Entscheidung, nach Düsseldorf zurückzukehren, für die künftige Entwicklung der gesamten FDP haben würde. Denn ansonsten wäre Christian Lindner eineinhalb Jahre später mit der Bundestagsfraktion aus dem Parlament geflogen. Ohne Mandat, ohne parlamentarische Basis und Amtsausstattung in Nordrhein-Westfalen hätte er die ohnehin schon schwierige Aufgabe als neuer Parteivorsitzender kaum bewältigen können. Aber all das war uns damals natürlich nicht bewusst, als wir innerhalb von nicht einmal 48 Stunden einschneidende Entscheidungen zu treffen hatten. Die gesamte Geschichte war wirklich abenteuerlich. Doch erzählen wir sie, wenn auch in der gebotenen Kürze, besser von Anfang an.

Dass es bei der Verabschiedung des Landeshaushalts 2012 zu einer heiklen Situation kommen könnte, war allen Beteiligten seit Monaten klar gewesen. Aber deshalb versuchten alle eben auch, ihre Optionen zu prüfen. Leider waren unsere eigenen denkbar limitiert. Die Partei befand sich weiterhin im Stimmungstief. Ihre Arbeit in der Bundesregierung wurde von der Bevölkerung nach wie vor sehr kritisch bewertet. Der erhoffte Aufschwung unter dem neuen Vorsitzenden Philipp Rösler war ausgeblieben. Sich landespolitisch von diesem Trend zu lösen war äußerst schwierig. Deshalb konnte eine vorzeitige Landtagswahl in Nordrhein-Westfalen eigentlich nicht in unserem Sinne sein. Bei der anstehenden parlamentarischen Entscheidung über den Landeshaushalt 2012 würde sich wohl entscheiden, ob es dazu dennoch kommen würde. Falls ja, konnte die FDP die Wahl nach meiner festen Überzeugung nur mit dem Nachweis ihrer Glaubwürdigkeit bestehen.

Der Einsatz für gesunde Staatsfinanzen und die Konsolidierung des überschuldeten Landeshaushalts gehörte zu unserem Markenkern. Dafür hatten wir gerade in Nordrhein-Westfalen unermüdlich gekämpft, auch in der eigenen Regierungszeit, trotz wegbrechender Staatseinnahmen in der Weltwirtschaftskrise. Deshalb bot uns die anstehende Kardinalfrage des Landeshaushalts 2012 bei allen widrigen Umständen auch die Chance, unsere Standhaftigkeit unter Beweis zu stellen.

Durch ihre Mitwirkung am »Stärkungspakt Stadtfinanzen« hatte die FDP-Landtagsfraktion Gesprächsbereitschaft mit der Regierung dokumentiert und einer sinnvollen Sache zum Erfolg verholfen, ohne eigene Positionen preisgeben zu müssen. Jetzt kam es darauf an, wie die Landesregierung mit der aktuellen Situation umgehen würde. Bisher war die Haushaltspolitik ihre Achillesferse. Ihre krachende Niederlage mit dem verfassungswidrigen Nachtragshaushalt 2010 war in frischer Erinnerung. Die sogenannte Schuldenbremse des Grundgesetzes zwang auch Nordrhein-Westfalen dazu, die Neuverschuldung bis 2020 drastisch zurückzufahren. Anfang 2012 war noch nicht absehbar, dass die Steuereinnahmen in Deutschland in den folgenden Jahren derart rapide ansteigen würden, dass sich dieses Problem fast von alleine löste.

Die Linkspartei forderte, völlig unberührt von der haushaltspolitischen Realität des Landes, von Rot-Grün unverdrossen höhere Ausgaben. Sich mit ihr auf einen Konsolidierungskurs zu verständigen war völlig illusorisch. Es sprach also durchaus einiges dafür, dass die Regierung versuchen könnte, in der Sache auf die FDP zuzugehen, um den Haushalt in geordnete Bahnen zu bringen. Ob dem so war, wusste ich nicht, wollte es aber ausloten. Mir war klar, dass ich mich dabei auf einen Drahtseilakt einließ.

Wir waren in einer Position der Schwäche, nicht der Stärke. Jedes Gespräch, das ich mit der Regierungskoalition führte, wurde von der Presse als Zeichen interpretiert, wir würden jetzt aus Angst vor Neuwahlen gemeinsame Sache mit Rot-Grün machen. Meine Haltung bei der ersten Lesung des Landeshaushalts hatte signalisiert, dass die Dinge in Wahrheit komplexer waren.

Ich nutzte gleich zu Beginn des Jahres den großen gemeinsamen Neujahrsempfang von FDP-Landtagsfraktion und Landesverband NRW, um zwei Botschaften zu unterstreichen. Die erste lautete: »Ein Haushaltsentwurf, der das Gebot der Generationengerechtigkeit ignoriert und das Verschuldungsverbot des Grundgesetzes ab 2020 komplett ausblendet, wird von der FDP-Fraktion bei der Schlussabstimmung geschlossen abgelehnt werden.« Und ich warnte zum Zweiten vor dem Versuch, auf Zufallsmehrheiten zu setzen: »Niemand in der Regierung sollte auf die Idee kommen, da könnte der Eine oder Andere aus der FDP-Fraktion fehlen.«[1] Hintergrund dieses Hinweises war, dass SPD und Grünen ja nur eine Stimme zur Mehrheit fehlte. Sollten sich zwei Oppositionsabgeordnete bei der Haushaltsabstimmung enthalten oder einfach nur fernbleiben, konnten sie den Etat durchs Parlament bringen. Die Zeitungen waren seit Wochen voll mit solchen Spekulationen.

Ministerpräsidentin Kraft kündigte ihrerseits bei ihrer Jahresauftaktpressekonferenz an, in Zukunft »eisern« sparen zu wollen. Ihr Finanzminister Nobert Walter-Borjans blieb mit dem Haushaltsabschluss 2011 unter der ursprünglich geplanten Neuverschuldung und erklärte, 2012 300 Millionen Euro weniger Schulden aufzunehmen als eigentlich vorgesehen. All dies war zwar weit entfernt von einem Konsolidierungskurs, aber immerhin ein Signal, und zwar keins an die Adresse der Linkspartei. Die forderte von der Landesregierung nämlich gerade fröhlich Mehrausgaben von 1,3 Milliarden Euro.

Im Plenarsaal des nordrhein-westfälischen Landtags sitzen die FDP-Abgeordneten in der Nähe der Regierungsbank. (Das mag zu weitergehenden Betrachtungen einladen, ist in diesem Zusammenhang aber wirklich nur als Erläuterung der Raumverhältnisse gedacht.) Man kann also schnell miteinander ins Gespräch kommen. So ergab es sich auch am Rande der Plenarsitzung am 9. Februar zwischen der Ministerpräsidentin und mir. Ich meinte, wir sollten uns vielleicht einmal unterhalten, und sie stimmte spontan zu. Also marschierten wir kurzentschlossen zusammen aus dem Sitzungssaal und in mein Büro auf der zweiten Etage. Das blieb natürlich nicht unbeobachtet.

Später ist in dieses Gespräch manches hineininterpretiert worden. Zumal wir anschließend auch genauso einträchtig wieder in den Plenarsaal zurückkehrten. Angeblich hätten wir über den Landeshaushalt verhandelt.[2] Das hatten wir nicht. Schon gar nicht hatten wir irgendetwas konkret verabredet. Wir tauschten uns vielmehr über die aktuelle politische Lage aus. Die Ministerpräsidentin hielt dabei mit ihrer Einschätzung nicht hinter dem Berg. Sie war geradeheraus, wie unser Gespräch insgesamt. Es gibt Leute, die meinen, Politik bestehe vor allem aus Taktik und Tricksereien. Zu denen gehört Hannelore Kraft ganz bestimmt nicht.

Auch bei einer Unterredung eine Woche später mit den Fraktionsvorsitzenden von SPD und Grünen führten wir keine Haushaltsberatungen. Die Koalitionsfraktionen hatten alle Oppositionsfraktionen zu Einzelgesprächen eingeladen, also nicht nur die FDP, sondern auch CDU und Linkspartei. Sollte die Regierung an konkreten Verhandlungen mit der Opposition interessiert sein, würde sie nach der zweiten Lesung des Haushalts, bei der die Einzelpläne beraten werden, auf uns zukommen. So lautete meine Verabredung mit Norbert Römer und Reiner Priggen, als wir nach einem kurzen, völlig entspannten Austausch auseinandergingen. Ein solches Verfahren war durchaus nicht ungewöhnlich. Selbst zwischen den Fraktionen einer Koalitionsregierung werden wichtige Veränderungen am Etatentwurf der Regierung häufig erst unmittelbar vor der dritten Lesung verabredet, der Schlussabstimmung im Parlament. Wir hatten also noch Zeit. Die Regierung musste zunächst entscheiden, was sie wollte. Ich hatte nicht die Absicht, uns als FDP dabei aufzudrängen.

Unterschiede beim Gesprächsinteresse der Koalitionsparteien waren allerdings durchaus spürbar. Die SPD trat merklich freundlicher auf als die Grünen. Wir erwiderten diese Freundlichkeit, indem wir einstweilen verhinderten, dass die CDU gemeinsam mit der Linkspartei und unseren Stimmen der FDP den sogenannten »Tat-Kraft-Tagen« der Ministerpräsidentin mit einem Haushaltssperrvermerk kurzfristig die Mittel entzog. Die »Tat-Kraft-Tage« waren Begegnungsveranstaltungen vor Ort, die Hannelore Kraft bereits als Oppositionsführerin durchgeführt hatte und die deshalb im Ruch der parteipolitischen Färbung standen. Auch wir als FDP sahen sie kritisch.[3] Aber ich sah keinen Anlass, diese Frage noch vor der eigentlichen Haushaltsberatung zu entscheiden und damit die Atmosphäre unnötig zu belasten. Schließlich hatten wir uns gerade sehr nett miteinander ausgetauscht. Wir würden ja sehen, wie es weiterging. Zunächst einmal blieb abzuwarten, worauf sich SPD und Grüne untereinander verständigten. Der Ball lag in ihrem Spielfeld. Denn ihnen fehlte für ihren Landeshaushalt noch die nötige parlamentarische Mehrheit.

Angesichts des monatelangen Vorspiels für die politisch hochheiklen Haushaltsentscheidungen konnte es beim besten Willen nicht überraschen, dass ich in einem am Montag, dem 12. März 2012 erscheinenden Interview mit der *Rheinischen Post* ankündigte, die FDP-Fraktion werde den Landeshaushalt in zweiter Lesung ablehnen.[4] In der zweiten Lesung werden alle Einzelpläne des Haushalts von den zuständigen Abgeordneten und Ministern ausführlich im Parlament debattiert und anschließend wird separat darüber abgestimmt. Diese Beratungen dauern in aller Regel etwa zwei Sitzungstage. Sie waren in diesem Fall für den 14. und 15. März vorgesehen.

Da bei Haushaltsgesetzen eine dritte Lesung zwingend vorgeschrieben ist, besitzt die Beschlussfassung in zweiter Lesung keinen abschließenden Charakter. Bis unmittelbar vor der dritten Lesung, der Schlussabstimmung, können noch Änderungsanträge zu sämtlichen Positionen des Etats eingebracht werden. Jeder Einzelplan kann theoretisch vollständig verändert werden. Die dritte

Lesung, die eigentliche Entscheidung über den Haushalt, war für Ende März vorgesehen. Alle Beteiligten waren über Monate davon ausgegangen, dass also noch gut zwei Wochen für die eigentlichen Haushaltsentscheidungen blieben.

Dann aber schlug am 12. März die Stunde der Landtagsverwaltung. Wie er später gegenüber der Presse erklärte, kam dem Chef der Verwaltung, Peter Jeromin, bei der Lektüre meines Interviews mit der *Rheinischen Post* der Gedanke, noch einmal rechtlich überprüfen zu lassen, welche Auswirkung die Ablehnung von Einzelplänen in zweiter Lesung für das gesamte Beratungsverfahren haben würde. Die beiden zuständigen Abteilungs- bzw. Referatsleiter hätten sich dann an die Arbeit gemacht.[5]

Doch erst mehr als 24 Stunden später, gegen 12.00 Uhr am Dienstagmittag, wurde Landtagspräsident Eckhard Uhlenberg dem öffentlichen Bericht Jeromins zufolge darüber informiert, dass nach Auffassung der Verwaltung der Landeshaushalt endgültig gescheitert sei, wenn auch nur ein einziger Einzelplan abgelehnt werde. Uhlenberg lud daraufhin per Mail um 14.37 Uhr die Fraktionsvorsitzenden und parlamentarischen Geschäftsführer für 15.00 Uhr zu einer Sitzung ein, um die neue Lage zu erörtern. Kurz zuvor war ich von der FDP-Landtagsvizepräsidentin Angela Freimuth telefonisch über die brisante Entwicklung in Kenntnis gesetzt worden.

In unserer regulären Fraktionssitzung am Dienstagvormittag hatte meine Fraktion offiziell beschlossen, den Haushalt in zweiter Lesung abzulehnen. Die Linkspartei hatte das Gleiche getan. Als die Spitzen der Fraktionen mit dem Landtagspräsidium um 15.00 Uhr im Sitzungsraum »Lippe« zusammenkamen, war unschwer zu bemerken, dass die Vertreter der anderen Fraktionen weniger überrascht von der angeblichen neuen Rechtslage schienen als wir. Nach den Recherchen von Thomas Gutschker für die *Frankfurter Allgemeine Sonntagszeitung* lag diese Rechtsauslegung bereits seit Montagnachmittag sowohl der Staatskanzlei als auch der CDU-Fraktion vor.[6] Alles andere hätte mich nach dem Verlauf der Gesprächsrunde am Dienstagnachmittag auch wirklich überrascht.

Ich möchte an dieser Stelle ganz bewusst darauf verzichten, die Kommunikation zwischen der Landtagsverwaltung und einzelnen politischen Parteien persönlich zu bewerten. Entscheiden mussten am Ende ohnehin die gewählten Abgeordneten. Meine Zweifel an der wundersam über Nacht aufgetauchten neuen Rechtsauffassung wurden von SPD, CDU und Grünen nicht geteilt. Damit waren sie politisch für das weitere Verfahren gegenstandslos. Denn es blieb keine Zeit für eine vertiefte rechtliche Klärung.[7]

Dass namhafte Rechtsgelehrte schon in den Tagen danach der Landtagsverwaltung »frontal widersprachen« (*Rheinische Post*), änderte an der Situation auch nichts.[8] Ich habe später als Landtagsvizepräsident übrigens ausgesprochen gut und professionell auch mit denen in der Landtagsverwaltung zusammengearbeitet, die an diesem Vorgang beteiligt waren. Allerdings war ich einfach zu lange im politischen Geschäft, um noch an den Weihnachtsmann zu glauben.

Nach der Runde der Fraktionsvorsitzenden war klar, dass es am nächsten Tag zum Schwur kommen könnte. SPD-Fraktionschef Römer kam bei mir vorbei und wir besprachen die Lage. Kontakte zwischen CDU und FDP gab es in diesen Stunden übrigens nicht. Es blieben jetzt zwei Möglichkeiten, einen Showdown zu verhindern. Das Parlament hätte die Abstimmung zu den Einzelhaushalten vertagen können. Das war mein Verfahrensvorschlag. Oder zwei Oppositionsabgeordnete würden sich der Stimme enthalten und damit den Haushalt in zweiter Lesung durchwinken. Dieser Weg wurde mir von verschiedener Seite nahegelegt. Doch ich habe zu keinem Zeitpunkt ernsthaft darüber nachgedacht.

Die FDP-Fraktion musste auf jeden Fall geschlossen abstimmen. Alles andere hätte streng nach Trickserei gerochen und unseren Ruf schlagartig ruiniert. Aber auch wenn wir uns gemeinsam enthalten hätten, wäre die Lage kaum besser gewesen. Auch dann war unsere Vorgehensweise der letzten Monate auf ganzer Linie gescheitert. Sie basierte auf der Kombination von Gesprächsbereitschaft und Standhaftigkeit. Hätten wir den Haushalt jetzt doch passieren lassen, wären wir augenblicklich zum Treibgut von Rot-Grün geworden. Ernsthafte Verhandlungen über harte Sanierungsmaßnahmen beim Landeshaushalt vor der Schlussabstimmung in dritter Lesung waren undenkbar, wenn wir dem Haushalt schon vorher in zweiter Lesung zur Mehrheit verhalfen. Die rote Linie war erreicht. Es ging jetzt um die Glaubwürdigkeit der FDP, wenn nicht sogar um unsere Selbstachtung als gewählte Abgeordnete.

Selbstverständlich war klar, dass wir nach Lage der Dinge auf eine schnelle Landtagsauflösung zusteuerten. Das Parlament konnte darüber jederzeit mit Mehrheit beschließen. Die Landesverfassung sah keinerlei Antragsfristen für einen Auflösungsantrag vor. Aber dann würden wir als FDP, aller widrigen Rahmenbedingungen zum Trotz, eben erhobenen Hauptes in den Wahlkampf ziehen. Ich war mir sicher, dass wir mehr als 5 Prozent der Wählerinnen und Wähler gewinnen könnten, unsere Haltung zu unterstützen.

Bis in die Nacht hinein telefonierte ich mit den Abgeordneten meiner Fraktion und erläuterte ihnen die Lage. Für jeden von ihnen ging es auch um das eigene Parlamentsmandat und alles, was damit zusammenhing. Schließlich lagen wir in den Umfragen bei 2 bis 3 Prozent. Zwei FDP-Abgeordnete, Horst Engel und Ingrid Pieper von Heiden, hatten schon vor der letzten Wahl angekündigt, letztmalig zu kandidieren. Für sie bedeutete die Landtagsauflösung also definitiv das Ende ihrer parlamentarischen Laufbahn. Auch mit Daniel Bahr, dem FDP-Landesvorsitzenden und Bundesgesundheitsminister, telefonierte ich ausführlich. Unsere Lageeinschätzung deckte sich.

Wir steuerten auf eine wirklich extreme Situation zu. Wenn am nächsten Tag nur ein einziger der 13 FDP-Abgeordneten bei der entscheidenden namentlichen Abstimmung im Landtag ausgeschert wäre, hätte es einen Scherbenhaufen gegeben. Aber alle blieben zusammen. Als ich später, unmittelbar nach der Parlamentsauflösung, erklärte, ich sei noch nie so stolz darauf gewesen, Vorsitzender der FDP-Fraktion zu sein, spiegelte sich darin sehr genau meine Stimmungslage wider.

Die Plenarsitzung des Landtags begann am Morgen des 14. März wie üblich um 10.00 Uhr. Für 9.30 Uhr hatte ich meine Fraktion zu einer Sondersitzung einberufen. Mehr Zeit schien mir nicht nötig. Unsere Haltung war klar. Wenn es zur Abstimmung kam, würden wir wie angekündigt gegen den Haushalt votieren. Frühmorgens hatte sich Norbert Römer noch einmal bei mir gemeldet, kurz vor unserer Fraktionssitzung auch Hannelore Kraft. Beiden gegenüber bekräftigte ich, was ich meiner Fraktion empfehlen würde. In einer Situation, in der ein gewaltiger Druck auf der FDP-Fraktion lastete, suchte die Ministerpräsidentin immer noch das Gespräch mit uns. Die Zuspitzung der Situation lag definitiv nicht an ihr. Aber sie wollte sich am Ende nicht dem Vorwurf der Grünen aussetzen, die Neuwahl zu scheuen. Dafür hatte ich Verständnis. Ihr persönliches Verhalten in diesen hektischen Stunden war wirklich fair und respektabel.

In meiner Fraktionssitzung trug ich noch einmal meine Bewertung der Lage vor und beschrieb, was uns drohte, wenn wir jetzt umfielen. Die Möglichkeit einer Stimmenthaltung wurde angesprochen, aber nicht ernsthaft diskutiert. Ich fasste zusammen, die Fraktion werde geschlossen gegen den Landeshaushalt votieren. Dann verließ ich als Erster den Sitzungssaal, um den Medien unsere Entscheidung mitzuteilen. Vor der Tür war eine derartige Batterie an Fernsehscheinwerfern aufgebaut, dass man eigentlich eine Sonnenbrille benötigt hätte.

Um kurz nach 11.00 Uhr wurde die Beratung des ersten Einzelplans des Landeshaushalts aufgerufen. Das war der Etat 03 des Innenministeriums. Bevor eineinhalb Stunden später die namentliche Abstimmung darüber eröffnet wurde, ging die Ministerpräsidentin noch einmal ans Rednerpult. Sie kündigte an, die SPD werde die Auflösung des Parlaments beantragen, wenn der Haushalt scheitere. Auch ich ging daraufhin noch einmal nach vorne und erklärte, die FDP werde zu ihren Überzeugungen stehen: »Wir werden, verlassen Sie sich darauf, für unsere Überzeugungen kämpfen.« Die Dinge nahmen ihren Lauf.

Bei einer namentlichen Abstimmung werden die Namen sämtlicher Abgeordneten in alphabetischer Reihenfolge aufgerufen. Jeder gibt sein Votum mündlich zu Protokoll. Von meinem Platz in der ersten Reihe aus konnte ich meine Fraktionskollegen während der Abstimmung nicht sehen. Sie saßen ja in meinem Rücken. Ich hörte nur ihre Stimmen, als ihre Namen aufgerufen wurden. Alle votierten mit »Nein«. Um 12.45 Uhr stand das Ergebnis fest: 90 Abgeordnete hatten mit »Ja«, 91 mit »Nein« gestimmt. Damit war gemäß der mehrheitlich vertretenen Rechtsauffassung der Landeshaushalt gescheitert. Die Landtagssitzung wurde unterbrochen und erst kurz nach 17.00 Uhr fortgesetzt.

In der Zwischenzeit verständigten sich alle Fraktionen darauf, einen knapp gehaltenen gemeinsamen Antrag zur sofortigen Parlamentsauflösung einzubringen. Der Ältestenrat, in dem das Präsidium und die Führungen der Fraktionen vertreten sind, beriet zudem über die Lage der Mitarbeiter. Denn die historisch beispiellose Landtagsauflösung hätte zur Folge gehabt, dass sämtliche Mitarbeiter der Fraktionen und der Abgeordneten augenblicklich und ohne jede Kündigungsfrist ihren Arbeitsplatz verloren hätten. Das war völlig unzumutbar. Deshalb passten wir im Konsens aller Fraktionen die Rechtslage in einem extrem verkürzten Gesetzgebungsverfahren im Plenum an, bevor um 17.15 Uhr der Auflösungsantrag zur Abstimmung kam. Er wurde einstimmig angenommen. Der Landtag hatte sich aufgelöst. Nach der Landesverfassung mussten Neuwahlen innerhalb von 60 Tagen stattfinden. Sie wurden dann auf den 13. Mai terminiert.

Unterdessen war Daniel Bahr in den Landtag gekommen. Wir traten gemeinsam vor die Medien, um unsere Haltung als FDP noch einmal zu begründen. Bahr und ich verabredeten, für den nächsten Tag abends eine Sondersitzung des Landesvorstands nach Düsseldorf einzuberufen. Dort wollten wir einen gemeinsamen Vorschlag unterbreiten, wer die FDP in die Landtagswahl führen sollte. Das erste Zugriffsrecht lag beim Parteivorsitzenden. Das hatte ich auch früher schon betont.

Bahr machte als Bundesgesundheitsminister, in einem schwierigen Amt ohne Lorbeerperspektive, einen wirklich guten Job. Er wäre ungern aus der Bundespolitik ausgeschieden, hätte sich aber auch nicht um einen Wechsel nach Düsseldorf gedrückt, sondern die Herausforderung angenommen. Ich selber wollte die Spitzenkandidatur auf keinen Fall übernehmen. Dafür war ich nicht der richtige Typ, zu kantig und nicht geschmeidig genug. Außerdem war meine Strategie, den Landtag mit meiner Unnachgiebigkeit gegebenenfalls in die Auflösung zu treiben, auch innerparteilich natürlich nicht völlig unumstritten. Ich hatte nicht vor, diese Verantwortung beiseitezuschieben, wenn die Sache schiefging, lag die Schuld bei mir. Jetzt aber musste jemand dazukommen, der aus unserer Standhaftigkeit das Beste machen konnte: Christian Lindner.

Ich telefonierte mit ihm darüber schon am Mittwochnachmittag. Zu diesem Zeitpunkt war er noch in Berlin. Auf den Tag genau drei Monate war es her, dass Christian Lindner sein Amt als Generalsekretär ohne öffentliche Begründung niedergelegt hatte. Jetzt bot sich ihm die Chance für eine wunderbare Comeback-Geschichte. Wenn er die FDP wieder in den Landtag führte, würde das Rumoren über seine angebliche Fahnenflucht aus der Parteiführung wie weggeputzt sein. Dann standen ihm alle Wege offen. Er kannte Nordrhein-Westfalen und war im Landtag politisch groß geworden. Und vor allem war er ein kluger, frischer und interessanter Typ, der auf sich aufmerksam machen würde. Man musste mir Christian Lindner ja wirklich nicht erst erklären.

So reizvoll es wäre, auch in diesem Fall berichte ich nicht aus unseren Gesprächen, die wir am nächsten Tag fortsetzten. Wir telefonierten mehrfach und verabredeten uns schließlich für spätnachmittags in meinem Büro im Düsseldorfer Landtag. Er kam direkt vom Flughafen. Vor der abendlichen Landesvorstandssitzung wollten wir die Sache noch einmal unter vier Augen besprechen.

Es ist allerdings ein offenes Geheimnis, dass Lindner einer möglichen Spitzenkandidatur bis zuletzt sehr kritisch gegenüberstand. Dementsprechend berichtete die Hauptstadtpresse zunächst, Bahr werde die Spitzenkandidatur übernehmen.[9] Daniel Bahr glaubte selbst nicht, dass Lindner es machen würde. Umso überraschter war er, als ich ihn, nach meinem Treffen mit Lindner am Donnerstagabend auf dem Weg zur Landesvorstandssitzung, darum bat, kurzfristig einen Raum für eine Dreierrunde zu reservieren. Bahr berichtete mir seinerseits, dass auch Philipp Rösler an der Vorstandssitzung teilnehmen würde. Der FDP-Bundesvorsitzende wollte die sich anbahnende Kandidatur seines Freundes Bahr offenbar persönlich begleiten. Er hatte deshalb sogar eine USA-Reise verschoben. Das war sehr nett, aber die Lage war nun einmal eine ganz andere. Ich bat Bahr sicherzustellen, dass Rösler nicht in unsere bevorstehende Runde mit Lindner hineinplatzte. Wir wollten nicht unhöflich sein, aber dort hätte er wirklich stören können. Denn das Verhältnis beider galt ja spätestens seit Lindners Abgang als Röslers Generalsekretär als schwer belastet.

Rösler wartete freundlicherweise mit den anderen Landesvorstandsmitgliedern, bis Bahr, Lindner und ich in unserem kleinen Nebenraum eine Etage höher die Sache geklärt hatten. Unsere Beratung zog sich hin. Am Ende erklärte sich Lindner zur Spitzenkandidatur bereit, wenn Bahr ihm auch den Landesvorsitz überlasse. Bahr sagte ohne Zögern zu. Wir gingen nach unten, um die Entscheidung mitzuteilen.

Selten hat mir Wahlkampf so viel Freude bereitet wie in den nächsten Wochen. Wir stellten unsere Kampagne unter das Motto »Lieber neue Wahlen als neue Schulden«. Man konnte förmlich spüren, wie sich die Stimmung drehte. Wir hatten den Leuten eine Geschichte zu erzählen, und sie hörten uns zu. Christian Lindner übernahm die unumschränkte Hauptrolle und hinterließ einen famosen Eindruck. Er entwickelte sich zum Hoffnungsträger der gesamten FDP. Unsere Umfragewerte wurden von Tag zu Tag besser. Die der CDU hingegen befanden sich im freien Fall.

Der Landtag hatte sich am 14. März noch gar nicht aufgelöst, als CDU-Landeschef und Bundesumweltminister Norbert Röttgen nachmittags bereits mit einem mobilen Wahlplakat vor den Landtag rollte und seine Spitzenkandidatur verkündete. Wie sich bald herausstellte, wollte er aber nur als Ministerpräsident nach Düsseldorf kommen und ansonsten lieber in Berlin bleiben. Das kam bei den Wählern nicht besonders gut an.

Die CDU kritisierte unsere Gespräche mit der Regierung. Dabei hatte sie selbst in der Schulpolitik und bei der WestLB Rot-Grün im Sattel gehalten. Auch ansonsten vermittelte die Kampagne der CDU eher den Eindruck einer gewissen Orientierungssuche. Das Ergebnis am 13. Mai von 26,3 Prozent der Stimmen war dann auch das schlechteste, das die Union bei Landtagswahlen in Nordrhein-Westfalen jemals erzielt hatte. SPD (39,1 Prozent) und Grüne (11,3 Prozent) errangen zusammen die absolute Mehrheit und triumphierten. Aber die FDP blieb mit 8,6 Prozent im Landtag, stärker als zuvor.

Unmittelbar nach der Landtagsauflösung hatte man reihenweise politische Nachrufe über meine Fraktion und mich in den Zeitungen lesen können. Die meisten waren gar nicht unfreundlich, sondern durchaus anerkennend.[10] Aber es blieben eben Nachrufe. Dementsprechend wuchs meine Vorfreude auf das Wahlergebnis am 13. Mai von Tag zu Tag. Am Samstagmittag vor der Wahl kam Guido Westerwelle noch einmal zu einer Veranstaltung zu mir nach Königswinter. Ich wollte bis zur letzten Minute um Stimmen werben.

Deshalb verzichtete ich auch schweren Herzens darauf, am 12. Mai zum DFB-Pokalfinale nach Berlin zu fahren, wo mein Verein Borussia Dortmund, den ich seit vielen Jahren auch ehrenamtlich unterstütze, gegen Bayern München spielte. Abergläubisch bin ich nicht, aber ich wertete es schon als gutes Zeichen, dass unsere Mannschaft die Bayern mit 5 zu 2 förmlich vom Platz fegte. Die gute Stimmung blieb mir in der Tat auch am nächsten Tag erhalten. Ich kommentierte den Wahlerfolg der FDP am Abend in Düsseldorf mit innerer Genugtuung, aber ohne Triumphgeheul.

Und ich erklärte, dass das FDP-Ergebnis »in erster Linie das Verdienst von Christian Lindner« sei.[11]

Lindner seinerseits stellte fest, jetzt habe sich gezeigt: »Prinzipienfestigkeit in der Politik ist keine Dummheit, sondern ein Ausdruck von Tugend und Charakter.« Ich schlug ihn in der konstituierenden Sitzung der FDP-Landtagsfraktion mit großer Freude als meinen Nachfolger vor. Er bat mich, als Landtagsvizepräsident zu kandidieren. Ich ahnte zu diesem Zeitpunkt nicht, wie sehr wir uns in den kommenden Jahren voneinander entfernen würden.

Der »Polit-Thriller« (*Bild*) um die Landtagsauflösung in Nordrhein-Westfalen war von einschneidender Bedeutung für das Parlament, aber erst recht auch für die FDP. Mitte Februar hatte ich in einem Interview mit der *Westdeutschen Zeitung* erklärt, Christian Lindner werde »schon bald wieder wichtige Aufgaben für die FDP übernehmen«.[12] Ende März berichtete der *Stern* gar von Spekulationen in der FDP-Bundestagsfraktion, Lindner und ich hätten »den Neuwahl-Coup in Düsseldorf verabredet, um den Mann der Reserve nach vorne zu bringen«.[13] Das war nun wirklich zu viel des Guten an Verschwörungstheorie. Richtig war allein: Von nun an ging Christian Lindner seinen Weg.

KAPITEL ELF

DAS WAHLDESASTER DER FDP 2013 UND DIE SUCHE NACH EINEM NEUBEGINN

Die Hoffnungen der FDP, dass es die klugen und netten Jungs der »Boygroup« in der Zeit nach Westerwelle schon richten würden, erfüllten sich nicht. Nachdem Lindner im Dezember 2011 sein Amt als Generalsekretär der Bundespartei niedergelegt hatte, stand vor allem Philipp Rösler als Parteivorsitzender im Blickpunkt. Wie Lindner war Rösler ein junger Mann mit herausragenden Fähigkeiten. Aber er vermittelte in der Regierung Merkel nie den Eindruck von politischem Gewicht.

Selbst Erfolge wurden leichtfertig verspielt. Die FDP schlug sich bei der Suche nach einem neuen Bundespräsidenten zum Unwillen der Union auf die Seite von Joachim Gauck und sicherte ihm damit die Mehrheit in der Bundesversammlung. Doch Rösler ruinierte diesen Prestigegewinn durch einen unsäglichen Talkshowauftritt, bei dem er sich triumphierend gegen die Bundeskanzlerin aufspielte. Auch als Bundeswirtschaftsminister fehlte ihm das Profil, das Rainer Brüderle zuvor in diesem Amt entwickelt hatte. Der wiederum hielt zwar als Vorsitzender der FDP-Bundestagsfraktion den Laden nach Kräften zusammen, konnte das diffuse

Bild von Führungsschwäche und mangelnder Durchsetzungsfähigkeit aber auch nicht im Alleingang korrigieren. Als Brüderle dann noch in einer inszenierten Kampagne mit Sexismusvorwürfen überzogen wurde, war er weiter geschwächt. Es lief nicht gut für die FDP im aufziehenden Bundestagswahlkampf.

Drei Tage vor der Bundestagswahl am 22. September traf ich Christian Lindner bei einer großen Abschlusskundgebung der FDP auf dem Bonner Marktplatz. Guido Westerwelle und Hans-Dietrich Genscher waren die Hauptredner. Der Platz war gut gefüllt, es gab freundlichen Applaus, doch war die Stimmung seltsam diffus. Aus der Erfahrung vieler Wahlkämpfe entwickelt man dafür eine besondere Sensibilität. Lindner und ich telefonierten miteinander unmittelbar nach der Veranstaltung, und wir waren uns einig: Das kann tatsächlich danebengehen. Wir waren in großer Sorge, dass die FDP den Wiedereinzug in den Bundestag verpassen könnte.

Genauso kam es dann leider auch. Erstmals seit Gründung der Bundesrepublik scheiterte die FDP bei einer Bundestagswahl an der Fünfprozenthürde und schied mit 4,8 Prozent aus dem Parlament aus. Obwohl die Meinungsumfragen der letzten Wochen diese Gefahr signalisiert hatten, kam das Ergebnis doch für viele überraschend. Bisher war es der FDP auch in Krisenzeiten der Partei bei Bundestagswahlen immer gelungen, ihre Wählerschaft hinreichend zu mobilisieren. In diesem Fall hing auch die Fortsetzung der bürgerlichen Koalition in Berlin vom parlamentarischen Überleben der FDP ab, was normalerweise weitere Wähler hätte motivieren sollen. Doch diesmal war es anders. Die FDP verlor sämtliche Bundestagsmandate und schied aus der Bundesregierung aus, ein vollständiger Absturz.

Einen Tag nach der Bundestagswahl kündigte Philipp Rösler seinen Rücktritt als Parteivorsitzender an. Christian Lindner wollte sich für seine Nachfolge bewerben. Natürlich hielt ich diese Kandidatur für richtig. Wer sonst hätte es auch machen sollen? Worauf Lindner sich einließ, war natürlich ein Abenteuer mit ungewissem Ausgang. So tollkühn und karrieregefährdend, wie mancher Kommentator später meinte, war die Übernahme der Parteiführung allerdings nun auch wieder nicht. Mit dem Rauswurf aus dem Bundestag war die FDP am absoluten Tiefpunkt ihrer Geschichte angekommen. Sollte Christian Lindner scheitern, würde man wohl kaum ihm die Schuld dafür zuweisen können. Ging es wieder bergauf, verantwortete er ein wunderbares Comeback. Das würde allerdings nicht von alleine kommen. Zunächst stand Lindner in der Tat vor einer gewaltigen Aufgabe und die FDP vor einer ungewissen politischen Zukunft.

Der Parteietat schrumpfte drastisch. Die Bundestagsfraktion mit Hunderten Mitarbeitern und enormem fachlichem Knowhow musste vollständig abgewickelt werden. Damit fehlte auch ein gewichtiger, traditionell eher konservativer politischer Machtfaktor innerhalb der FDP. Die Parteiführung stand jetzt allein auf der Bühne, konnte dafür aber über das Stück, das gespielt werden sollte, vollständig selber bestimmen. Was also sollte man unternehmen, um die FDP wieder erfolgreich zu machen?

Christian Lindner und seine Helfer dachten dabei von Beginn an in Kategorien der Produktvermarktung. Die auf sein Betreiben hin neu in die Parteiführung aufgestiegene stellvertretende FDP-Vorsitzende Marie-Agnes Strack-Zimmermann machte mit dem Vorschlag auf sich aufmerksam, die FDP umzubenennen. Die »Marke« FDP sei zu sehr beschädigt. Darüber schüttelte Christian Lindner nur den Kopf. Die FDP ist eine der deutschen Traditionsparteien, die die Geschicke der Bundesrepublik seit ihren Anfängen mitgeprägt hat. Die »Marke« FDP ist jedermann bekannt, auch wenn es mit dem Image der Partei aktuell wahrlich nicht zum Besten stand.

Um es in der Sprache der jungen Lindner-Truppe auszudrücken: Die Partei brauchte einen »Relaunch«. Intern wurden Beispiele unterschiedlicher Produkte bemüht, wo dies gelungen war und die Absatzzahlen nach verändertem Markenimage wieder steil in die Höhe gingen. Die FDP sollte in Zukunft moderner und erneuert wirken. Dafür suchte Lindner eine kreative Werbeagentur. Er engagierte die, die schon bei der Wahlkampagne 2000 in

Nordrhein-Westfalen für Furore gesorgt hatte: die Agentur »Heimat«.

Aus der FDP wurden »Freie Demokraten«, die Parteifarbe Gelb durch Magenta und durch auffällige Farbkompositionen ergänzt. Die Werbelinie betont Jugendlichkeit, Dynamik und Internetaffinität. Gegen anfängliche Widerstände setzte Christian Lindner durch, dass auch die Kampagnen zu Landtagswahlen einheitlich gestaltet werden. Dafür zahlen die Kreisverbände im gesamten Bundesgebiet Sonderumlagen. Nie zuvor ist die Parteiwerbung der FDP derart zentral gesteuert gewesen, nie zuvor war sie derart prägend für ihr gesamtes Erscheinungsbild.

Allerdings stellte sich mit der besonderen Betonung der Werbestrategie umso mehr die Grundfrage, in welchem Verhältnis Verpackung und Inhalte bei der neuen FDP stehen sollten. Ich gehöre zu denen, die der Überzeugung sind, dass es bei der Vermittlung von Politik nicht einfach darum gehen kann, ein Produkt zu vermarkten und dabei vor allem an dessen Image zu feilen. Politik ist keine Lifestyle-Inszenierung. Ihre Qualität erkennt man auch nicht auf dem Laufsteg. Sie muss in der Lage sein, echte Probleme zu benennen und Lösungen zu finden. Die Themen, um die es dabei geht, sind sehr real.

Die FDP war 2013 nicht nur deshalb krachend gescheitert, weil sie in der Regierungsverantwortung nicht erfolgreich war. In der Wahrnehmung vieler Wähler hatte sie sich schlichtweg von der Realität abgekoppelt und ihre Bodenhaftung verloren. Das ging einher mit einem Glaubwürdigkeitsverlust ihres überwiegend jungen Führungspersonals, dem keine natürliche politische Autorität zugemessen wurde. Ich war nicht erst seit September 2013 der Überzeugung, dass die FDP diese Entwicklung umkehren müsse. Gerade nach ihrem Scheitern hatte sie die Chance, sich den wirklichen Herausforderungen unseres Landes ohne taktische Rücksichtnahmen widmen zu können. Genau diesen Anspruch erhob auch Christian Linder: Die »Furcht vor dem Urteil anderer« habe die FDP in der Vergangenheit »unfrei« gemacht, genau wie »eine Zögerlichkeit, bestimmte Überzeugungen öffentlich zu vertreten«. Die FDP dürfe »nicht rundgeschliffen sein wie ein Kieselstein«.[1] Ich wollte ihn dabei gerne unterstützen.

Testgelände für den erhofften Wiederaufstieg der FDP war für die kommenden Jahre vor allem Nordrhein-Westfalen. In der Bundespolitik war Lindner bis 2017 ein König ohne Land. Die FDP hatte keine parlamentarische Repräsentanz im Deutschen Bundestag mehr. Sie konnte also weder eigene Gesetzesinitiativen starten noch der Bundesregierung unmittelbar mit ihren Argumenten entgegentreten. Anders sah die Lage in Nordrhein-Westfalen aus. Auch wenn die FDP im einwohnerreichsten Bundesland in der Opposition war, blieb Lindner als Fraktionsvorsitzender die dortige parlamentarische Bühne als Labor für den Erneuerungsprozess der Partei. Nordrhein-Westfalen war für die Bundespolitik immer bedeutsam, gerade für die der FDP. Das bekam nun, in Zeiten außerparlamentarischer Opposition im Bundestag, noch einmal eine ganz besondere Dimension. Lindner brachte das in einer Fraktionssitzung in Düsseldorf schön auf den Punkt: »Da draußen ist keiner mehr, der uns hilft. Es gibt jetzt nur noch uns.«

Wir beide tauschten uns bis zum Herbst 2014 wiederholt über mögliche Schwerpunktthemen aus. Auch in der Landtagsfraktion wurde zunächst noch sehr rege diskutiert. Die FDP und ihr neuer Bundesvorsitzender befanden sich nach der einschneidenden Niederlage 2013 in einer Orientierungsphase. Innerparteilich wurden Diskussionsveranstaltungen über ein neues »Leitbild« der FDP organisiert, um möglichst viele Mitglieder in diesen Prozess miteinzubeziehen. Die Ergebnisse blieben allerdings wenig konkret und ließen kein neues inhaltliches Profil erkennen.

Es war in erster Linie Aufgabe des Parteivorsitzenden, die künftige Richtung der FDP zu markieren. An einem Punkt hatte er das bereits bei seiner Wahl auf dem Bundesparteitag in Berlin getan, als er die proeuropäische Kontinuität der FDP betonte: Sie werde nicht die Partei der »Eurohasser« werden. Aber sonst war noch vieles offen geblieben.

Ich war nicht der Einzige, der Christian Lindner dazu riet, sich der Themen anzunehmen, an die andere Parteien sich nicht recht herantrauten, obwohl sie nicht ohne Grund von der Bevölkerung als besonders dringlich betrachtet wurden. (Zu nennen ist in diesem Zusammenhang vor allem der ostwestfälische Abgeordnete und kommunalpolitische Sprecher der FDP-Landtagsfraktion, Kai Abruszat. Er schied im Herbst 2015 aus dem Landtag aus, nachdem er zum Bürgermeister der Gemeinde Stemwede gewählt worden war.) Zu den herausfordernden Themen gehörte mit Blick auf den aufkommenden islamistischen Extremismus unbedingt der gesamte Bereich der Integrationspolitik. Ich fühlte mich in meiner schon 2005 öffentlich vertretenen Forderung, wir müssten uns konsequenter mit dem islamischen Fundamentalismus in Deutschland auseinandersetzen und die »Wehrhaftigkeit« unserer Werteordnung unter Beweis stellen, durch die aktuellen Entwicklungen leider vollauf bestätigt.[2] Schon bevor die große Zuwanderungsbewegung nach Deutschland einsetzte, ließ sich in Nordrhein-Westfalen besser als anderswo erkennen, was in der Vergangenheit beim Thema Integration versäumt worden war. Diese Fehler zu benennen, war die Voraussetzung für nötige Korrekturen.

Das heutige Bundesland Nordrhein-Westfalen vereint Regionen, die historisch teilweise durch starke Migrationsbewegungen geprägt worden sind. Die Entwicklung des Ruhrgebiets zu einem Zentrum europäischer Industrialisierung im 19. Jahrhundert ist damit ebenso verknüpft wie der massive Zuzug von »Gastarbeitern« seit den sechziger Jahren des 20. Jahrhunderts. Viele blieben für immer. Die meisten von ihnen integrierten sich hervorragend und wurden zu einer Bereicherung ihrer neuen Heimat. Städte wie Köln, Düsseldorf und Bonn sind durch kulturelle Offenheit und Internationalität gekennzeichnet. Die Vielfalt der Kulturen ist ein gewachsenes Markenzeichen des Landes Nordrhein-Westfalen.

Vielleicht stärker noch als in anderen Teilen Deutschlands entwickelte sich daraus in bestimmten gesellschaftlichen und politischen Milieus aber auch eine multikulturelle Naivität, die Anderssein zu einem progressiven Wert an sich erklärt. Die gleichen

Gruppen, die die deutsche Sprache zwecks Förderung der Geschlechtergerechtigkeit bis ins Absurde »gendern« wollen, finden es offenbar unproblematisch, wenn Frauen mit islamischer Ganzkörperbedeckung das Bild deutscher Stadtviertel prägen. Letzteres wird dann eben nicht als Zeichen für die Unterdrückung der Frau gewertet, sondern als Ausdruck eigener kultureller Toleranz.

Couragierte Frauenrechtlerinnen wie Necla Kelek oder Seyran Ateş weisen seit Langem auf solche Widersprüche hin, finden jedoch politisch zu wenig Gehör, wenn sie sich nicht sogar dem Vorwurf der »Islamophobie« ausgesetzt sehen. Dabei geben regelmäßige Berichte über sogenannte Ehrenmorde an jungen Frauen und Zwangsverheiratungen weitere erschreckende Hinweise, dass die Politik viel zu lange die Augen vor der Existenz von Parallelgesellschaften in Deutschland verschlossen hat. Dort zählt religiöse Toleranz ebenso wenig wie die Gleichberechtigung von Mann und Frau.

Auch die Rechtsprechung ist in diesem Zusammenhang übrigens nicht immer hilfreich. Ich hatte an anderer Stelle dieses Buches dargelegt, dass wir zur Zeit der gemeinsamen Regierungsverantwortung von CDU und FDP in Nordrhein-Westfalen ein gesetzliches Kopftuchverbot für Lehrerinnen an Schulen verhängt hatten. Es wurde im Frühjahr 2015 vom Ersten Senat des Bundesverfassungsgerichts für verfassungswidrig erklärt. Ich hielt dieses Urteil, bei allem Respekt vor dem Gericht, für falsch und höchst bedenklich, was ich auch in einem Gastbeitrag für die *Frankfurter Allgemeine Zeitung* unmittelbar vor dem Bundesparteitag der FDP Mitte 2015 in Berlin zum Ausdruck brachte.[3] Selbstverständlich wies ich Christian Lindner auf dieses Thema hin. Ich konnte nicht den Eindruck gewinnen, dass er sich damit näher befassen wollte, ganz im Gegenteil. Doch dazu später mehr.

Schon Anfang 2014 ließ das schnelle Wachstum eines radikalen Islamismus in Deutschland erkennen, dass die Integration bestimmter Zielgruppen in die Lebensform unserer offenen Gesellschaft offenbar entschieden weniger gut gelungen war, als viele gemeint hatten. Die Zahlen, die uns der Verfassungsschutz fortlaufend vorlegte, waren besorgniserregend. Von 2012 bis Ende 2016 stieg die Zahl der Salafisten von 3.900 auf über 9.000 an. 2.850 leben in Nordrhein-Westfalen. Von ihnen gelten 650 ausdrücklich als gewaltorientiert, 160 als sogenannte Gefährder, also potenzielle Terroristen. Nordrhein-Westfalen entwickelte sich zu einem Sammelbecken für Islamisten. Nirgendwo sonst in Deutschland wurden derart systematisch und großflächig neue Anhänger rekrutiert.

Nicht erst der Fall Amri zeigt, wie ernst die aus dieser Entwicklung resultierende Gefahr für die innere Sicherheit unseres Landes tatsächlich ist. Schon im Zeitraum von 2010 bis 2015 verzeichneten die Sicherheitsbehörden in Deutschland mindestens zwölf Anschläge mit islamistischem Hintergrund, von denen die meisten zum Glück scheiterten oder vereitelt werden konnten. Seitdem sind leider weitere Attentate dazugekommen.

Es ist Aufgabe der Politik, Polizei, Verfassungsschutz und Justiz in die Lage zu versetzen, dieser Bedrohung wirksam entgegenzutreten. Doch die Frage, mit der ich mich angesichts des wachsenden islamischen Extremismus seit 2013 intensiv befasste, reichte über die Notwendigkeit der Gefahrenabwehr von terroristischer Gewalt hinaus: Wie konnte es sein, dass Tausende junger Menschen in Deutschland, die größtenteils in unserem Land aufgewachsen waren, islamistischen Hasspredigern hinterherliefen? Viele von ihnen waren sogar bereit, nach Syrien oder in den Irak zu ziehen, um sich dort an den unfassbaren Gräueltaten des IS zu beteiligen. Warum war es nicht gelungen, diese Menschen so mit den liberalen Werten unserer freiheitlichen Verfassungsordnung zu impfen, dass sie immun wurden gegen die Lockrufe islamistischer Terrorbanden?

Niemand, der seine Sinne halbwegs beieinander hat, wird pauschal den Islam für diese Entwicklung verantwortlich machen oder gar Millionen von friedliebenden, toleranten Muslimen, die in unserem Land leben. Ich hielt es angesichts der geschilderten Entwicklung gleichwohl für unumgänglich, auch die Arbeit islamischer Organisationen in Deutschland genauer in den Blick zu nehmen und auf ihren Integrationsbeitrag hin zu überprüfen. Bisher hatte das kaum stattgefunden, ganz im Gegenteil. Sie konnten selbst dann weitgehend unbehindert und unkontrolliert ihre Interessen verfolgen, wenn sie, wie im Fall der türkischen Ditib, in direktem Auftrag anderer Staaten agierten. Die Ditib, als Islamverband in Deutschland ein Ableger der staatlichen türkischen Religionsbehörde, war für die rot-grüne Landesregierung in Nordrhein-Westfalen privilegierter Gesprächspartner in nahezu allen Fragen des religiös-politischen Dialogs. Sie durfte bei der Ausgestaltung des islamischen Religionsunterrichts an nordrhein-westfälischen Schulen ebenso mitentscheiden wie bei der Lehrerausbildung. Auch in der Bundespolitik spielte und spielt die Ditib eine wichtige Rolle.

Erst durch die neueren Erkenntnisse über Spionage- und Spitzeltätigkeiten gegen mutmaßliche Kritiker des Erdogan-Regimes ist die Ditib einem breiteren Publikum bekannt geworden. Dabei ist sie seit Langem die mit Abstand mächtigste islamische Organisation in Deutschland. Ihre fast 1.000 Imame betreuen mehr als ein Drittel der etwa 2.600 Moscheen in Deutschland. Sie sind überwiegend Beamte des türkischen Staates und kommen in aller Regel nur für wenige Jahre nach Deutschland. Die wenigsten kennen ihr Gastland oder sprechen gar deutsch. Sie predigen auf Türkisch. Was sie dort predigen, hat in Deutschland lange Zeit niemanden interessiert.

Ich hielt das für einen Fehler. Schon das unbedingte Treueverhältnis der Ditib-Imame zur türkischen Regierung musste zu denken geben. In Verbindung mit der Politik Erdogans wurde diese institutionelle Einflussnahme zu einem strukturellen Risiko. Lange bevor Erdogan als Staatspräsident bei seinem Umbau der Türkei zu einem autokratischen Regime jede Rücksicht fallen ließ, war bereits erkennbar, dass er Presse- und Meinungsfreiheit, Oppositionsrechte und Rechtsstaatlichkeit in seinem Land systematisch in Frage stellte. Aus seiner islamistischen Überzeugung hatte er nie einen Hehl gemacht.[4] Wenn er zu Wahlkampfauftritten nach Deutschland kam, forderte er unsere türkischstämmigen

Mitbürger auf, sich nicht zu integrieren, sondern sich als Sachwalter der Türkei zu verstehen. Man konnte sich nur wundern, dass die deutsche Politik diesem Treiben so lange unwidersprochen zugesehen hatte.

Für eine neue, mutige FDP bot sich hier ein eminent wichtiges Themenfeld, das mit ihrem freiheitlichen Selbstverständnis unbedingt vereinbar war. Ich riet Christian Lindner Anfang 2014, sich damit auseinanderzusetzen und die Politik Erdogans öffentlich in Frage zu stellen. Zu diesem Zeitpunkt hatten sich die anderen politischen Parteien das noch nicht getraut. Wenn Lindner Profil gewinnen wollte, musste er es wagen, auch schwierige Debatten als Erster anzustoßen. So verstand ich ohnehin die Rolle der reformierten, von Lobbyeinflüssen befreiten FDP, die doch neue Wege gehen wollte. So ließ sich auch der junge Parteivorsitzende gerne öffentlich vernehmen, wo von der »Courage, dem Zeitgeist zu widersprechen« und dem »Mut, die Dinge beim Namen zu nennen« die Rede war.[5] Als Medienprofi wusste Lindner durchaus, wie man so etwas auch ohne die Bühne des Deutschen Bundestages anstellen kann.

Doch der von mir erhoffte Impuls in der Auseinandersetzung mit Erdogan kam nicht von Christian Lindner. Er kam von Joachim Gauck. Der Bundespräsident hielt bei seinem Staatsbesuch in der Türkei am 28. April 2014 eine Rede an der Universität Ankara, bei der er die Entwicklung von Demokratie, Meinungsfreiheit und Rechtsstaatlichkeit in der Türkei kritisch hinterfragte. Erdogan war empört, viele junge Türken waren begeistert.

Zwei Wochen später fand in Dresden der Bundesparteitag der FDP statt. Unter donnerndem Applaus der Delegierten lobte der Parteivorsitzende den Mut des Bundespräsidenten. Da hatte er zweifelsohne recht. Dennoch ärgerte ich mich über die verpasste Chance für die FDP. Trotz unserer langjährigen Freundschaft war ich bestimmt nicht der Einzige, der dem Parteivorsitzenden Themen ans Herz legte. Und es war natürlich seine Entscheidung, was er davon aufnahm und was nicht. Aber ich bemerkte bei ihm in diesen Wochen und Monaten generell eine zutiefst zögerliche

Grundhaltung bei der Ansprache politischer Themen. Christian Lindner wollte vor allem eins: Er wollte nicht anecken.

KAPITEL ZWÖLF

DER KONFLIKT MIT LINDNER ÜBER DAS ISLAMISMUSPAPIER

So ernüchternd die politische Zögerlichkeit Lindners in den ersten Monaten seiner Amtszeit als Parteivorsitzender auch war, sie schien mir zunächst durchaus verständlich. Schließlich lastete auf ihm eine enorme Verantwortung. Er musste sich unter den neuen, überaus schwierigen Rahmenbedingungen erst einmal zurechtfinden. Wie üblich unterwarf er sich einem gewaltigen Arbeitspensum. Aber er konnte sich nicht um alles alleine kümmern.

Unterdessen ging der militärische Vormarsch des IS weiter. Ende Juni 2014 rief er in seinem Herrschaftsgebiet in Syrien und dem Irak ein eigenes »Kalifat« aus. Berichte über die Beteiligung deutscher Islamisten an den schrecklichen Gewalttaten im Mittleren Osten häuften sich. Terrorangriffe auf Ziele in Westeuropa nahmen zu. Die Sorge der Menschen um die innere Sicherheit in Deutschland wuchs, während die Politik eher zögerlich auf die islamistische Bedrohung reagierte. In mir reifte deshalb die Überlegung, einen eigenen Diskussionsbeitrag zu verfassen. Ich beriet mich dazu mit Bijan Djir-Sarai, einem jungen FDP-Politiker iranischer Abstammung aus Neuss, der von 2009 bis 2013 als Bundestagsabgeordneter dem Auswärtigen Ausschuss angehört hatte.

Er war darüber hinaus Vorsitzender des einflussreichen FDP-Bezirksverbandes Düsseldorf. Ich kannte ihn seit Jahren als klugen, geradlinigen Gesprächspartner mit einem klaren Wertekompass. Wir beschlossen, ein gemeinsames Papier vorzulegen.

Im August 2014 veröffentlichten wir zunächst in der *Welt* einen Gastkommentar: »Islamismus ist eine Gefahr für Deutschland.« Wir mahnten darin mehr Realismus bei der Bewertung des »Arabischen Frühlings« an. (»Es ist noch nicht lange her, dass im Westen jeder ungeordnete Regimewechsel in der arabischen Welt als Siegeszug von Demokratie und Freiheit beklatscht wurde. Welch naive Fehleinschätzung!«) Und wir warnten vor der »akuten Bedrohung für unsere eigene Sicherheit, die vom islamischen Extremismus ausgeht«. Deshalb müssten wir uns jetzt endlich dagegen zur Wehr setzen. (»Wir Deutschen haben uns daran gewöhnt, unser Land als eine Insel der Friedlichkeit zu betrachten, an der Kriege und Gewaltexzesse schon irgendwie vorbeiziehen werden, wenn wir uns selbst nur möglichst still verhalten.«)[1]

Wenige Wochen später, im Oktober, stellten wir vor diesem Hintergrund ein zehn kurze Thesen umfassendes, knapp dreiseitiges Diskussionspapier fertig. Es verstand sich als Debattenimpuls inner- wie außerhalb der FDP. Wenn Christian Lindner sich persönlich zur Herausforderung des Islamismus nicht exponieren wollte, konnten das in einer lebendigen Partei ja schließlich auch andere tun. Das Thesenpapier war aber mitnichten der Versuch, dem FDP-Vorsitzenden ein Thema aufzuzwingen, ganz im Gegenteil! Für Bijan Djir-Sarai und mich war selbstverständlich, nicht hinter Lindners Rücken zu handeln. Also bekam er unser Papier persönlich vorgelegt, bevor wir es veröffentlichten.

Die FDP-Pressestelle in Berlin vermittelte uns daraufhin das Internetmagazin »The European« als Plattform für die Erstpublikation Ende Oktober. Unser Beitrag erschien dort unter der Überschrift »Wie wir uns wehren müssen«. Er wurde dann in voller Länge über den offiziellen Pressedienst der FDP-Bundespartei versandt. Umso größer war meine Verwunderung darüber, dass der Parteivorsitzende schon wenig später nichts mehr davon wissen wollte, als einige unser Thesenpapier für zu »rechtslastig« hielten. Zumal ich diesen Vorwurf zwar für erwartbar, in der Sache aber für völlig absurd hielt. Doch fraglos ist es am besten, wenn sich jeder Leser sein eigenes Urteil darüber bildet. Deshalb an dieser Stelle zunächst einmal unser kleiner Aufruf zur »Rückbesinnung auf die wehrhafte Demokratie« im originalen Wortlaut:

Für eine Werteoffensive und die Rückbesinnung auf die wehrhafte Demokratie
Von Gerhard Papke und Bijan Djir-Sarai

Mit den unvorstellbaren Gräueltaten des »Islamischen Staates« sieht sich die Welt einer massiven Bedrohung von menschlichen Freiheits- und Kulturwerten gegenüber, die noch vor kurzem undenkbar erschien. Deutschland ist davon viel stärker betroffen, als es auf den ersten Blick erscheinen mag. Sollten der Nahe und der Mittlere Osten weiter und dauerhaft destabilisiert werden, hätte das weitreichende Auswirkungen auf Sicherheit und Wohlstand in Europa. Auch war es keine Selbstverständlichkeit, sondern durchaus glücklichen Umständen geschuldet, dass unser Land bislang von islamistisch motivierten Terrorangriffen verschont geblieben ist, wie sie die USA, England oder Spanien erleben mussten. Hunderte Islamisten sind bereits aus Deutschland nach Syrien und in den Irak gezogen, um sich an Barbarei und Völkermord zu beteiligen. Viele von ihnen werden zurückkehren, enthemmte und entwurzelte junge Menschen, denen Humanität und Respekt vor dem Leben und den Rechten anderer abhanden gekommen sind. Darauf müssen wir uns vorbereiten.
Ein Vierteljahrhundert nach dem Ende des Kalten Krieges zeichnet sich erstmals wieder eine strukturelle Bedrohung für den Frieden unseres Landes ab, der wir entschlossen entgegentreten müssen. Um so mehr, als die Bedrohung von außen und von innen kommt.
Fernsehbilder von religiös oder ethnisch motivierten Straßenschlachten kannten wir bisher nur aus anderen Ländern. Jetzt

kommen sie auch aus Celle oder Hamburg. Offenbar leben Menschen in Deutschland, die sich dem Konsens einer friedlichen, weltoffenen Gesellschaft verweigern und diese Offenheit sogar gezielt für ihre extremistischen Ziele missbrauchen. Der Verfassungsschutz rechnet aktuell etwa 6.000 Personen der salafistischen Szene zu, Tendenz steigend. In Wuppertal zieht eine »Scharia-Polizei« durch die Innenstadt, in Bonn veranstalten Islamisten Grillfeste in öffentlichen Parkanlagen, um für ihre Hassparolen zu werben. Deutsche Islamisten lassen sich in Syrien stolz zwischen verstümmelten Leichen filmen oder stellen Drohvideos gegen Deutschland ins Internet.

Wir sind schlecht vorbereitet auf die Bedrohung durch den Islamismus. Wir Deutschen haben uns daran gewöhnt, unser Land als eine Insel der Friedfertigkeit zu betrachten, an der Kriege und Gewalt schon irgendwie vorbeiziehen werden, wenn wir uns selbst nur möglichst still verhalten. Das respektvolle Miteinander der Religionen in Deutschland und der unsere Gesellschaft bereichernde Beitrag von Millionen muslimischen Mitbürgern macht es uns umso schwerer, die akute Bedrohung für unsere eigene Sicherheit zu erfassen, die vom islamischen Extremismus ausgeht.

Aber wir haben in Deutschland auch darauf verzichtet, eindeutige Regeln für Zuwanderung und gesellschaftliche Integration zu formulieren. Die multikulturelle Naivität, dass alle Formen des Andersseins automatisch bereichernde Vielfalt bedeuten, wird von einer Realität eingeholt, in der Islamisten unseren pluralistischen Wertekonsens verächtlich mit Füßen treten. Das ist durchaus wörtlich zu nehmen. Ein salafistischer Messerstecher, der bei einer Demonstration in Bonn im Mai 2012 zwei Polizeibeamte schwer verletzt hatte, schleuderte bei seinem Prozess vor dem Bonner Landgericht demonstrativ eine Kopie des Grundgesetzes durch den Saal und kündigte weitere Anschläge an.

Die Mütter und Väter des Grundgesetzes wollten die Bundesrepublik Deutschland zu einer wehrhaften Demokratie gestalten. Denn sie hatten in der Weimarer Republik erlebt, wie eine liberale

Demokratie unter dem Druck von Extremisten zerrieben und der Abgrund geöffnet wurde, in den die NS-Barbarei Europa stürzen konnte. Die Abwehrbereitschaft von äußeren und inneren Bedrohungen, der die offene, freiheitliche Gesellschaft ausgesetzt ist, gehörte für die Generation der Nachkriegszeit zum selbstverständlichen politischen Wertekonsens. Es wird Zeit, sich dessen zu erinnern. Und wir müssen zugleich verhindern, dass Rechtsradikale und ihre Schlägerbanden die Bedrohung durch den Islamismus für ihre ausländerfeindlichen, undemokratischen Ziele missbrauchen. Der wehrhafte Rechtsstaat hat die Verpflichtung, dem ebenfalls mit aller Härte entgegenzutreten.

Bei der Auseinandersetzung mit der islamistischen Herausforderung, mit Hasspredigern und Gewalttätern, geht es nicht nur um legislative Maßnahmen zur unmittelbaren Gefahrenabwehr. Es geht auch um einen Bewusstseinswandel, dass der Wertekanon unserer freiheitlichen Demokratie wieder offensiver vertreten, vermittelt und verteidigt werden muss.

Dazu gehören u.a. folgende Grundsätze:

1. Deutschland kann die Wahrung seiner äußeren Sicherheit nicht anderen Ländern, vor allem den USA, überlassen. Deutschland muss vielmehr eine aktivere Rolle beim Aufbau einer internationalen militärischen Sicherheitsarchitektur übernehmen, die seinem politischen und wirtschaftlichen Gewicht entspricht. Dazu braucht die Bundeswehr die nötige Vorbereitung und Ausstattung.

2. Wer deutscher Staatsbürger werden oder ein dauerhaftes Aufenthaltsrecht in Deutschland will, hat sich vorbehaltlos und glaubwürdig zur freiheitlich-demokratischen Grundordnung zu bekennen. Es muss klarer werden, dass politische und religiöse Extremisten in Deutschland nicht willkommen sind und nicht geduldet werden. Das Ausländer- und Staatsangehörigkeitsrecht ist in diesem Sinne zu reformieren.

3. Das Asylrecht für politisch Verfolgte ist gerade vor dem Hintergrund der deutschen Geschichte ein Eckpfeiler unserer Demokratiekultur. Es darf allerdings nicht als unkontrollier-

ter Zugang für Menschen dienen, die in Wahrheit die Werte unserer offenen Gesellschaft nicht teilen. Wir müssen wissen, wer zu uns kommt.

4. Wir dürfen die massiven Integrationsprobleme in Deutschland nicht länger ignorieren. Parallelgesellschaften, die sich abschotten, religiöse Intoleranz vermitteln und selbstverständliche Freiheitsrechte wie die Gleichberechtigung von Mann und Frau infrage stellen, dürfen nicht länger als kulturelle Diversität verharmlost werden.

5. Wir erwarten von den Islamverbänden in Deutschland, dass sie aktiv und präventiv auf ihre Gemeinden einwirken, um verfassungsfeindliche islamistische Tendenzen zu unterbinden.

6. Gemeinsam mit den Islamverbänden sind Strategien zu entwickeln, wie die Integration muslimischer Gemeinden in die deutsche Gesellschaft verbessert werden kann. Imame, die etwa als Angestellte des türkischen Staates nur für wenige Jahre nach Deutschland entsandt werden und in der Regel weder die Sprache noch die Kultur ihres Gastlandes kennen, können dieser Aufgabe nur eingeschränkt gerecht werden.

7. Wer deutscher Staatsbürger werden oder ein dauerhaftes Aufenthaltsrecht in Deutschland will, muss die deutsche Sprache sprechen. Das Beherrschen der deutschen Sprache ist die Voraussetzung für erfolgreiche Integration in unsere Gesellschaft, für Verständigung und Verständnis füreinander. Nur so kann der Entstehung von Parallelgesellschaften entgegengewirkt werden.

8. Rechtzeitig vor der Einschulung in Deutschland lebender Kinder, müssen deren Sprachkenntnisse verpflichtend überprüft werden. Falls sie nicht ausreichen, um dem Schulunterricht folgen zu können, sind obligatorische Sprachkurse nötig.

9. Die Wertevermittlung an unseren Schulen über die Grundlagen der freiheitlichen Demokratie in Abgrenzung zu politi-

schem und religiösem Extremismus muss ausgeweitet und intensiviert werden.

10. Bund und Länder sollten sich mittels ihrer Zentralen für politische Bildung auf eine gemeinsame, medienwirksame Kampagne zum Thema »wehrhafte Demokratie« verständigen. Dabei ist die Botschaft herauszuarbeiten, dass unsere freiheitliche Verfassungsordnung auf verbindlichen Prinzipien der Menschen- und Bürgerrechte statt auf Beliebigkeit basiert und Feinden der Freiheit mit Entschlossenheit entgegentritt.

Als erster Journalist griff Reiner Burger das Papier Anfang November in einem ausführlichen Bericht unter der Überschrift »Wehrhafte Freie Demokraten« in der *Frankfurter Allgemeinen Zeitung* auf. Er bewertete es strategisch als Versuch der beiden Autoren, »beim Thema innere und äußere Sicherheit die FDP künftig als einzig wahre republikanisch-demokratische Alternative zu präsentieren«. Burger erinnerte darüber hinaus an Forderungen Lindners nach einer »geistigen Neugründung« der FDP, einem »neuen Kompass für die programmatische Kursbestimmung« und »Mut zu radikalen Problemlösungen«.[2]

Bijan Djir-Sarai und ich hätten den Parteivorsitzenden gar nicht derart für unser Papier bemüht, aber richtig war natürlich, dass es wie ein gezielter Impuls für die nötige inhaltliche Neuorientierung der FDP wirkte. So war es ja durchaus auch gedacht, über die unbedingte politische Dringlichkeit des Themas hinaus. Denn wir waren überzeugt davon, dass die traditionellen Parteien erkennbare Antworten auf die Sorgen der Bevölkerung geben müssten, um Links- und Rechtspopulismus gar nicht erst stark werden zu lassen. Wenn die Union und Bundeskanzlerin Angela Merkel dazu nicht bereit waren, war es erst recht an der FDP, diese Aufgabe aus einer Position der bürgerlichen Mitte heraus zu übernehmen.

Es hätte allerdings wohl mit dem Teufel zugehen müssen, wenn wir uns damit nicht hochgradig verdächtig gemacht hätten.

In mehreren Zeitungen der WAZ-Gruppe (»Schärfere Asylregeln gefordert – Die FDP rückt nach rechts«) wurde am 11. November die These vertreten, ich rühre in meinem »brisanten Thesenpapier an (sozial-)liberalen Tabus«. Meine Erläuterungen, wie, es müsse klarer werden, »dass politische und religiöse Extremisten in Deutschland nicht willkommen sind«, gerieten zur Randnotiz.

Jetzt war so ziemlich das Übelste geschehen, was einem Politiker in Deutschland passieren kann, ich war als »rechts« markiert! Die Landesvorsitzende der Grünen warf mir postwendend vor, »am rechten Rand zu fischen«. Die FDP, so lautete einer der Zeitungskommentare, habe sich mit dem Thesenpapier »endgültig entfernt« von den Wertvorstellungen »ihrer einstigen Vordenker wie Baum, Hirsch oder Hamm-Brücher«.[3]

Nun brachte der eine Vorwurf angesichts der Faktenlage meine Welt genauso wenig aus der Ordnung wie der andere. Der Parteivorsitzende war da erkennbar empfindlicher. Es wäre ihm ein Leichtes gewesen, die durchschaubare Unterstellung des »Rechtsrucks« elegant ins Leere laufen zu lassen. Er hätte die künstliche Aufregung sogar nutzen können, um die Auseinandersetzung mit dem Islamismus und das Thema innere Sicherheit für die FDP zu besetzen. Doch nichts dergleichen geschah. Stattdessen wurde ich regelrecht in den Senkel gestellt. Nur einen Tag später, am 12. November, erschien in der *Rheinischen Post* (»Partei distanziert sich: Gerhard Papke will die FDP nach rechts rücken«) gewissermaßen eine knappe parteiamtliche Gegendarstellung. Verkündet wurde sie von Johannes Vogel, Lindners Generalsekretär des FDP-Landesverbandes (»Eine Verschärfung im Einwanderungs- und Asylrecht braucht es nicht, im Gegenteil«).

Damit auch wirklich kein Zweifel mehr bestand, wie dringlich die Distanzierung von mir war, erklärte der Autor der *Rheinischen Post*, Thomas Reisener, Papkes Kurs für »gefährlich«. Und weiter: »Am Spiel mit ausländerfeindlichen Ressentiments hatte sich schon sein Mentor Jürgen Möllemann die Finger verbrannt.« Ein Spiel mit ausländerfeindlichen Ressentiments? Donnerwetter. Offenbar war ich auf direktem Weg ins braune Lager. Ich war mir dessen einfach nur noch nicht bewusst gewesen.

Zahlreiche positive Zuschriften, sowohl von innerhalb wie außerhalb der FDP, zeigten mir unterdessen, dass unser Thesenpapier offenbar deutlich differenzierter aufgenommen wurde. Selbstverständlich gab es auch Kritik. Ein Vorwurf lautete, wir stellten Flüchtlinge generell unter Islamismusverdacht. Dabei hatten wir ja lediglich vorsichtig angedeutet (»Wir müssen wissen, wer zu uns kommt«), dass eine Politik offener Grenzen für jedermann die Sicherheitsinteressen unseres Landes gefährden könnte. Doch in der »Refugees Welcome«-Euphorie jener Tage wurden derartige Warnungen nicht gerne gehört. Ich musste später noch häufiger daran denken, als bekannt wurde, dass der IS die Zuwanderungsströme gezielt genutzt hatte, um Attentäter nach Europa einzuschleusen.

In meiner eigenen Partei wurde unterdessen weiter von oben gegen mich Front gemacht. Generalsekretär Vogel setzte seine Pressearbeit fort.[4] Auch mein Mitautor Bijan Djir-Sarai geriet in Misskredit. Aber ich galt als eigentlicher Rädelsführer. Mitte November protestierten Gerhart Baum und Burkhard Hirsch beim Parteivorsitzenden gegen das Islamismuspapier und forderten eine Distanzierung.

Jetzt griff Christian Lindner richtig tief in den Instrumentenkasten. Für den 29. November war seit Langem eine turnusmäßige Klausurtagung von FDP-Landtagsfraktion und Landesvorstand in Mettmann anberaumt. Er beauftragte seine wichtigsten Helfer in Fraktion und Vorstand, den stellvertretenden Fraktionsvorsitzenden Joachim Stamp und Generalsekretär Vogel, zu dieser Sitzung zwei Anträge vorzubereiten.[5] Sinn der Übung war, das Islamismuspapier umgehend aus dem Verkehr zu ziehen. Dazu gibt es in der Parteipolitik ein probates Mittel. Wenn man eine Debatte beenden oder zumindest völlig rundschleifen will, legt man zu diesem Thema umfangreiche, jedoch nicht besonders prägnante Beschlüsse vor. Solche Beschlüsse besitzen im Prinzip keinen eigenen Neuigkeitswert. Sie sollen vor allem relativieren und gegensteuern, damit sich die Aufmerksamkeit für eine bestimmte politische Frage schnellstmöglich legt.

Angesichts der Aufgeregtheiten über unser Papier hatten Djir-Sarai und ich gar nicht vor, es bei der Klausurtagung als offiziellen Antrag vorzulegen. Wir wollten einen aus unserer Sicht völlig unnötigen innerparteilichen Konflikt nicht noch weiter anheizen. Außerdem gehörte eine parteiamtliche Beschlussfassung zu einem derart grundsätzlichen Thema ohnehin auf einen Parteitag. Doch mit den beiden Anträgen des geschäftsführenden Landesvorstandes spitzte Lindner den Konflikt weiter zu. Wurden sie in der vorliegenden Form beschlossen, war unser Diskussionsimpuls von der FDP offiziell beerdigt. Aus politischer Überzeugung, aber auch gerade angesichts des geschilderten Vorlaufs, hielt ich das für nicht hinnehmbar. Die Debatte war wichtig. Sie durfte in der FDP nicht einfach von oben unterdrückt werden.

Ich nutzte die der Tagung am 29. November vorausgehende Sitzung der Landtagsfraktion am Vortag, um in Gesprächen mit Abgeordnetenkollegen noch einmal für die Fortsetzung der von uns angestoßenen Debatte zu werben. Die meisten gaben mir recht. Am nächsten Tag erläuterten Bijan Djir-Sarai und ich bei der nichtöffentlichen Sitzung unsere Ziele. Christian Lindner reagierte derart aggressiv, wie ich es bei ihm in all den Jahren noch nie erlebt hatte. Er wetterte gegen meine Vorgehensweise und warnte davor, die FDP in ein schiefes Licht zu rücken. Die Mehrheit der Anwesenden war angesichts dieses Ausbruchs erkennbar ähnlich perplex wie ich. Aber die intensive Aussprache zeigte, dass viele Kollegen aus Vorstand und Fraktion die von uns angeregte Islamismusdebatte für richtig hielten. Schließlich rang sich Lindner schweren Herzens dazu durch, auf die vorgesehene Beschlussfassung zu verzichten. Vogel, Stamp, Djir-Sarai und ich sollten für den nächsten Landesparteitag im April 2015 eine gemeinsame Antragsinitiative erarbeiten.

Dummerweise war der *Welt am Sonntag* die ursprünglich geplante Operation bereits vorab vermeldet worden. So konnte man dort am nächsten Tag nachlesen, »an diesem Wochenende stellt

Lindner dem Papke-Papier einen Beschluss der Fraktion entgegen, in dem der Wert einer kulturell ›vielfältigen Gesellschaft‹ und der ›Gewinn durch qualifizierte Zuwanderung‹ hervorgehoben werden«.[6] Ich konnte meinem Papier nach wie vor beim besten Willen nicht entnehmen, die Werte einer kulturell vielfältigen Gesellschaft oder den Gewinn durch qualifizierte Zuwanderung auch nur annähernd in Frage gestellt zu haben.

Die Erlebnisse dieses Wochenendes ließen mich einigermaßen ratlos zurück. Ich war weit davon entfernt, das Ergebnis der Klausurtagung als Erfolg zu betrachten. Niemand in der FDP-Führung wollte die Autorität des Parteivorsitzenden schwächen, ich schon gar nicht. Das musste ihm klar sein, so gut, wie wir uns kannten. Und dennoch hatte er diese Geschichte ohne Not und Vorwarnung derart hochgejazzt und meine öffentliche Diskreditierung in Kauf genommen. Das konnte ich aushalten. Ich war weniger zornig als betrübt. Denn mir war klar, dass unsere Zusammenarbeit von nun an eine andere sein würde.

Vor allem aber keimten in mir Zweifel an Lindners Führungsstil. Dabei ging es gar nicht um mich oder unser persönliches Verhältnis. Es ging um etwas ganz anderes. Eine Partei, die nach Auffassung ihres Vorsitzenden den »Mut zu radikalen Problemlösungen« zum Markenzeichen ihres Wiederaufstiegs machen wollte, durfte nicht gleich kuschen, wenn ihr dann und wann der Wind ins Gesicht blies. Bei der anstehenden Richtungssuche musste sie zudem eine gewisse Bandbreite des Diskussionsprozesses ertragen, ohne dass der Vorsitzende gleich um seine Richtlinienkompetenz fürchtete. Schließlich wollte die FDP ja eine Partei des ganzen Volkes sein und kein Kunstprodukt. Ich war gespannt, wie es weitergehen würde.

WOFÜR STEHT DIE NEUE FDP? ZWISCHEN DIGITALISIERUNGSEUPHORIE UND ZUWANDERUNGSDEBATTE

Auch wenn Christian Lindner sich wie geschildert vor den FDP-Führungsgremien in Nordrhein-Westfalen klar von meinen islamismuskritischen Thesen distanziert hatte, ging die Debatte weiter. Mehrere Vorsitzende der neun NRW-Bezirksverbände versandten das Papier per Mail an die Parteimitglieder zur Diskussion. Im März 2015 trat ich als Hauptredner auf den Bezirksparteitagen von Ostwestfalen-Lippe, Münsterland und Niederrhein auf. Weitere Einladungen zu Auftritten auf Veranstaltungen auch außerhalb der FDP folgten. Nie habe ich bei den anschließenden Diskussionen irgendwelche rechtsradikalen Trittbrettfahrer erlebt. Auch die Zuschriften zeigten mir: Das Thema traf einfach den Nerv der bürgerlichen Mitte.

Langsam wurde mir klar, dass der Parteivorsitzende gar keine wirkliche Debatte darüber wollte, welche Konsequenzen die massive Verbreitung vormoderner islamisch geprägter Verhaltensformen in Deutschland nach sich ziehen könnte. In seinen Reden tauchte jetzt zwar regelmäßig der Begriff der »Wehrhaftigkeit« auf. Lindner verwandte ihn aber eher abstrakt gegenüber den Gefahren von Terrorismus und Extremismus. Mit seiner filigranen, dialektischen Sprachkompetenz vermag er es wie kaum jemand anders, Konkretisierungen zu vermeiden. Nur selten lässt er sich in die Karten schauen.

Beim Thema Islamismus passierte ihm das allerdings einmal ausgerechnet bei einem Talkshowauftritt, einer seiner Meisterdisziplinen. Er wurde dort angesprochen auf ein Interview, das der Vorsitzende des Zentralrats der Juden, Josef Schuster, der *Welt* gegeben hatte. Schuster hatte gesagt: »Viele der Flüchtlinge fliehen vor dem Terror des ›Islamischen Staates‹ und wollen in Frieden und Freiheit leben, gleichzeitig aber entstammen sie Kulturen, in denen der Hass auf Juden und die Intoleranz ein fester Bestandteil sind. Denken Sie nicht nur an die Juden, denken Sie an die Gleichberechtigung von Frau und Mann oder den Umgang mit Homosexuellen.«

Lindner erklärte der sichtlich überraschten Moderatorin Anne Will, Schusters Aussage sei ein Beitrag, »der das gesellschaftliche Klima vergiftet«. Pauschale Aussagen über Flüchtlinge seien genauso falsch wie pauschale Aussagen über das deutsche Volk.[1] Den Vorsitzenden des Zentralrats der Juden derart abzukanzeln war schon ungewöhnlich. Zumal die Warnung Schusters genau dem nüchternen Befund entsprach, den man von zahlreichen ausgewiesenen Kennern der islamischen Welt erfahren kann, ob einem das nun gefällt oder nicht. Die »Der Islam gehört zu Deutschland«-Rhetorik sollte nicht den Blick auf die Realitäten verstellen.

Doch der FDP-Vorsitzende mochte die ganze Debatte nicht. Und er wollte sie schon gar nicht auf seinen eigenen Parteitagen erleben. Das bekam ich selbst auf dem FDP-Landesparteitag im April 2015 in Siegburg zu spüren. In der politischen Aussprache meldete ich mich mit einem kurzen Redebeitrag zum Kopftuchverbot für Lehrerinnen zu Wort, das wenige Wochen zuvor vom Bundesverfassungsgericht verworfen worden war. Das Thema war also gleichermaßen politisch brisant wie hochaktuell. Doch nach wenigen Minuten wurde mir das Mikrofon am Rednerpult kurzerhand mit dem Hinweis abgedreht, meine Redezeit sei überschritten. Das war ein – vorsichtig formuliert – ungewöhnlicher Vorgang. So etwas hatte ich in meiner langjährigen politischen Laufbahn bei unzähligen Redebeiträgen auf Parteitagen noch nicht erlebt.

Verschiedene Journalisten versicherten mir später, die Dame am Mikrofonschalter habe zuvor eindeutig Blickkontakt zur Parteiführung gesucht.[2] Sie sollte übrigens ein Jahr später bei der Aufstellung der Bundestagskandidaten wiederauftauchen, als von der Parteispitze massiv unterstützte Überraschungskandidatin gegen den »Euro-Rebellen« Frank Schäffler. Das mag ein Zufall gewesen sein oder auch nicht. Ich will den Siegburger Vorgang auch nicht überbewerten. Aber er fügte sich durchaus ein in meine allgemeine Wahrnehmung, dass FDP-Parteitage unter der Regie von Christian Lindner ihren Charakter veränderten.

Parteitage sind in der Mediendemokratie Teil der Öffentlichkeitsarbeit und der Selbstinszenierung. Das gilt für alle demokratischen Parteien. Wie schlecht Umfragewerte auch immer sein mögen: Gerade vor Wahlen gilt es, Entschlossenheit und Zuversicht zu demonstrieren. Doch Parteitage sind zugleich die höchsten Beschlussorgane, die das Führungspersonal wählen und Richtungsentscheidungen treffen sollen. Aus diesem Grund ist die Gelegenheit zur ausführlichen Aussprache über den politischen Rechenschaftsbericht des Vorstandes unverzichtbar. Die FDP war immer eine diskussionsfreudige Partei, in der die Delegierten bei solchen Gelegenheiten eher kein Blatt vor den Mund nehmen. Für die Führung ist das nicht immer angenehm, zumal aufmerksame Journalisten so einen Blick hinter die auf Hochglanz polierte Parteienfassade werfen können. Aber es ist nun einmal Teil einer offenen Debattenkultur.

Bundesparteitage der FDP und ihre Landesparteitage in Nordrhein-Westfalen sind inzwischen in ihrer Choreografie fast vollständig auf die Reden des Vorsitzenden Lindner zugeschnitten. Christian Lindner ist ein brillanter Redner. Delegierte und Medien fühlen sich in aller Regel bestens unterhalten. Dennoch ist es kein Wunder, wenn sich innerparteilich wie in der Öffentlichkeit mehr und mehr der Eindruck einer Ein-Mann-Partei festgesetzt hat. Wer meint, Guido Westerwelle habe die FDP dominiert, hat noch keinen Bundesparteitag mit Christian Lindner erlebt. Hinter den Kulissen erkennt man das noch viel besser.

Auch wenn Lindner gerne seinen Charakter als Teamspieler betont, so ist sein innerparteilicher Machtanspruch in Wahrheit wirklich bemerkenswert. Ohne Machtanspruch kann man kein Parteivorsitzender werden oder man bleibt es zumindest nicht allzu lange. Aber Lindner überlässt bei der Steuerung der FDP mit seinem Team von Getreuen wenig dem Zufall. Ich habe keinen Bundesvorsitzenden der FDP erlebt, der die Partei in einem vergleichbaren Maße unter seine Kontrolle bringen möchte wie er.

Lindner trimmt die FDP systematisch auf das Format internetaffiner Jugendlichkeit. Es war beileibe kein Ausrutscher, dass er bei der öffentlichen Präsentation des FDP-Programmentwurfs für die Bundestagswahl ausdrücklich das Lebensalter von Bundeskanzlerin Merkel und SPD-Kanzlerkandidat Schulz zum Thema machte. Die Botschaft ist eindeutig: Welche Fähigkeit zu Modernität soll man von über 60-Jährigen auch noch erwarten können?

Die neue FDP hingegen definiert sich in einem umfassenden Sinn als Partei der Digitalisierung. Für den FDP-Vorsitzenden geht es dabei nicht nur um eine technologische Revolution, auf die sich Wirtschaft und Politik schnellstmöglich einlassen müssen. Für Lindner ist Digitalisierung gewissermaßen ein Lebensgefühl, ein Wert an sich. Bei allen relevanten Unterschieden erinnert dabei manches an die Piratenpartei. Lindner verkündete nicht ohne Grund öffentlich, dass gleich zwei von deren früheren Bundesvorsitzenden inzwischen Mitglied der FDP geworden sind. Einer von ihnen zog in einer Blitzkarriere sogar bald darauf in das Berliner Abgeordnetenhaus ein.

Im FDP-Wahlprogramm nimmt die Digitalisierung dementsprechend eine Schlüsselrolle ein. Sie wird über die höchst angemessene Befassung mit einer bahnbrechenden Technologie hinaus geradezu zu einer Zukunftsverheißung. Die FDP fordert für die Zeit nach der Bundestagswahl ein neues »Digitalisierungsministerium«. Sie will auch die Bildung weitgehend auf Informationstechnologie umstellen. (»Digitalisierung eröffnet großartige Möglichkeiten für weltbeste Bildung.«) Spöttische Bemerkungen über klassischen Schulunterricht mit Tafel und Kreide gehören zu den Standardelementen von Lindner-Reden. Der Satz des Pythagoras, so lautet eines seiner Beispiele, ließe sich auch per Video lernen. Dann könnten Schüler ihre Lerngeschwindigkeit zudem selbst bestimmen.

Nun wird niemand leugnen, dass die neue Technik auch für die Unterrichtung von Schülern Anreize schaffen und neue Möglichkeiten eröffnen kann. Dennoch teile ich die grenzenlose Bildungseuphorie nicht, die meine Partei und ihr Vorsitzender aktuell mit der Digitalisierung verbinden. Die FDP mag dabei übrigens an der Spitze der Bewegung stehen, alleine unterwegs ist sie mitnichten. Die Vermittlung digitaler »Medienkompetenz« als gleichberechtigte »Kulturtechnik« neben Lesen, Schreiben und Rechnen gehört inzwischen zum Common Sense vieler Bildungspolitiker.

Hirnforscher weisen demgegenüber darauf hin, dass digitale Medien uns geistige Arbeit abnehmen, die aber eigentliche Voraussetzung dafür sei, dass Gehirne sich entwickeln und lernfähig blieben. Je mehr Informationen ein Hirn verarbeiten müsse, desto besser werde es. Gerade für junge Menschen sei dieser Effekt überaus wichtig. Sogar die Entwicklung von Willen und Beharrlichkeit müsse antrainiert werden und werde durch die permanente Ablenkung durch Smartphones ebenso beeinträchtigt wie die Konzentrationsfähigkeit der Kinder. Lehrerinnen und Lehrer haben mir aus ihrer schulischen Praxis durchaus über solche Erfahrungen berichtet. Sie standen der bildungspolitischen Mode, Kinder so früh wie möglich an das Internet heranzuführen, deshalb häufig kritisch gegenüber.

Die wissenschaftliche Debatte über dieses schwierige Thema steht erst am Anfang. Man wird sich deshalb vor schnellen Urteilen ebenso hüten müssen wie vor einer Schwarz-Weiß-Betrachtung. Ich glaube allerdings, dass die Bildungspolitik diese Problemlage im Blick behalten muss. Genauso wie meines Erachtens die Frage auf die Agenda gehört, ob in der Schule nicht wieder viel gezielter jene Kompetenzen vermittelt werden müssen, die man sich am Smartphone beim besten Willen nicht aneignen kann, wie Hilfsbereitschaft, Fleiß und Selbstdisziplin. Wer nicht lernt, dass man sich anstrengen muss, und nicht erlebt, wie motivierend selbst erarbeiteter Erfolg wirkt, wird sich auch in der schönen neuen digitalisierten Welt kaum zurechtfinden.

Darüber sollte übrigens die in Deutschland stetig steigende Abiturientenquote ebenso wenig hinwegtäuschen wie die geradezu wundersame Vermehrung der Durchschnittsnote 1,0 beim Erwerb der allgemeinen Hochschulreife. Denn leider liegt dieser Entwicklung kein intellektueller Quantensprung zugrunde, sondern die systematische Absenkung schulischer Leistungsstandards. Die langfristigen Auswirkungen einer solchen Bildungspolitik auf die internationale Wettbewerbsfähigkeit unseres Landes dürften verheerend sein. Ich gestehe es offen: Ich bin eben ein Vertreter der »alten« FDP. Das habe ich auch Christian Lindner so manches Mal halb scherzhaft zugerufen, wenn wir uns inhaltlich ausgetauscht haben.

So war es wohl fast zwangsläufig, dass wir auch bei der politischen Bewertung der Zuwanderungsbewegung nach Deutschland zu unterschiedlichen Ergebnissen kamen. Niemanden, der ein Herz hat, kann die Not von Menschen kaltlassen, die im Bombenhagel fliehen müssen, um ihr Leben zu retten. Und als eines der reichsten Länder der Welt ist Deutschland ohnehin in der Verantwortung, seinen Beitrag im Kampf gegen Hunger und Elend in der Welt zu leisten. Wer wollte das bestreiten? Doch die politische Debatte in unserem Land über geeignete Maßnahmen in der Flüchtlingskrise litt von Beginn an darunter, dass sie jede sachliche Abwägung vermissen ließ. Wenn sogar Mitglieder der Bundesregierung öffentlich mit »Refugees Welcome«-Ansteckknadeln unterwegs sind, wird die unbegrenzte Aufnahme von Menschen zur moralischen Mission. Wehe dem, der Zweifel daran äußert!

Das Asylrecht des Grundgesetzes gehört gerade vor dem Hintergrund unserer Geschichte zur DNA der Bundesrepublik Deutschland. Aber es sollte politisch Verfolgten Zuflucht gewähren. Das Asylrecht kann kein offenes Eingangstor für eine regelrechte Völkerwanderung aus außereuropäischen Krisenregionen sein, zumal die Übergänge zur Armutsmigration ohnehin fließend sind. Das würde unser Land überfordern und uns kaum beherrschbare Integrationsprobleme bescheren. Armut muss vielmehr mit tatkräftiger deutscher Hilfe vor Ort bekämpft werden.

Angesichts der dramatisch ansteigenden, völlig ungeordneten Zuwanderung zeichnete sich spätestens im Frühjahr 2015 ein Kontrollverlust des deutschen Staates ab. Offiziell registriert wurden allein 2015 in Deutschland 890.000 Flüchtlinge. Die Bundesregierung räumte allerdings ein, keinen genaueren Überblick über die Zuwanderung zu besitzen. Die Bundeskanzlerin persönlich vermittelte den Eindruck, Deutschland sei für alle praktisch uneingeschränkt offen. Ihre Entscheidung, das europäische Asylrecht (Dublin III) einseitig nicht anzuwenden und sämtliche Zuwanderer ins Land zu lassen, markiert einen tiefen Einschnitt deutscher und europäischer Politik. Von nun an ging unser Land in der Asylpolitik endgültig einen Sonderweg. In den ersten drei Quartalen 2016 wurden in der gesamten EU 988.000 Asylanträge gestellt. Davon entfielen rund zwei Drittel auf Deutschland (685.000). Bis Ende des Jahres waren es 745.000. Deutschland nahm auch 2016 mehr neue Zuwanderer auf (280.000) als alle anderen 27 EU-Staaten zusammen. Hinzu kamen 105.000 erteilte Visa für den Familiennachzug, 50 Prozent mehr als 2015.

Dennoch schlug in kaum einem anderen Land der Welt Flüchtlingen eine derartige Welle der Hilfsbereitschaft entgegen. Das ehrenamtliche Engagement der Bürger war überwältigend. Leider mündete es irgendwann zwangsläufig in Überforderung. Wenn teilweise jeden Tag Tausende Menschen zusätzlich nach Deutschland kommen, können sie nicht mehr vernünftig betreut, geschweige denn integriert werden. Die Zweifel wuchsen. Es war spürbar, dass viele Menschen in unserem Land, auch wenn sie sich einer Weltoffenheit und Humanität verpflichtet fühlten, die Richtung der Regierungspolitik zusehends in Frage stellten. Durchhalteparolen (»Wir schaffen das«) zogen nicht mehr und wurden bei ständiger Wiederholung eher als trotzige Rechthaberei empfunden.

Aus der Zuwanderungskrise drohte eine tiefe Vertrauenskrise in die politischen Eliten zu werden. Das lag nicht zuletzt daran, dass die demokratischen Parteien viel zu lange den Eindruck erweckten, als verfüge die Politik über keine rechtlichen Mittel, um die Zuwanderung nach Deutschland zu begrenzen. So aber war es eben nicht. Nach dem gemeinsamen europäischen Asylrecht hätte Deutschland eigentlich sogar sämtliche Asylbewerber an seinen Grenzen abweisen können, die nicht in Deutschland erstmals den Boden der EU betraten. Denn das Dublin-Abkommen schreibt Asylbewerbern vor, ihren Antrag in dem Land zu stellen, in dem sie in die EU eingereist sind. Tun sie es nicht, werden sie dorthin zurückgeschickt.

Hätte die Bundesregierung erklärt, das geltende Recht anzuwenden, statt es auszusetzen, hätten unsere südlichen Nachbarstaaten ihrerseits umgehend die Einreise von Zuwanderern unterbunden. So aber wurden sie weiterhin ins Land gelassen, in Busse gesteckt und direkt zur deutschen Grenze gefahren. Als die kleinen Länder an der Balkanroute schließlich auch ohne deutsche Unterstützung ihre Grenzen schlossen, bekamen sie von der Bundesregierung zunächst sogar noch Kritik zu hören.

Umso fragwürdiger erschien dann das von Deutschland eingefädelte Flüchtlingsabkommen mit der Türkei. Die Europäische Union zahlt der Regierung Erdogan jedes Jahr Milliarden dafür, dass Zuwanderer von Europa ferngehalten werden. Dabei hatte die Bundesregierung eine solche Vorgehensweise zuvor immer als inhuman abgelehnt und deshalb die deutschen Grenzen geöffnet. Dass Erdogan überdies keine Skrupel kennt, die syrischen Flüchtlinge als Druckmittel einzusetzen, stellte er umgehend unter Beweis.

Von der deutschen Politik wurde lange Zeit parteiübergreifend der Eindruck erweckt, als bedeute jedwede Einschränkung des ungehinderten Grenzübergangs eine Gefahr für den europäischen Fortschritt. Dabei beinhaltet das Schengen-Abkommen ja lediglich die Abschaffung stationärer Grenzkontrollen, nicht etwa der Pass- oder Visumpflicht und schon gar nicht die Abschaffung der Staatsgrenzen. Offenbar muss man in Deutschland daran erinnern, dass zu den konstitutiven Merkmalen eines Staates nach wie vor die Kontrolle seiner Grenzen und der Schutz des Staatsgebietes gehören. Wenn er darauf verzichtet, hört er auf, ein Staat zu sein.

Als die Bundesregierung im September 2015 schließlich doch die Wiedereinführung von Grenzkontrollen erklärte, erschien das vielen als erfreuliche Kurskorrektur. In Wahrheit war es eher eine Beruhigungspille. Ich habe in zahlreichen Diskussionsrunden erlebt, dass in der Bürgerschaft erhebliche Missverständnisse über die Wirkung dieser Grenzkontrollen existieren. Denn zurückgewiesen werden von der Bundespolizei nicht etwa diejenigen, die beispielsweise mit verschleierter Identität nach Deutschland wollen, um dort Asyl zu beantragen. Zurückgewiesen werden ausschließlich die, die gar nicht in Deutschland bleiben möchten. Im ersten Halbjahr 2016 betraf das mehr als 13.000 Personen. Die meisten von ihnen besaßen kein oder nur ein gefälschtes Ausweisdokument und waren auf der Durchreise, etwa nach Skandinavien. Wer aber trotz fehlender oder offensichtlich falscher Papiere erklärt, in Deutschland Asyl beantragen zu wollen, darf auf jeden Fall einreisen. Die Grenzkontrollen ermöglichen also allenfalls eine bessere Verteilung der Asylbewerber auf die Aufnahmestellen. Die Beamten unserer Bundespolizei erfüllen treu ihre Dienstpflicht. Nachvollziehen können sie, nach all dem, was ich höre, derartige Vorgaben allerdings kaum. Ob es der Bevölkerung insgesamt wohl anders erginge?

Nun sind die hier in aller Kürze geschilderten Sachverhalte ja beileibe kein Geheimnis. Sie sind offenkundig, wenn man sie nur zur Kenntnis nehmen möchte. Im Rahmen meiner Handlungsmöglichkeiten, in Gremiensitzungen und Veranstaltungen, habe ich in der FDP dafür geworben, die nötigen politischen Konsequenzen daraus zu ziehen. Auch meinem Parteivorsitzenden habe ich beharrlich nahegelegt, die Rückkehr der Bundesregierung zum europäischen Asylrecht und die Schließung der Grenzen für Asylbewerber aus sicheren Drittstaaten zu fordern. Wenn er sich dem in einzelnen Interviews gedanklich näherte, hat mich das sehr gefreut, und ich habe ihm sogar ausdrücklich dafür gedankt.

Insgesamt war aber auch bei diesem Themenkomplex nicht zu übersehen, dass Lindner eine weitgehend andere Linie verfolgte. Sie bestand im Wesentlichen aus drei Elementen. Noch im August 2015, auf dem Höhepunkt der Zuwanderungskrise, legte die FDP im Düsseldorfer Landtag einen eigenen Vorschlag vor, den Lindner in den nächsten Monaten mit Nachdruck propagierte und der später in verkürzter Form auch Eingang in das Bundestagswahlprogramm fand. Das Konzept sah vor, vielen Zuwanderern, nämlich sämtlichen Asylbewerbern aus Syrien, Irak und Eritrea, nach einer Sicherheitsüberprüfung ein pauschales Aufenthaltsrecht in Deutschland zuzuerkennen. Damit wäre ein erheblicher Teil der individuellen Asylverfahren einfach entfallen.[3]

Nach dem Ende der Bürgerkriege in ihren Herkunftsländern sollten Zuwanderer aus den genannten Ländern bei mangelnder Integration dorthin zurückkehren, andernfalls aber durchaus bleiben dürfen. Das zweite Element im FDP-Konzept, ein Einwanderungsgesetz, sollte den Bedarf an qualifizierter Zuwanderung definieren, zugleich aber auch ausdrücklich eine Brücke zur ungesteuerten Zuwanderung schlagen. Selbst wenn das Asylverfahren aussichtslos wäre, müssten einmal in Deutschland befindliche Flüchtlinge die Chance bekommen, als Einwanderer anerkannt zu werden.[4]

Meine Befürchtung war, dass beide Elemente zusammen den Anreiz zur ungesteuerten Zuwanderung nach Deutschland nicht begrenzen, sondern eher verstärken würden. Wenn sich weiterverbreitete, dass niemand an der deutschen Grenze zurückgewiesen wurde und dann selbst bei abgelehnten Asylanträgen eine dauerhafte Bleibeperspektive bestand, bedeutete das wohl eher eine Ermutigung, sich auf den Weg nach Deutschland zu machen. Dass Deutschland wie jedes Industrieland hochqualifizierte Köpfe aus aller Welt einladen sollte, um mit uns zu arbeiten, ist selbstverständlich. Doch die nötige strikte Begrenzung ungesteuerter Zuwanderung bleibt eben ein ganz anderes Thema. Davon lenkt der FDP-Vorsitzende aber gezielt ab, wenn er »die Kontrolle der Zuwanderung durch ein Einwanderungsgesetz fordert«.[5]

Christian Lindner wollte und will keine restriktive Zuwanderungspolitik. Von der Forderung nach Sicherung europäischer Außengrenzen bis zur Durchsetzung von Flüchtlingskontingenten in der EU stimmte er in vielem mit der Bundeskanzlerin überein. Erst als der Unmut über die Politik der Bundesregierung immer weiter zunahm, schlug auch er härtere Töne an und beklagte den »Kontrollverlust« der Politik. Um diese Kritik sorgsam auszutarieren, grenzte sich Lindner, das dritte Element seiner Strategie, umso schärfer nach »rechts« ab: »Es muss ein Drittes geben zwischen Merkel und Seehofer, zwischen einer grenzenlosen Willkommenskultur und einer dumpfen, reaktionären Abschottung.«[6] Man kann bei Christian Lindner wirklich vieles finden. Manchmal sogar in einem einzigen Satz.

Doch Seehofer als angeblicher Protagonist dumpfer, reaktionärer Abschottungspolitik? Mein kritischer Blick auf die Flüchtlingspolitik der CSU war anderer Natur. Denn schließlich war die CSU tragender Bestandteil der Bundesregierung. Deshalb erschien das jahrelange mediale Dauerfeuer auf die eigene Kanzlerin, ohne wirkliche Änderungen zu erreichen oder sonst eben aus der Regierung auszuscheiden, doch eher skurril. So etwas hätte sich die FDP einmal erlauben sollen.

Die Ereignisse von Köln in der Silvesternacht 2015 bestärkten mich weiter in meiner skeptischen Haltung gegenüber einer naiven Zuwanderungs- und Integrationspolitik. Sie waren ein Menetekel. Mitten in Deutschland wurden Hunderte Frauen und Mädchen von einem Mob junger Männer beraubt, bedrängt und erniedrigt. Von über 1.300 Opfern, die sich bei der Polizei meldeten, erstatteten mehr als 600 Anzeige wegen sexueller Übergriffe, darunter versuchte oder vollendete Vergewaltigungen. Frauen, die dabei waren, berichteten mir, schon beim Verlassen des Kölner Hauptbahnhofes hätten sie sich gefühlt wie in einem Horrorfilm. Und wie reagierte die Politik?

Die Kölner Oberbürgermeisterin erklärte noch am 5. Januar, gemeinsam mit dem neben ihr sitzenden Polizeipräsidenten, es gebe bislang keine Hinweise darauf, dass es sich bei den Tätern um Flüchtlinge gehandelt habe. Für besondere Aufmerksamkeit sorgte ihr Hinweis, Frauen sollten bei Veranstaltungen wie Weiberfastnacht »zu Fremden eine Armlänge Distanz halten«.[7] Die rot-grüne Landesregierung brauchte Tage, um sich überhaupt zu den Vorgängen zu äußern. Die öffentlich-rechtlichen Medien berichteten zunächst nur sehr zögerlich. Wenn die Kölner Lokalpresse nicht so beharrlich recherchiert und aufgedeckt hätte, wäre die ganze Dimension der schrecklichen Vorfälle vielleicht niemals ans Tageslicht gekommen.

In linken Milieus wollte man offenbar immer noch nicht wahrhaben, dass ein über viele Jahre gepflegtes Weltbild heiler multikultureller Liberalität dem Realitätstest nicht standgehalten hatte. Selbst ein Jahr später war dieser Verdrängungsreflex bei einigen offenbar vollauf intakt. Als die Polizei in der Silvesternacht 2016 in Köln eine Wiederholung der vorjährigen Geschehnisse nur dank eines Großaufgebots verhindern konnte, wurde sie postwendend von der Grünen-Parteivorsitzenden Simone Peter kritisiert. Peter meinte, es stelle sich »die Frage nach der Verhältnis- und Rechtmäßigkeit, wenn insgesamt knapp 1.000 Personen alleine aufgrund ihres Aussehens überprüft und teilweise festgesetzt wurden«.[8] Dabei waren große Gruppen von Menschen nordafrikanischer Herkunft nicht wegen ihres Aussehens überprüft worden, sondern wegen ihres Verhaltens. Wie fühlen sich angesichts solcher Vorwürfe eigentlich Polizeibeamte, die ihren Kopf für die Sicherheit der Bürger und eine verfehlte Politik hinhalten müssen?

Die gezielten Übergriffe auf Frauen waren nicht auf die Kölner Domplatte und auch nicht auf die Silvesternacht 2015 beschränkt. Sie setzten sich fort, etwa in Hamburg, Bonn und Essen. Das Bundeskriminalamt erklärte, das Phänomen gemeinschaftlicher sexueller Belästigung von Frauen sei unter dem Namen »taharrush gamea« aus arabischen Ländern seit Langem bekannt. Nun war es offensichtlich in Deutschland angekommen. Die Kölner SPD-Politikerin und Frauenrechtlerin Lale Akgün wies wie andere Experten auf den Zusammenhang mit dem Frauenbild des konservativen Islam hin, das ebenso in deutschen Koranschulen vermittelt werde, nicht zuletzt durch den Einfluss der staatlichen türkischen Religionsbehörde.[9]

Dennoch konzentrierte sich die politische Debatte, auch im Rahmen eines parlamentarischen Untersuchungsausschusses im Düsseldorfer Landtag, vor allem auf das Verhalten der Sicherheitsbehörden und die Verantwortung der Landesregierung. Beides musste in der Tat dringend aufgearbeitet werden, selbst wenn, wie nicht anders zu erwarten, Koalitionsfraktionen und Opposition dabei zu unterschiedlichen Bewertungen kamen.

Leider fand die Politik aber immer noch nicht die Kraft, die Frage aufzuwerfen, welche Konsequenzen denn mit Blick auf den Zustrom von Zuwanderern aus rückständigen, islamisch geprägten Ländern zu ziehen wären. Zu meinen, man sollte diesen Menschen »schon in den Erstaufnahmeeinrichtungen die Grundsätze unserer Verfassungskultur vermitteln«, so wie es auch Christian Lindner anregte, schien mir eher Wunschdenken.[10] Bereits die Sprachprobleme standen einer zügigen Integration entgegen, ganz zu schweigen von der Wertevermittlung einer liberalen, aufgeklärten Gesellschaft. Denn die wenigsten Zuwanderer sprechen englisch oder gar deutsch und verfügen über eine Schul- oder Berufsausbildung, die unseren Basisstandards entspricht. Deshalb dürfte auch die Erwartung, mit Hilfe der Massenzuwanderung den Facharbeitermangel der deutschen Wirtschaft beheben zu können, reichlich illusionär sein.

Christian Lindner sieht die Zuwanderung, auch in ihrer ungesteuerten Form, dennoch vor allem als Chance. Diesen Optimismus teilte ich nicht. In einem Gastbeitrag für die *Welt*, Ende September 2015, räumte er zwar ein, dass »manche Zuwanderer sich werden ändern müssen«. Aber: »Unser Land wird durch Zuwanderung sein Gesicht ändern. Manche sagen sogar, Deutschland müsse sich ändern. Zweifellos werden die traditionellen Prägekräfte nachlassen, neue werden Einfluss gewinnen.«[11] Mir war diese Haltung als politische Aussage zu abstrakt und unverbindlich. Ich persönlich wollte nicht, dass Prägekräfte in Deutschland Einfluss gewinnen, wie wir sie auf dem Kölner Bahnhofsvorplatz erleben mussten.

Wie bereits an anderer Stelle beschrieben, hielt ich es ohnehin für sinnvoll, uns auch als überzeugte Europäer unserer nationalen Traditionen und kulturellen Errungenschaften als Deutsche zu vergewissern. Angesichts der neuen Herausforderungen schien es mir nötiger denn je. Lindner aber stellte mit Blick auf die Zuwanderer klar: »Wir erwarten nicht die Anerkennung einer angeblichen ›Leitkultur‹ zwischen Opernhaus und Oktoberfest. Sie ist selbst für viele Deutsche eine Fiktion.«[12] Er distanzierte sich von einer solchen Debatte, indem er sie als verstaubte Bürgerlichkeit persiflierte.

Schon früher, noch als FDP-Generalsekretär, hatte Lindner mit kritischem Hinweis auf die staatliche Unterstützung christlicher Kirchen angeregt, islamische Gemeinden stärker in die »staatlichen Kooperationsbeziehungen« einzubinden und damit aufzuwerten, um die »weltanschauliche Neutralität« des deutschen Staates zu stärken. Zugleich warnte er davor, »das Grundgesetz als Entwicklung aus dem ›christlich-jüdischen Erbe‹ zu interpretieren«.[13] Völlig unabhängig von der Frage der persönlichen Religiosität halte ich hingegen dieses christlich-jüdische Erbe für einen Eckpfeiler der abendländischen Kultur. Es gehört zwingend zur nationalen Identität unseres Landes, wenn man eine solche zu akzeptieren bereit ist. Nationale Identität, auch als Erwartungshaltung gegenüber Zuwanderern, und kosmopolitische Offenheit schließen einander im Übrigen nicht aus. Für viele europäische Nationen ist das geradezu eine Selbstverständlichkeit. Warum nicht für uns Deutsche?

Die deutsche Staatsbürgerschaft darf aus meiner Sicht auch nicht zu einer Art beliebiger Vereinsmitgliedschaft werden. Sie braucht Bekennertum zu unserem Land und seinen Werten. Union und SPD haben 2014 die Optionspflicht für in Deutschland geborene Ausländer abgeschafft, sich bis zur Vollendung des 23. Lebensjahres für eine Staatsbürgerschaft entscheiden zu müssen. Die FDP will, dass Mehrfachstaatsbürgerschaften zum Normalfall werden. (»Viele Einwanderer sind von mehreren Kulturen geprägt und fühlen sich diesen zugehörig. Niemand sollte gezwungen sein, sich zwischen dem Land seiner Vorfahren und dem Land seines Lebensmittelpunktes zu entscheiden.«)[14]

Als die CDU auf ihrem Bundesparteitag im Dezember 2016 mit knapper Mehrheit beschloss, die von ihr selbst gerade abgeschaffte Optionspflicht wieder einzuführen, distanzierte sich die CDU-Bundesvorsitzende Angela Merkel von dieser Entscheidung ebenso wie der CDU-Landesvorsitzende in NRW, Armin Laschet. Dennoch liefen im Düsseldorfer Landtag SPD, Grüne und FDP gegen den CDU-Parteitagsbeschluss Sturm und forderten die Beibehaltung der doppelten Staatsbürgerschaft. Der stellvertretende FDP-Fraktionschef Joachim Stamp erklärte sie sogar zu einem Instrument gegen Erdogan. In ihr Bundestagswahlprogramm nahm die FDP immerhin noch die Einschränkung auf, die automatische doppelte Staatsbürgerschaft nur bis zu den Enkeln der Ersteingebürgerten zu verleihen.

Beim türkischen Verfassungsreferendum im April 2017 fand Erdogan sogar deutlich mehr Unterstützung bei den in Deutschland lebenden türkischen Staatsbürgern, die zur Wahl gingen, als in der Türkei selbst. Dieses Votum war wohl kaum etwas anderes als ein trauriger Beleg für gescheiterte Integration. Ein Autokrat greift nach absoluter Macht, beschimpft Deutschland für angebliche »Nazi-Methoden« und wird von großen Teilen der türkischen Gemeinde in ebendiesem Land bejubelt. Es ist höchste Zeit, von der Illusion Abschied zu nehmen, dass sich Identifikation mit den Werten unseres freiheitlichen, liberalen Verfassungsstaates gewissermaßen von selbst ergibt, wenn man Zuwanderer, die für immer in Deutschland bleiben wollen, nur nicht zur Integration drängt. Diese Illusion mündet in Parallelgesellschaften.

Aus diesem Grund sehe ich auch das Ausländerwahlrecht auf kommunaler Ebene für Menschen ohne EU-Staatsbürgerschaft kritisch. Das Ziel echter Integration sollte der Erwerb der deutschen Staatsbürgerschaft sein, verbunden mit allen Rechten und Pflichten. Ein Sonderstatus beim Wahlrecht relativiert dieses Ziel. Die FDP ist dennoch dafür, selbst wenn Lindner diese Frage momentan nicht auf die politische Tageordnung setzen möchte. Dabei wäre in Kommunen mit starkem türkischstämmigen Bevölkerungsanteil die Gefahr nicht von der Hand zu weisen, dass der bestens organisierte deutsche Ableger der Erdogan-Partei AKP sogar eigene Abgeordnete in deutsche Städte- und Gemeinderäte entsenden könnte. Lindner lässt dieses Argument nicht gelten. Er riet der CDU im Düsseldorfer Landtag unter Applaus von FDP, SPD und Grünen dazu, es nicht zu verwenden. Denn es trage »die Gefahr der Pauschalierung und Diskriminierung in sich«.[15] SPD und Grüne betrachten die FDP beim Ausländerwahlrecht nicht ohne Grund als potenziellen Verbündeten. Sie waren enttäuscht, als sie im März 2017 mit einem verfassungsändernden Antrag im Landtag scheiterten. Aber Lindner war zu vorsichtig, um sich trotz der unterstützenden Beschlusslage der FDP zu diesem Zeitpunkt darauf einzulassen. Er hatte Sorge vor einem Proteststurm der Bevölkerung.

Von Vorsicht ganz anderer Art geprägt war die Haltung der FDP zur bereits mehrfach erwähnten Ditib, dem deutschen Ableger der staatlichen türkischen Religionsbehörde Diyanet. Die Ditib ist in den letzten Monaten als verlängerter Arm Erdogans in die Schlagzeilen geraten. Die Bundesanwaltschaft ermittelt gegen mindestens 13 ihrer Imame wegen mutmaßlicher Spionage für die Türkei. Sie sollen Anhänger der sogenannten Gülen-Bewegung in Deutschland bespitzelt haben. Während im Februar 2015 noch 117

Prediger der Ditib Seelsorge in Justizvollzugsanstalten des Landes Nordrhein-Westfalen betrieben, sank ihre Zahl bis Anfang April 2017 auf 12. Grund dafür war die zwischenzeitliche Einführung einer generellen behördlichen Sicherheitsüberprüfung. Ihr wollten sich die meisten Imame nicht unterziehen.

Weniger Beachtung in der Öffentlichkeit hatte indessen im September 2016 ein Vorgang gefunden, den ich für ungeheuerlich hielt: Die *Rheinische Post* veröffentlichte am 6. September einen von der Ditib-Mutterorganisation Diyanet herausgegebenen »Comic«, der offenbar als Unterrichtsmaterial für junge Schüler verwendet wurde.[16] Darin warben Eltern auf eine geradezu perfide Art und Weise bei ihren Kindern für den Tod als islamischer Märtyrer. (»Der Prophet, Allahs Friede und Segen auf ihm, sagt: Der Märtyrer verspürt den Todesschmerz bloß so stark wie ein Zwicken.«) Es verschlug einem wirklich die Sprache.

Dennoch weigerte sich die Ditib, sich davon zu distanzieren. Daraufhin stellte das NRW-Innenministerium die bisherige Zusammenarbeit mit ihr bei einem Landespräventionsprogramm ein, das Jugendliche vor dem Abdriften in den Salafismus schützen sollte. Im Schulbereich wurde die Zusammenarbeit hingegen fortgesetzt. Die Ditib beriet die Landesregierung weiterhin bei der Gestaltung des Islamunterrichts an nordrhein-westfälischen Schulen.

All diese Informationen waren bereits öffentlich und lagen den Abgeordneten vor, als sich die FDP-Landtagsfraktion am 6. September vormittags zu ihrer turnusmäßigen Sitzung versammelte. Christian Lindner war nicht dabei. Um 14.00 Uhr endete die Antragsfrist für die Plenartage in der darauffolgenden Woche. Die FDP hätte also alle Möglichkeiten gehabt, den beschriebenen Vorgang sofort aufzugreifen und mit einer politischen Initiative ins Parlament zu bringen. Ich hielt das für selbstverständlich. Mehrere Kollegen stimmten mir zu. Doch aus der Fraktionsführung wurde dafür geworben, erst einmal Sachaufklärung zu betreiben, was immer das heißen sollte. Offenbar sollte der Gesprächsfaden zur Ditib nicht gefährdet werden. Der Vorgang roch nach einer

»Appeasement«-Politik, die ich als peinlich empfand. Aber er fügte sich ein in vieles, was ich zu diesem Themenkomplex bereits beschrieben habe. Erst deutlich später, im Januar 2017, rang sich die Fraktion schließlich zu der Forderung durch, die Zusammenarbeit des Landes mit der Ditib mit Blick auf die Spionagevorwürfe auf Eis zu legen.

Möglicherweise hätte ich bei einer Abstimmung in der FDP-Fraktion für meine klare Haltung durchaus eine Mehrheit bekommen. Aber ich verzichtete auf eine solche Abstimmung und gab lediglich zu Protokoll, es für einen schweren Fehler zu halten, nicht sofort einen Antrag zum »Diyanet-Comic« vorzulegen. Warum? Ein Abstimmungserfolg hätte an der gesamten politischen Grundlinie von Christian Lindner nichts geändert. So wie die Dinge lagen, wäre er vielmehr als böswillige Aktion in seiner Abwesenheit gedeutet worden. Auf solche Spielchen wollte ich mich nicht einlassen. Meine Entscheidung war bereits gefallen und ich fühlte mich darin leider mehr denn je bestätigt. Genau eine Woche später erklärte ich meinen Verzicht auf eine erneute Landtagskandidatur.

AUSBLICK

Parteien müssen mit der Zeit gehen, sonst gehen sie mit der Zeit. Das gilt gerade für die FDP. Schließlich ist der Liberalismus als Fortschritts- und Modernisierungsbewegung entstanden, die Grenzen überwinden wollte. Aber diese Bewegung gründete zugleich im Begriff von Nation und nationalem Interesse. Ich glaube nicht, dass eins von beiden heute verzichtbar ist, nur weil die Welt in hohem Tempo zusammenrückt und sich viele Dinge durch die technologische Entwicklung umfassend wandeln. Vielleicht werden Kategorien wie Heimat und kulturelle Identität sogar wieder an Bedeutung gewinnen. Die Abwehrreflexe, die schon der Begriff der »Leitkultur« aufseiten der politischen Linken in Deutschland auslöst, dürften daran wenig ändern. Die ungesteuerte Zuwanderung und die Herausforderung westlicher Werte, übrigens nicht nur durch den Islamismus, erfordern eine Debatte, woraus der besondere Kitt unseres eigenen Landes besteht. Sie wird sich nicht im ausschließlichen Hinweis auf das Grundgesetz erschöpfen können.

In einer von enormer Beweglichkeit geprägten Gesellschaft bieten sich dem Einzelnen vielfältige Chancen, aber es drohen auch Rastlosigkeit und Anonymität. Dagegen helfen zuvorderst die kleinen sozialen Netzwerke von Familie und Freunden. Aus kulturellen Traditionen gewachsene, ungeschriebene Regeln des gesellschaftlichen Miteinanders bedeuten nicht zwangsläufig die Rückkehr zum Biedermeier. Die identitätsstiftende Kraft der gemeinsamen deutschen Sprache zu vermitteln, ist kein Ausdruck von Provinzialität. Genauso wenig steht ein weltoffener Patriotismus für den Rückschritt in nationalstaatliche Abschottung. Zusammenhalt bietet Sicherheit.

Rüdiger Safranski hat pointiert formuliert, Deutschland habe nach seiner »schlimmen Geschichte« seine Nationalgefühle in Europa »entsorgen« wollen. Die anderen Nationen sähen hingegen keinen Grund dafür. In Deutschland empfinde man »nationale Interessen fast als unanständig«.[1] In der Tat muss sich deutsche Politik wohl erst wieder daran gewöhnen, ihr Handeln zuerst an den Interessen unseres Landes und seiner Bürger auszurichten. Das ist mitnichten ein Gegensatz zu internationalen und humanitären Verpflichtungen. Deutsche Verantwortung für Freiheit und Frieden daheim und in der Welt erfordert Selbstbewusstsein statt Selbstpreisgabe.

Das sollte uns auch bei der nötigen Reform der Europäischen Union leiten. Denn die Entscheidung Großbritanniens für den EU-Austritt ist ein Warnsignal. Zu meinen, der Ausgang des Volksentscheids sei nur auf populistische Desinformation zurückzuführen, unterschätzt, wie sehr die europäischen Institutionen auch bei den Menschen auf dem Kontinent an Vertrauen eingebüßt haben. Dass Kommissionschef Juncker als Reaktion auf das britische Votum allen Ernstes den weiteren Ausbau von EU-Kompetenzen forderte, zeigt leider, wie weit man sich in Brüssel von der Wahrnehmung der Bevölkerung entfernt hat.

In politischen Sonntagsreden wird gern das Prinzip der Subsidiarität beschworen. In der politischen Praxis hat sich der bürokratische Entscheidungsprozess der EU längst verselbstständigt. Er wird im Detail nur noch von wenigen Spezialisten durchschaut. Die Bürger können sich und ihre Interessen darin nicht mehr wiederfinden. Das gefährdet auf Dauer die gesamte europäische Idee. Deshalb sollte diskutiert werden, wie der Brexit als Impuls für eine Reform der europäischen Verträge in Richtung einer Gemeinschaft souveräner Staaten genutzt werden kann. Die Europäische Union muss wieder erkennbar werden als freiwilliger

Zusammenschluss europäischer Völker zum Wohle aller statt als europäische Superbürokratie mit Entmündigungstendenz.

Die FDP stand als Partei stets für Weltoffenheit und Toleranz, aber mit fester Verankerung in unserer gewachsenen bürgerlichen Werteordnung. Viele Menschen erleben im Alltag, dass der Respekt vor anderen und ihrem Eigentum in erschreckender Weise nachlässt. Sie wünschen sich, dass die Regeln unseres Zusammenlebens mit Nachdruck vermittelt werden, in unserem Bildungssystem wie auch bei der Durchsetzung unserer Rechtsordnung. Man mag das meinetwegen eine konservative Haltung nennen, aber sie hatte in der FDP immer ihren festen Platz.

Jetzt ist vieles im Fluss. Es war für mich beispielhaft zu erleben, wie die FDP ihre Haltung zur Freigabe von Rauschgift innerhalb eines Jahres um 180 Grad drehte. Die FDP-Fraktion im Düsseldorfer Landtag stimmte im Sommer 2014 gegen einen Piraten-Antrag zur Freigabe von Cannabis und warnte unter Hinweis auf die Ergebnisse einer Expertenanhörung eindringlich vor den gesundheitlichen Gefahren. (»Als Folge von Cannabiskonsum treten vermehrt schizophrene Psychosen auf.«)[2] Dann lancierte die FDP-Nachwuchsorganisation eine Kampagne für die Liberalisierung von Cannabis. Guido Westerwelle hätte in eine solche Debatte auf einem Bundesparteitag eingegriffen. Christian Lindner tat es nicht. Die Jungen Liberalen konnten sich mit knapper Mehrheit durchsetzen.

Jetzt warb die FDP-Fraktion auch im Landtag Nordrhein-Westfalen für die Freigabe und warf ihre bisherige Sachargumentation dabei vollständig über den Haufen. Sogar fiskalische Aspekte wurden nun bemüht. (»Das Land könnte Einnahmen in Milliardenhöhe durch die Besteuerung von Cannabis generieren.«)[3] Die Cannabis-Pirouette meiner Fraktion überforderte dann doch meine Abstimmungsdisziplin. Zum ersten Mal in meiner langjährigen Abgeordnetenzeit stimmte ich im Landtag gegen meine eigene Partei und gab eine ausführliche Erläuterung meiner Haltung zu Protokoll.[4] Ich hielt die Legalisierung des Rauschgifthandels auch in regulierter Form weiterhin für nicht verantwortbar.

Noch abrupter erfolgte unter Führung Lindners die Kehrtwende beim Wahlalter. SPD und Grüne wollten es bei Landtagswahlen in Nordrhein-Westfalen auf 16 herabsetzen. Die FDP stand hingegen immer auf dem Standpunkt, dass das Wahlrecht und die volle Verantwortung als Volljähriger möglichst nicht auseinanderfallen sollten. Weil das Wahlrecht mit 18 in der nordrhein-westfälischen Landesverfassung steht, konnte es die rot-grüne Parlamentsmehrheit nicht im Alleingang ändern. Für eine verfassungsändernde Mehrheit brauchte sie die CDU oder die FDP plus Piraten.

Nachdem die FDP-Fraktionsführung noch im März 2016 die Absenkung des Wahlalters abgelehnt hatte, war sie acht Wochen später dazu bereit, es doch aus der Verfassung herauszunehmen und durch einfaches Landesgesetz zu regeln. Dann hätte eine rot-grüne Parlamentsmehrheit zur Wahlrechtsänderung ausgereicht. Die Sache scheiterte am Ende nur daran, dass ein politisches Gegengeschäft mit SPD und Grünen über weitere Verfassungsänderungen platzte.

Jeder, der sich in einer politischen Partei engagiert, erlebt, dass dann und wann etwas beschlossen wird, was seiner eigenen Überzeugung zuwiderläuft. Damit muss man leben. Guido Westerwelle pflegte scherzhaft zu sagen, wenn man eine Partei suche, die immer die eigene Meinung teile, solle man am besten seine eigene gründen und einziges Mitglied bleiben. Die genannten Beispiele warfen mich nicht aus der Bahn. Sie zeigen aber, dass in der Partei der Digitalisierung momentan die Halbwertzeit von politischen Positionen, die aus einer eher traditionellen Haltung resultieren, rapide abnimmt. Ich könnte die Liste weiter verlängern. Viele mögen diesen von Christian Lindner forcierten Trend begrüßen. Das ist selbstverständlich legitim. Ich persönlich hingegen tue mich schwer damit.

Zumal ich nicht erkennen kann, dass damit eine tatsächliche Offenheit innerparteilicher Debattenkultur einhergeht. Frank Schäffler, der als sogenannter Euro-Rebell das Profil der FDP beim Thema Währungsstabilität wesentlich geschärft hatte, fiel beim Parteivorsitzenden derart in Ungnade, dass die Führung alle Register zog, um seine Rückkehr in den Bundestag zu verhindern. Die Lindner-Getreuen arbeiteten über Monate daran. Gegen Schäffler lief ein regelrechtes Kesseltreiben, wie ich es bei der Aufstellung vieler Kandidatenlisten in all den Jahren nicht erlebt hatte. Es war beschämend.

Man muss den damaligen Zeitpunkt für den von Schäffler initiierten FDP-Mitgliederentscheid über die europäische Schuldenpolitik nicht für sinnvoll gehalten haben, um anzuerkennen, dass er in der FDP für eine klare und wichtige Position steht. Seine Kritik an der Politik der Europäischen Zentralbank mit all ihren negativen Auswirkungen für deutsche Sparer ist aktueller denn je. Dennoch gelang es Schäffler auf der FDP-Landeswahlversammlung im November 2016 dank einer exzellenten Rede nur um Haaresbreite, sich gegen die von der Parteiführung gebildete Fronde durchzusetzen. Mich hat es sehr gefreut. Ich bin mir sicher, dass er sich in der neuen FDP-Bundestagsfraktion nicht unterkriegen lässt.

Die FDP hat beste Chancen, in den Bundestag zurückzukehren. Sie wird dort als Partei, die auf die Stärke jedes Einzelnen setzt, und als einzige marktwirtschaftliche Kraft auch dringend gebraucht. Dann dürfte sich zeigen, welchen weiteren Weg sie nehmen will. Hoffentlich nicht den zu einer reinen Inszenierungspartei.

Was mögliche Regierungsbündnisse angeht, ist selbstverständlich, dass sich die FDP nicht ausschließlich auf eine Partei als Koalitionspartner reduzieren darf. Aber der skizzierte Wandlungsprozess der Partei beinhaltet auch die Gefahr, Koalitionsfragen allein nach machtpolitischer Opportunität zu entscheiden. Schließlich treten normative Grundentscheidungen bei der neuen FDP in den Hintergrund. Christian Lindner räumt selber ein, dass er sich nicht an konservative Wähler wendet. Jeder wird für sich entscheiden, ob er diese Haltung richtig findet oder nicht.

Umso wichtiger ist es, vor Wahlen verbindlich zu erklären, was man danach erreichen möchte und möglichst auch mit wem. Vor der Landtagswahl in Nordrhein-Westfalen hat die FDP zu meiner

Freude am Ende eine Ampel-Koalition ausgeschlossen. Nach der Wahl bietet sich nun gemeinsam mit der CDU sogar die Chance auf einen vollständigen Neuanfang. Jetzt muss der Politikwechsel, von dem so viel die Rede war, entschlossen ins Werk gesetzt werden, um mit konkreten Ergebnissen zu überzeugen. Wie sich die FDP nach der Bundestagswahl verhält, bleibt abzuwarten. Ich werde ihre Rolle jedenfalls mit dem besonderen Interesse des Weggefährten verfolgen.

ENDNOTEN

Kapitel Eins   Mein Rückzug aus dem Landtag

1   »Papke gehörte als FDP-Fraktionschef in der Zeit der schwarz-gelben Landesregierung (2005 bis 2010) zu den einflussreichsten und anerkanntesten Politikern der NRW-Liberalen. Maßgeblich prägte er den wirtschaftsfreundlichen Kurs ›Privat vor Staat‹, setzte den Ausstieg aus den Steinkohlesubventionen durch. Papkes scharfe Zunge war bei Freund und Feind gefürchtet.« *Express*, 15.9.2016; »Zwischen 2005 und 2012 war er Fraktionschef und galt als rhetorisch beschlagener Gralshüter liberaler Werte. Papke verband lange ein enges Vertrauensverhältnis zu Parteichef Lindner, dem er nach den Neuwahlen 2012 bereitwillig den Fraktionsvorsitz überließ.« *Westdeutsche Allgemeine Zeitung*, 15.9.2016; »Er hat allein deshalb einen Platz im Landesgeschichtsbuch, weil er 2012 das Nein der FDP zum rot-grünen Etat durchsetzte und damit Neuwahlen heraufbeschwor – aus denen die FDP überaus gestärkt hervorging.« *Rheinische Post*, 15.9.2016.

2   »Hut ab!« Ulrich Lüke zum Rückzug des FDP-Politikers Gerhard Papke. *General-Anzeiger Bonn*, 15.9.2016.

3   »Eine Ampel-Koalition in Nordrhein-Westfalen habe ich bereits auf unserem Landesparteitag im April ausgeschlossen. Danach wurde ich mit 98 Prozent in meinem Amt bestätigt. Die Behauptungen von Gerhard Papke sind daher falsch. Seine Motive können wir uns nicht erklären. Sie haben nichts mit dem tatsächlichen Kurs der FDP zu tun.« Erklärung von Christian Lindner. Medien-Information der FDP-NRW, 14.9.2016.

Kapitel Drei   Arbeit im Landtag

1   Die Betreiber von Wind-, Photovoltaik- und Biogasanlagen erhielten über den Subventionsmechanismus des EEG im Jahr 2013 21,5 Milliarden Euro. 2015 waren es bereits mehr als 25 Milliarden Euro.

2   »Politischer Schutzpatron der Windkraftgegner ist vor allem der FDP-Landtagsabgeordnete Gerhard Papke. Der Wirtschaftsexperte, der noch vor zwei Jahren in seinem Kampf gegen die Windmühlen wie ein moderner Don Quichotte wirkte, wird heute gefeiert, wenn er gegen die ›volkswirtschaftlich verheerende und ökologisch unsinnige

Windindustrie‹ wettert. Seine Argumente und die wachsenden Proteste in vielen Landesteilen haben offenbar auch die CDU beeindruckt [...] Auch die regierende SPD bezieht inzwischen vorsichtig Distanz, nimmt aber noch Rücksicht auf den grünen Koalitionspartner, der jedes neue Windrad als Beitrag zum Umweltschutz feiert.«; »Ärger über ›Verspargelung‹ der Landschaft.« *Die Welt*, 31.1.2002.

Kapitel Vier   Das »Projekt 18« und sein tragisches Ende

1   »Das absehbare Ende eines ›Dream-Teams‹.« *Kölner Stadt-Anzeiger*, 25.9.2002.

2   »Wir dürfen Möllemann nicht tabuisieren.« *Westdeutsche Allgemeine Zeitung*, 23.8.2007; »Fraktionschef Papke lobt Möllemanns strategischen Ansatz.« *Westdeutsche Zeitung*, 4.6.2008; »FDP bricht ihr ›Möllemann-Tabu‹.« *Märkische Oderzeitung*, 4.6.2008.

Kapitel Fünf   Machtwechsel in Nordrhein-Westfalen: die Landtagswahl 2005 und der Kurs marktwirtschaftlicher Erneuerung

1   »In der FDP Differenzen um Kohle.« *Kölner Stadt-Anzeiger*, 15./16.5.2004.

2   »Das Nein zur Steinkohle ist Koalitionsbedingung.« Bericht über ein Redaktionsgespräch. *Münstersche Zeitung*, 24.3.2005.

3   »Den Subventionsbergbau schnell beenden«. *Frankfurter Allgemeine Zeitung*, 27.4.2005.

4   »Wie das Land Schulden versteckt. Ein FDP-Abgeordneter prangert Scheinprivatisierungen an.« *Kölner Stadt-Anzeiger*, 6.4.2004.

5   *Kölner Stadt-Anzeiger*, 11.6.1999.

6   »Die Erklärung ist wahrscheinlich ganz einfach: Kurz vor der Zählung wurden Vermessungspflöcke in die Erde getrieben und anschließend wieder herausgezogen. Nach dem Entfernen der Pflöcke erweckten die verbleibenden Löcher den Eindruck, dass es sich um Reste von Hamsterfallröhren handelt.« Pressemitteilung des Ministers für Bundes- und Europaangelegenheiten, 16.2.2001.

7   »Neues vom Feldhamster?« Antwort der Landesregierung auf die Kleine Anfrage 2052 des Abgeordneten Dr. Gerhard Papke. Drucksache 13/6360, 8.12.2004; »Der Feldhamster in NRW – die Suche geht weiter.« Antwort der Landesregierung auf die Kleine Anfrage 2148 des Abgeordneten Dr. Gerhard Papke. Drucksache 13/6622, 21.2.2005.

8   Siehe etwa den Aufmacher im *Kölner Express*, 2.3.2005: »Hamster wichtiger als Arbeitslose? 5,2 Millionen sind ohne Job. Aber NRW-Politiker blockierten aus Sorge um Nager eine 2-Milliarden-Investition, die 12.000 Arbeitsplätze schafft.«

9   Landtag Nordrhein-Westfalen, Plenarprotokoll 14/31, 31.5.2006, Seite 3345 f., 3351.

10   »Es geht nicht um die Bewertung von Religionen‹. Der FDP-Fraktionschef im Landtag, Gerhard Papke, über die Dimension des Kopftuchs, die Integrationspolitik der neuen Landesregierung und die Pflicht zu Deutschkursen.« *General-Anzeiger Bonn*, 3.11.2005.

11 »Ich kann das Geschwätz vom angeblichen Scheitern des Neoliberalismus nicht mehr hören. In Wahrheit war es der Neoliberalismus, der im vergangenen Jahrhundert eine liberale Ordnungspolitik gegen den reinen ›Laissez-faire‹-Glauben gesetzt hat.« »Papke: Ludwig Erhard war ein Neoliberaler.« ddp-Interview, 8.1.2008.

12 Zitiert nach: »Die FDP lässt Protestwelle kalt.« *Aachener Zeitung*, 15.1.2007.

13 »Beachtlicher Protest.« *Rheinische Post*, 8.3.2007: »Die Liberalen gelten in der Koalition als Tempomacher, wenn es darum geht, das Credo ›Privat vor Staat‹ umzusetzen. Die Kritik der Demonstranten zielt deshalb vor allem auf die FDP. Aber die bleibt völlig gelassen, denn sie hat sich durchgesetzt.«

14 Jahre später und längst in anderer Funktion bedankte sich Helmut Linssen bei einem Besuch der FDP-Landtagsfraktion im September 2014 noch einmal ausdrücklich für die Unterstützung der FDP.

15 »NRW-Liberale forcieren Ausstieg aus WestLB. Fraktionschef Papke will Abschluss noch in diesem Jahr.« *Handelsblatt*, 14.2.2007.

16 So der wirtschaftspolitische Sprecher der SPD-Landtagsfraktion, Norbert Römer. Pressemitteilung der SPD-Landtagsfraktion, 10.2.2006. Siehe auch: »Wirbel um den Börsengang der RAG. Nordrhein-Westfalens FDP fordert Kohle-Ausstieg.« *Kölner Stadt-Anzeiger*, 11./12.2.2007.

17 Siehe z.B.: »FDP droht mit NRW-Alleingang beim Kohle-Ausstieg.« dpa, 9.1.2007.

18 »FDP drängt Rüttgers in die Offensive.« *Kölner Stadt-Anzeiger*, 1.2.2007.

19 »FDP: Wir stehen zum Börsengang. Landtagsfraktionschef Papke widerspricht Wirtschaftsministerin Christa Thoben.« Interview mit den *Ruhr-Nachrichten*, 21.3.2007.

20 »FDP unterstützt Bergbauopfer. Eigentlich sollten die Bergbaubetroffenen nicht im Kuratorium der Kohle-Stiftung vertreten sein. Jetzt erklärten die Liberalen ihren Vertreter in dem Gremium zum Ombudsmann. Der fuhr jetzt zum Antrittsbesuch an den Niederrhein.« *Rheinische Post*, 13.10.2007.

Kapitel Sechs   Neue Themen, neue Lagen, neue Wege?

1 Siehe z.B.: »Müde Füße, steife Nacken. Die auffällig große Rolle der FDP in der Rüttgers-Regierung.« *Süddeutsche Zeitung*, 4.7.2006; »Wie David Goliath ärgert. Der kleine Koalitionspartner FDP profiliert sich in Düsseldorf – auf Kosten der CDU.« *Westdeutsche Allgemeine Zeitung*, 9.3.2006.

2 »FDP will einen NRW-Landesfesttag.« *Welt am Sonntag*, 21.8.2005: »Neue Idee. Ein bisher unveröffentlichter Vorschlag zeigt Papkes neues Rollenverständnis: ›Ich bin dafür, einen Nordrhein-Westfalen-Tag als jährlich wiederkehrendes Landesfest einzuführen‹, sagt Papke dieser Zeitung. ›Das Landesjubiläum im Oktober 2006 könnte die Geburtsstunde werden. Städte und Regionen sollten sich um die Ausrichtung bewerben‹.«

3 »Geht Wolf, kommt Papke?« *Bild-Zeitung*, 20.3.2007.

4   »NRW braucht Tempo.« Rede auf dem FDP-Landesparteitag am 21.4.2007 in Hamm;
     Siehe auch: »Liberalisieren: Sozialpolitik à la FDP.« *Aachener Zeitung*, 23.4.2007; »Wolf
     soll Anti-Terror-Gesetz kassieren.« *Westfälische Rundschau*, 23.4.2007.

5   Siehe: »Kindergarten-Sparhammer.« *Bild-Zeitung*, 20.4.2006; »FDP will bei CDU-Res-
     sorts kürzen.« Westfälische Nachrichten, 6.4.2006; »Schwarz-Gelb legt nach – Koaliti-
     on beschließt Nachbesserungen bei Kindergärten und Jugendarbeit.« ddp, 25.4.2006.

6   Siehe z.B.: »Streit um Rüttgers' ›Lebenslügen‹.« *Westdeutsche Allgemeine Zeitung*,
     9.8.2006; »FDP zeigt Rüttgers die Gelbe Karte.« *Welt Kompakt*, 9.8.2006; »Ohne FDP
     ist die Union orientierungslos.« Interview mit Christian Lindner. *Aachener Nachrich-
     ten*, 10.8.2006; »NRW-FDP mokiert sich über Rüttgers.« *Rheinische Post*, 19.8.2008;
     »FDP rügt Rüttgers' Wirtschaftskritik.« *Kölner Stadt-Anzeiger*, 21.8.2008.

7   »Rüttgers setzt sich vom Koalitionsvertrag ab.« Interview mit der *Frankfurter Allge-
     meinen Zeitung*, 23.05.2009.

8   Ebenda.

9   Siehe z.B.: »FDP hält an Hauptschule fest. Papke: Eigenständiger Beitrag zur Entwick-
     lung der Schulpolitik.« Interview mit der *Westfalenpost*, 23.11.2007.

10   Zitiert nach: »Eiszeit in der NRW-Koalition.« *Rheinische Post*, 14.11.2007.

11   Siehe z.B.: »Kinder fordern, aber nicht überfordern. FDP-Landtagsfraktionschef Ger-
     hard Papke zur Rolle der Liberalen.« Interview mit den *Ruhr-Nachrichten*, 29.7.2009;
     »NRW-FDP verärgert über Schulministerin Sommer.« dpa, 9.8.2009.

12   »FDP fordert ›weltoffenen Patriotismus‹.« *Rheinische Post*, 10.4.2007.

13   »Patriotismus-Debatte: Kritik an Papke.« *Rheinische Post*, 11.4.2007.

14   »Patriotisch, unkorrekt, liberal«. Interview mit der *Welt am Sonntag*, NRW-Teil,
     30.5.2011.

**Kapitel Sieben   Guido Westerwelle, der missverstandene Wahlerfolg 2009 und die
»Boygroup«**

1   Siehe z.B.: »Westerwelle sollte sich von nun an wieder einmischen.« Interview mit der
     Frankfurter Allgemeinen Zeitung, 30.1.2012; »Papke sehnt sich nach Westerwelle. Der
     Landtagsfraktionschef fordert eine Führungsrolle für den früheren Parteichef.« *Kölner
     Stadt-Anzeiger*, 21./22.1.2012.

2   »Die FDP wird sich von den Sozialdemokraten in der CDU nicht diktieren lassen, dass
     in der Bundespolitik so weitergewurschtelt werden soll wie in der Großen Koalition.
     Es ist bemerkenswert, dass NRW-Arbeitsminister Laumann seit dem Erfolg der FDP
     bei der Bundestagswahl täglich für Positionen trommelt, für die die SPD gerade in die
     Wüste geschickt worden ist.« »FDP will Wende einleiten.« *Westdeutsche Allgemeine
     Zeitung*, 3.10.2009.

3   Siehe z.B.: »Pinkwarts gesammeltes Zittern.« *Frankfurter Allgemeine Sonntagszeitung*,
     7.2.2010; »Was will Andreas Pinkwart?« *Die Welt*, 16.2.2010; »Alleingänge eines Cha-
     osforschers.« *Süddeutsche Zeitung*, 16.2.2010.

4 »NRW-FDP will Westerwelle-Thesen zum Wahlkampf-Thema machen.« ddp, 17.2.2010.

5 Landtag Nordrhein-Westfalen. Plenarprotokoll 14/146, 11.3.2010, S. 17007.

6 »Wir dürfen nicht zulassen, dass der Parteichef für alles verantwortlich gemacht wird, was in der Bundesregierung schief gelaufen ist.« *Westfälische Nachrichten*, 17.6.2010; »Die NRW-FDP steht ohne Wenn und Aber hinter Guido Westerwelle, und daran wird sich auch nichts ändern.« *Kölner Stadt-Anzeiger*, zitiert nach: dpa, 25.8.2010, »NRW-Fraktionschef stützt Westerwelle.«

7 *Handelsblatt*, 19.8.2010.

8 Siehe z.B.: »Der Kämpfer für die Ampel geht. SPD und Grüne bedauern den Rückzug von FDP-Chef Andreas Pinkwart. Ein Ampel-Bündnis in NRW scheint nun in weite Ferne zu rücken.« *General-Anzeiger Bonn*, 23.10.2010.

9 Philipp Rösler, Christian Lindner (Hrsg.): Freiheit: gefühlt-gedacht-gelebt. Liberale Beiträge zu einer Wertediskussion, Wiesbaden 2009.

10 »Wie die späte DDR.« Interview mit dem *Spiegel*, 13.12.2010; »Mit ätzender Kritik kann man vielleicht Selbstdarstellung betreiben, aber keine Probleme der FDP lösen. So macht man sich nur zum Kronzeugen der Gegner. Wolfgang Kubicki pflügt damit auch unsere ersten Erfolge unter.« Christian Lindner, zitiert nach: *Recklinghäuser Zeitung*, 13.12.2010.

11 »Jetzt erst recht – Neujahrsappell an alle Liberalen.« *Frankfurter Allgemeine Zeitung*, 4.1.2011.

12 *Neue Ruhr Zeitung/Neue Rhein Zeitung*, 31.1.2011.

13 Siehe:»›Ich kandidiere nicht.‹ Der Fraktionsvorsitzende Papke will nicht, der Generalsekretär Lindner will auch nicht. Doch die FDP in Nordrhein-Westfalen ist trotzdem zuversichtlich, bald einen Nachfolger für Andreas Pinkwart im Landesvorsitz zu finden.« *Frankfurter Allgemeine Zeitung*, 26.10.2010.

14 »Ich bemängle, dass sie bisher nicht mutig genug sind zu handeln. Sie sollen deutlich machen, dass die FDP wieder zu liberalen Themen und einer Themenbreite zurückfindet.« *Frankfurter Allgemeine Zeitung*, 30.3.2011.

15 »Wir brauchen eine inhaltliche und personelle Erneuerung. Da kann sich keiner ausnehmen. Jeder muss sich prüfen.« *Kölner Stadt-Anzeiger*, 1.4.2011.

16 »Freiheit, Klartext, Kernthemen.« *Die Welt*, 12.5.2011.

17 Guido Westerwelle, mit Dominik Wichmann: Zwischen zwei Leben. Von Liebe, Tod und Zuversicht, Hamburg 2015, S. 49; »Westerwelle gestärkt nach FDP-Klausur in Bensberg.« *Rheinische Post*, 1.9.2011.

18 »Papke: Lindner-Rücktritt substanzielle Schwächung.« dpa, 14.12.2011.

Kapitel Acht   Ausweg Ampel? Die Landtagswahl 2010 und die Haltung der FDP

1 Siehe z.B.: »Wer von Schwarz-Grün träumt, könnte mit Rot-Rot-Grün aufwachen. FDP-Fraktionschef Papke warnt CDU vor Koalitions-Wechsel.« *Bild-Zeitung*, 1.2.2010; »NRW-FDP mahnt CDU zu klarem Kurs.« *Rheinische Post*, 6.3.2010.

2 »NRW-FDP: Rüttgers ein Ehrenmann. GA-Interview mit Fraktionschef Papke.« *General-Anzeiger Bonn*, 10.3.2010.

3 Siehe z.B.: »Parteienlandschaft gerät in Bewegung. Kraft schließt Koalition mit Linkspartei in NRW nicht aus.« *Recklinghäuser Zeitung*, 20.6.2007; »FDP gegen ›linke Volksfront‹.« *Rheinische Post*, 27.6.2007; »Linkspartei mischte ohne Mandat den Düsseldorfer Landtag auf.« *Neue Ruhr Zeitung/Neue Rhein Zeitung*, 13.3.2008.

4 »Es werde vielen Menschen ›wie blanker Hohn vorkommen, dass eine von Linksextremisten geprägte Partei am 20. Jahrestag des Mauerfalls gezielt auf der Bühne der Landespolitik platziert‹ werde. Die Linkspartei werde mit guten Gründen vom Verfassungsschutz beobachtet und sei von ›kommunistischen Altkadern‹ geprägt.« *Westfälischer Anzeiger*, 10.11.2009.

5 »In NRW hat sich ein Dickicht von staatlichen Gesellschaften, Initiativen und Agenturen ausgebreitet, das längst keiner mehr durchschaut und von dem keiner weiß, wem es nützt – außer den Interessengruppen, die es sich dort bequem gemacht haben. Da müssen wir ran! Sie glauben ja gar nicht, was man da alles findet. Zum Beispiel bei der Stiftung Umwelt und Entwicklung. Das Anlagevermögen liegt inklusive Stiftungskapital bei über 20 Millionen Euro, aus dem Landeshaushalt gab es zuletzt jährlich etwa 5 Millionen. Ein Auszug aus der Projektliste: Die Ausstellung ›Blumenwelten: Der dornige Weg vom Feld zur Vase‹, Zuwendungsempfänger: die Gesellschaft für Friedenserziehung, Siegen. Für knapp 100.000 Euro konnten Sie bei der Ausstellung ›Riksha! Riksha!‹ ›einen realistischen Einblick in aktuelle soziale und ökologische Aspekte der Riksha als städtisches und ländliches Nahverkehrsmittel‹ gewinnen: Sicher eine interessante Studie für unsere Verkehrspolitiker! 167.000 Euro für einen alternativen Waldschadensbericht, der die negativen Auswirkungen beleuchtet, die Deutschland auf die Wälder anderer Länder hat, oder, ganz aktuell zur laufenden Karnevalssession, 104.000 Euro zur Untersuchung Faire Kamellen im rheinischen Karneval. Da kann man wirklich nur noch sagen: Alaaf und Helau!« Redemanuskript zum Neujahrsempfang der NRW-FDP, 15.1.2006.

6 »Papke über Grüne empört.« *Kölner Stadt-Anzeiger*, 23./24.2.2008: »Mit ihrer ›Diffamierung der FDP als Staatsfeind‹ habe die Oppositionspolitikerin ›den Konsens der Demokraten in Frage gestellt‹, sagte der liberale Politiker dem *Kölner Stadt-Anzeiger*. Sylvia Löhrmann hatte dieser Zeitung gesagt, ein Bündnis mit der FDP komme für ihre Partei in NRW nicht in Frage, die Liberalen ›sind marktradikal, das sind die wahren Staatsfeinde‹. Papke sagte dazu, als Staatsfeind gelte in dieser Republik jemand, der die freiheitliche Grundordnung abschaffen wolle. Die Äußerungen von Frau Löhrmann seien ›inakzeptabel und unanständig unter Demokraten‹.«

7 »Pinkwart schließt Ampel in NRW aus. FDP-Landeschef gegen Allianz mit SPD und Grünen.« *Financial Times Deutschland*, 11.5.2010: »Der Landesvorsitzende Andreas Pinkwart und Fraktionschef Gerhard Papke beteuerten gestern einhellig, dass eine Allianz aus SPD, Grünen und FDP keine Option sei.«; *Frankfurter Allgemeine Zeitung*, 11.5.2010: »Der FDP-Fraktionsvorsitzende Gerhard Papke kündigte im Gespräch mit dieser Zeitung an, seine Partei werde den Gang in die Opposition antreten. Auch der FDP-Landesvorsitzende Andreas Pinkwart bekräftigte, keine ›Ampel‹-Koalition einzugehen.«; *Westdeutsche Allgemeine Zeitung*, 11.5.2010: »Mit der Rückkehr in die Opposition hat sich die FDP offenbar bereits abgefunden. Sowohl FDP-Landeschef

Andreas Pinkwart als auch Papke schlossen eine Ampel-Koalition mit SPD und Grünen unmissverständlich aus.«

8 Siehe z.B.: »FDP bietet sich Rot-Grün an. Landeschef Andreas Pinkwart will mit SPD und Grünen über eine Ampel-Koalition reden. Jetzt gilt er als Umfaller.« *Rheinische Post*, 12.5.2010; »Überraschendes Signal an SPD und Grüne. Nordrhein-Westfalens FDP-Chef will nun doch über eine Ampel-Koalition reden, sein Angebot verwirrt allerdings sogar die eigene Partei.« *Süddeutsche Zeitung*, 12.5.2010.

9 »Es kann nach meiner Überzeugung keine Ampel-Koalition geben. Koalitionen müssen sich durch inhaltliche Gemeinsamkeiten begründen. Die sehe ich mit SPD und Grünen nicht.« Gespräch mit dem *Handelsblatt*. Zitiert nach: »NRW-FDP-Fraktionschef Papke sieht kaum Chancen für Ampel-Koalition.« ddp, 11.5.2010.

10 »Parteien, sie sich mit kommunistischen Verfassungsgegnern verbünden wollen, kommen für die FDP nicht als Gesprächspartner in Frage, erst recht nicht als mögliche Koalitionspartner.« Zitiert nach: ddp, 13.5.2010.

11 »Ampelmännchen gibt den Weg frei.« *Rheinische Post*, 15.5.2010.

12 Siehe z.B.: »Machtkampf vor der ›Ampel‹.« *Westfälische Nachrichten*, 5.6.2010; »Herr der Volten.« *Frankfurter Allgemeine Zeitung*, 10.6.2010; »Gerhard Papke, Fraktionschef der NRW-FDP, will partout keine Ampel.« *Süddeutsche Zeitung*, 10.6.2010.

13 Zur FDP-Delegation gehörten die stellvertretenden Landesvorsitzenden Piltz und Freimuth, Landesschatzmeister Dammermann, Generalsekretär Stamp, Innenminister Wolf, der parlamentarische Geschäftsführer der Landtagsfraktion Witzel, der Europaabgeordnete Graf Lambsdorff, Pinkwart und Papke.

14 dpa, 16.6.2010.

15 Zitiert nach: »Ohne Ampelmann.« *Frankfurter Allgemeine Zeitung*, 12.6.2010.

16 »FDP zieht sich zurück. Aus für ›Ampel‹ und ›Jamaika‹.« dpa, 17.5.2010.

Kapitel Neun   Linksbündnis auf Abruf

1 »Liberale fühlen sich nicht eingeladen.« *Kölner Stadt-Anzeiger*, 25.8.2010.

2 Siehe z.B.: »Krafts neues Kabinett nimmt Konturen an.« *Westfalenpost*, 22.6.2010; »Rot-Grün hofft in Düsseldorf ganz leise auf die FDP.« *Handelsblatt*, 19.7.2010.

3 Gespräch mit der *Welt am Sonntag*, NRW-Teil, 5.7.2010.

4 Zitiert nach: »FDP will Minderheitsregierung in NRW nicht helfen.« dpa, 10.9.2010.

5 »FDP legt sich bei Schulfrieden in NRW quer. Liberale befürchten ›Generalangriff auf Gymnasien und Realschulen‹.« *Aachener Nachrichten*, 14.7.2011.

6 »›Ich glaube, dass dies ein sehr tragfähiger Konsens ist‹. Ehemaliger Chef der Landespartei widerspricht der FDP.« *Kölner Stadt-Anzeiger*, 21.7.2011.

7 Zitate aus: »Ich biete Rot-Grün Gespräche an.« Interview mit der *Westdeutschen Zeitung*, 18.2.2011; »Wenn SPD und Grüne einsehen, dass ihr koalitionsähnliches Gebilde mit der Linkspartei gescheitert ist, dann sind nicht Neuwahlen die natürliche Folge, sondern neue Gespräche mit FDP und CDU, um zu einer stabilen Regierung der

Mitte zu kommen.«»FDP in NRW geht jetzt auf Rot-Grün zu.« *Kölner Stadt-Anzeiger*, 15.1.2011; »NRW wird seit Monaten vom linken Rand aus regiert. Entsprechend mittelstandsfeindlich und wirtschaftsfeindlich sind auch die Maßnahmen, die bisher umgesetzt worden sind. Diese Situation halten wir für nicht länger hinnehmbar. Deshalb haben wir mit Blick auf die akute Haushaltskrise der Landesregierung vorgeschlagen, dass alle demokratischen Parteien noch einmal Gespräche miteinander führen, um auszuloten, wie man in NRW eine stabile Regierung der Mitte bilden und einen verfassungsmäßigen Haushalt vorlegen kann. Ob es überhaupt zu solchen Gesprächen kommt, ist ebenso völlig offen wie ihr mögliches Ergebnis. Es gibt kein Koalitionsangebot der FDP:« Interview mit dem Magazin *Der Selbständige*, April 2011; Siehe auch: »Versöhnung mit spalterischer Absicht«. *Frankfurter Allgemeine Zeitung*, 18.1.2011.

8   Siehe z. B.: »Die Zurück-Ruderer. Im Streit um den Landeshaushalt haben sich CDU und SPD gegenseitig mit Neuwahlen gedroht. Doch jetzt ist keine Rede mehr davon, weil keine der beiden großen Parteien auf Zugewinne hoffen kann.« *Rheinische Post*, 18.5.2011.

9   Siehe z.b.: »Außer Rand und Bank.« *Frankfurter Allgemeine Zeitung*, 1.7.2011; »Chaos, Eklat und Tohuwabohu.« *General-Anzeiger Bonn*, 1.7.2011.

10   »SPD/FDP-Kaffeetrinken im NRW-Landtag löst Spekulationen aus.« dapd, 6.10.2011; »FDP stützt Rot-Grün in NRW.« *Rheinische Post*, 6.10.2011; »Die Liberalen bieten Rot-Grün punktuelle Zusammenarbeit an.« *Kölner Stadt-Anzeiger*, 7.10.2011; »Die rot-gelbe Kaffee-Connection. FDP erteilt Absage an Ampel-Koalition.« WDR.de, 10.10.2011.

11   Siehe z. B.: »FDP will Rot-Grün nicht helfen.« *Frankfurter Allgemeine Zeitung*; »Schreckschuss für Kraft. FDP sagt Nein zum Haushaltsentwurf der rot-grünen Minderheitsregierung.« *Welt kompakt*; »Neue NRW-Schulden! FDP geht auf Rot-Grün los.« *Bild-Zeitung*; »Die FDP stimmt dem Etatentwurf für 2012 nicht zu. Rot-Grün steht vor einer Zitterpartie.« *Kölner Stadt-Anzeiger*, alle Artikel vom 22.12.2011.

12   »Als FDP-Fraktionschef Gerhard Papke gestern mit scharfen Worten das Nein seiner Partei zu den Haushaltsplänen von Rot-Grün verkündete, blickte er im Düsseldorfer Landtag in viele erstaunte Gesichter. Auf der Regierungsbank hatte man angenommen, die Liberalen würden sich Rot-Grün aus Angst vor Neuwahlen an den Hals werfen. Die Zustimmung der FDP zum Stärkungspakt Stadtfinanzen wurde in der Koalition offenbar überinterpretiert.« »FDP düpiert Rot-Grün.« Kommentar von Gerhard Voogt. *Rheinische Post*, 22.12.2011.

Kapitel Zehn   »Lieber neue Wahlen als neue Schulden.« Die Landtagsauflösung 2012 und Lindners Rückkehr in die Landespolitik

1   Zitiert nach: »NRW-FDP droht mit Scheitern des Haushalts 2012.« dpa, 15.1.2012.

2   Siehe z.B.: »Rot-Grün setzt beim Haushalt auf die FDP. Regierungschefin Kraft traf sich mit Fraktionschef Papke.« *Westdeutsche Allgemeine Zeitung*, 10.2.2012; »Liberale gehen auf Rot-Grün zu. Gerhard Papke sprach mit Hannelore Kraft über den Etat 2012.« *Kölner Stadt-Anzeiger*, 11./12.2.2012.

3   Siehe: »Tat, Kraft und Etat.« *Frankfurter Allgemeine Zeitung*, 7.3.2012.

4 »Keine Partei will Neuwahlen. FDP-Fraktionschef Papke lehnt Regierungsbeitritt ab.« *Rheinische Post*, 12.3.2012.

5 »Landtagsdirektor gab Gutachten in Auftrag.« *Rheinische Post*, 17.3.2012.

6 »Der Krieg«. *Frankfurter Allgemeine Sonntagszeitung*, 18.3.2012: »In der Landtagsverwaltung wird beteuert, es sei den Beteiligten nur um die Sache gegangen. Dass der federführende Referatsleiter ein SPD-Parteibuch besitzt, habe keine Rolle gespielt. Im Übrigen sei der zuständige Abteilungsleiter CDU-Mitglied. Immerhin könnte das aber erklären, warum die Rechtsauslegung noch am Montagnachmittag sowohl die SPD-geführte Staatskanzlei erreichte als auch die CDU-Fraktion. Linkspartei und FDP, auf die es ja ankam, blieben bis Dienstagnachmittag im Unklaren.«

7 Siehe dazu ebenda: »Alle Fraktionschefs nahmen die Auslegung hin – alle, bis auf Gerhard Papke. […] Papke forderte eine schriftliche Begründung an, die um 17.45 Uhr vorlag. Sie umfasste nicht nur die am Montag besprochene Rechtsauslegung, sondern zwei Anlagen. Eine davon hat es in sich. Es handelt sich um einen Vermerk der Verwaltung vom 15. August 2011, der den Stempel »Nur für den internen Dienstgebrauch« trägt. Er stammt vom selben Referatsleiter, der auch den neuen Vermerk gezeichnet hat. Der Jurist wirft die Frage auf: Findet eine dritte Lesung statt, wenn ein Haushalt in zweiter Lesung abgelehnt wurde? Seine Antwort: ›Auch eine Ablehnung des Haushalts in der 2. Lesung macht eine 3. Lesung nicht entbehrlich.‹ Sodann liefert er Beispiele aus der Praxis, die seine Auslegung stützen. Niemand, der diesen Vermerk liest, käme auf die Wendung, die derselbe Autor ihm am Dienstag gibt: Zwar sei eine dritte Lesung auch dann obligatorisch, wenn ein Haushalt in zweiter Lesung ganz oder teilweise abgelehnt sei. Doch könne die Schlussabstimmung das Ergebnis der vorherigen Befassung nicht mehr heilen. Sie wird zum leeren Akt.«

8 *Rheinische Post*, 17.3.2012, unter Berufung auf Martin Morlock, Professor für Öffentliches Recht an der Universität Düsseldorf. Siehe auch: »Auflösung war nicht zwingend.« *Westfälische Nachrichten*, 17.3.2012, unter Berufung auf Janbernd Oebbecke, Professor für Öffentliches Recht an der Universität Münster.

9 Siehe z.B.: *Frankfurter Allgemeine Zeitung*, 16.3.2012: »Papke und das eiserne Kreuz« sowie das Porträt von Daniel Bahr in derselben Ausgabe: »Machtgewandt.«

10 Siehe z.B.: »Furchtlos vor dem Ende. Die FDP riskiert für die eigene Ehre das Parlaments-Aus.« *Neue Ruhr Zeitung/Neue Rhein Zeitung*, 15.3.2012; »Liberaler mit Prinzipien.« *Kölner Stadt-Anzeiger*, 16.3.2012, sowie die Porträts in der *Rheinischen Post* und in der *Westdeutschen Zeitung*, 15.3.2012.

11 *Frankfurter Allgemeine Zeitung*, 14.3.2012.

12 »Sparen, sparen, sparen.« *Westdeutsche Zeitung*, 14.2.2012.

13 »Die Lindner-Magie.« Der Zwischenruf aus Berlin von Hans-Ulrich Jörges. *Stern* 14/2012.

Kapitel Elf   Das Wahldesaster der FDP 2013 und die Suche nach einem Neubeginn

1   Zitate aus den Reden von Christian Lindner beim Dreikönigstreffen der FDP am 6.5.2015 und auf dem FDP Landesparteitag NRW am 5.4.2014.

2   Siehe: Kapitel 5.

3   Darin schrieb ich u.a.: »Das Bundesverfassungsgericht stützt sich in seinem neuen Urteil auf eine theologische Expertise des islamischen Obersten Religionsrates der Türkei, aus der es folgendermaßen zitiert: ›Muslimische Frauen müssten ab Eintritt der Pubertät in Gegenwart von Männern, mit denen sie nicht verwandt seien und die zu ehelichen ihnen religionsrechtlich erlaubt sei, ihren Körper – mit Ausnahme von Gesicht, Händen und Füßen – mit Kleidung derart bedecken, dass die Konturen und Farbe des Körpers nicht zu sehen seien‹. Wie bitte? Soll das etwa die neue Leitlinie für den Auftritt muslimischer Lehrerinnen an staatlichen Schulen sein? Man darf bezweifeln, dass die Öffentlichkeit bereits erfasst hat, was da auf unsere Schulen zukommen könnte. Was macht das Gericht denn eigentlich, wenn eine muslimische Lehrerin, gleichermaßen gestützt auf solche Religionsgutachten, demnächst in der Burka unterrichten will? […] Wie muss es denn auf ein kleines muslimisches Mädchen wirken, wenn es sogar an einer staatlichen deutschen Schule von kopftuchtragenden Lehrerinnen unterrichtet wird? An einer Schule, an der es doch ganz wesentlich um die Chance jedes einzelnen Schülers geht, eigene Überzeugungen zu entwickeln und seinen Platz in der Mitte unserer Gesellschaft zu finden. Ausgerechnet dort, wo der Behauptungswille unserer auf individuellen Freiheitsrechten und Toleranz basierenden westlichen Werteordnung mehr denn je gefestigt werden müsste.« Gerhard Papke: »Das Kopftuchurteil schwächt unsere Werteordnung.« *Frankfurter Allgemeine Zeitung*, 15.5.2015.

4   »Die Demokratie ist nur der Zug, auf den wir aufsteigen, bis wir am Ziel sind. Die Moscheen sind unsere Kasernen, die Minarette unsere Bajonette und die Gläubigen unsere Soldaten.« (1998). Zitiert nach: *Westfälischer Anzeiger*, 8.9.2016.

5   Zitate aus der Rede von Christian Lindner beim FDP-Landesparteitag NRW am 5.4.2014.

Kapitel Zwölf   Der Konflikt mit Lindner über das Islamismuspapier

1   »Islamismus ist eine Gefahr für Deutschland.« *Die Welt*, 25.8.2014.

2   »Wehrhafte Freie Demokraten.« *Frankfurter Allgemeine Zeitung*, 6.11.2014.

3   »Gratwanderung. FDP und Integrationspolitik.« *Neue Ruhr Zeitung/Neue Rhein Zeitung*, 11.11.2014.

4   Siehe z.B.: »FDP streitet über Asyl-Papier.« *Kölner Stadt-Anzeiger*, 13.11.2014; »Papkes Asyl-Thesen sorgen für Widerspruch in der FDP.« *Neue Ruhr Zeitung/Neue Rhein Zeitung*, 14.11.2014.

5   »Einwanderung als Chance und Verantwortung für Flüchtlinge«; Salafismus – Für eine offene und wehrhafte Gesellschaft«.

6   »Der Linientreue«. *Welt am Sonntag*, 30.11.2014.

Kapitel Dreizehn   Wofür steht die neue FDP? Zwischen Digitalisierungseuphorie und Zuwanderungsdebatte

1   »Das verflixte 10. Jahr – Wieviel Autorität hat Angela Merkel noch?« ARD, Anne Will, Sendung vom 25.11.2015; *Die Welt*, 23.11.2015.

2   Der Vorfall wurde auch durchaus Gegenstand der Berichterstattung über den Parteitag. Siehe z. B.: *General-Anzeiger Bonn*, 20.4.2015 oder *Kölner Stadt-Anzeiger*, 20.4.2015. Dort heißt es etwa: »Keine Vorstandswahlen, kein Wahlkampf – das inhaltliche Mühen um Relevanz prägt diesen Parteitag. Nicht alles wird goutiert. Als Landtagsvizepräsident Gerhard Papke das Kopftuch-Urteil des Bundesverfassungsgerichts kritisiert und eine Integrationsdebatte starten will, entzieht ihm die Parteitagsregie das Wort, weil er die Redezeit überzogen haben soll. Unterstützer, das zeigt der nicht spärliche Applaus, findet Papke allerdings dafür.«

3   »Mehr Pragmatismus in der Flüchtlingspolitik.« Antrag der FDP-Fraktion, Landtag Nordrhein-Westfalen, Drucksache 16/9512.

4   »Für ein weltoffenes Deutschland – die Einwanderungs- und Flüchtlingspolitik der Freien Demokraten.« Beschluss des FDP-Bundesparteitags, Berlin, 16.5.2015.

5   Zitiert nach: »Eine FDP für alle?« *Welt am Sonntag*, NRW-Teil, 19.3.2017.

6   Lindner-Interview mit der *Berliner Zeitung*, 5.1.2016.

7   Siehe z.B.: *Rheinische Post*, 6.1.2016.

8   *Rheinische Post*, 2.1.2017.

9   »Von ›Madonnen‹ und ›Huren‹.« *Kölner Stadt-Anzeiger*, 7.1.2016. Akgün schreibt dort unter anderem: »Der unheilvolle Cocktail von Moral, Religiosität und pervertierter Sexualität wird vor unserer Haustür gebraut und in Koranschulen schon den Jüngsten serviert. Dort wird ihnen auch der Unterschied zwischen den ehrbaren und den ›anderen‹ Frauen beigebracht. Das heißt: die Aufteilung der Frauen in ›Madonnen‹ und ›Huren‹. Die ›Madonnen‹ sind die gehorsamen Frauen; diejenigen, die bereit sind, sich den Normen des Patriarchats zu unterwerfen; die bereit sind, machohaftes Verhalten als gelebte Männlichkeit zu respektieren. Die ›anderen‹ sind ›Huren‹, Objekte der Begierde, der Verachtung und des Hasses, mit denen man – überspitzt gesagt – so umgehen darf, wie am Kölner Hauptbahnhof oder in Hamburg geschehen.«

10   »Das Grundgesetz ist die beste Willkommenskultur.« Gastbeitrag von Christian Lindner, *Die Welt*, 24.9.2015.

11   Ebenda.

12   Ebenda.

13   »Eine republikanische Offensive.« Gastbeitrag von Christian Lindner, *Frankfurter Allgemeine Zeitung*, 18.10.2010.

14   »Für ein weltoffenes Deutschland – die Einwanderungs- und Flüchtlingspolitik der Freien Demokraten.« Beschluss des FDP-Bundesparteitags, Berlin, 16.5.2015.

15   Landtag Nordrhein-Westfalen. Plenarprotokoll 16/138, 15.3.2017.

16   Der Prophet und seine kleine Gemeinschaft.« *Rheinische Post*, 6.9.2016.

Ausblick

1   Interview mit der *Neuen Zürcher Zeitung am Sonntag*, 8.11.2015.

2   Landtag Nordrhein-Westfalen. Plenarprotokoll 16/57, 10.4.2014, Seite 5619.

3   Landtag Nordrhein-Westfalen. Plenarprotokoll 16/91, 3.9.2015, Seite 9424.

4   Landtag Nordrhein-Westfalen. Plenarprotokoll 16/91, Anlage 1, 3.9.2015, Seite 9433.

Elon Musk

Ashlee Vance

Dies ist die persönliche Geschichte hinter einem der größten Unternehmer seit Thomas Edison, Henry Ford oder Howard Hughes. Das Buch erzählt seinen kometenhaften Aufstieg von seiner Flucht aus Südafrika mit 17 Jahren bis heute. Elon Musk gilt als der »Real Iron Man« – in Anlehnung an einen der erfolgreichsten Comichelden der Welt. Es ist die gleichsam inspirierende, persönliche und spannende Geschichte eines der erfolgreichsten Querdenker der Welt. In einem Umfang wie noch kein Journalist zuvor hatte Ashlee Vance für diese Biografie exklusiven und direkten Zugang zu Elon Musk, seinem familiären Umfeld und persönlichen Freunden.

Mit 16 Seiten exklusiven und persönlichen Bildern aus Elon Musks persönlichem Fotoalbum.

368 Seiten | Hardcover mit Schutzumschlag | 19,99 € (D) | ISBN 978-3-89879-906-5

Merkel

Philip Plickert

»Sie kennen mich« – mit diesem Spruch warb Angela Merkel vor vier Jahren für ihre Wiederwahl. Doch wer ist Merkel wirklich? Was sind ihre Verdienste, was waren ihre größten Fehler? In diesem Buch ziehen 20 Professoren und Publizisten eine Bilanz der Ära Merkel. Der Herausgeber, FAZ-Redakteur Philip Plickert, hat renommierte Autoren versammelt, die das politische Wirken und die Person Merkels analysieren. Das Fazit: Die Kanzlerin ist ein Scheinriese, eine überschätzte Politikerin, die sich viele gravierende Fehler zuschulden hat kommen lassen. Angefangen beim verfehlten Management der Eurokrise, der planlosen Energiewende bis hin zu Merkels Agieren in der Flüchtlingskrise: Das Durchwursteln, Zaudern und Aussitzen der Kanzlerin wird Deutschland auch auf längere Sicht schwer belasten.

256 Seiten | Hardcover | 19,99 € (D) | ISBN 978-3-95972-065-6

Demokratie im Sinkflug

Gertrud Höhler

»Grenzen fallen« ist zum Leitmotiv der EU geworden. Plötzlich erscheint die Demokratie als Handicap. Wo Parlamente zu Handlangern der Mächtigen werden, stirbt der demokratische Wettbewerb. Die autokratische Versuchung startete unter deutscher Führung: Die Alleingänge der deutschen Kanzlerin zeugen von einem avantgardistischen Demokratieverständnis. Immer häufiger wählt sie Positionen über dem Gesetz. Der Aufstand der gelenkten Demokraten bleibt aus. Aber immer mehr EU-Länder zementieren ihre Nationalität mit autokratischen Methoden. Auch die humanitäre Supermacht Deutschland scheint nicht mehr unverwundbar. Mit ihrer Streitschrift *Demokratie im Sinkflug* bringt Bestsellerautorin Gertrud Höhler den machtlosen Souverän zurück ins Spiel: Der Staat gehört den Bürgern.

240 Seiten | Hardcover mit Schutzumschlag | 19,99 € (D) | ISBN 978-3-95972-063-2

Wie wir wurden, was wir sind

Eamonn Butler

Der klassische Liberalismus ist eines der wichtigsten politischen und sozialen Ideale. Tatsächlich war diese Idee entscheidend für die Entwicklung der modernen Welt, in der wir heute leben. Volkswirtschaften gediehen unbehelligt, während Regierungen in ihrer Handlungsfreiheit eingeschränkt waren. Daraus resultierte die gigantische Verbesserung des Lebensstandards in den letzten zwei Jahrhunderten.

Allerdings wird der klassische Liberalismus oft missverstanden. Dies ist auch der starken Veränderung der Interpretation über die Jahre hinweg geschuldet.

Butler beleuchtet die historischen Hintergründe der Idee, legt verständlich die wichtigsten Prinzipien dar und erklärt die Bedeutung des klassischen Liberalismus in allen Bereichen menschlichen Lebens.

160 Seiten | Softcover | 16,99 € (D) | ISBN 978-3-95972-044-1